Christoph Moss

DEUTSCH
FÜR MANAGER

CHRISTOPH MOSS

DEUTSCH
FÜR MANAGER

Fokussierte Stilblüten aus der globalisierten
Welt der Sprach-Performance

Frankfurter Allgemeine Buch

Bibliografische Information der Deutschen Nationalbibliothek
Die Deutsche Nationalbibliothek verzeichnet diese Publikation
in der Deutschen Nationalbibliografie; detaillierte bibliografische
Daten sind im Internet über http://dnb.d-nb.de abrufbar.

Christoph Moss

Deutsch für Manager

Fokussierte Stilblüten aus der globalisierten Welt
der Sprach-Performance

F.A.Z.-Institut für Management-,
Markt- und Medieninformationen GmbH
Frankfurt am Main 2008

ISBN 978-3-89981-173-5

Frankfurter Allgemeine Buch

Copyright	F.A.Z.-Institut für Management-,
	Markt- und Medieninformationen GmbH
	Mainzer Landstraße 199
	60326 Frankfurt am Main
Gestaltung/Satz	
Umschlag	F.A.Z., Verlagsgrafik
Titelbild	Olaf Peusser
Satz Innen	Nicole Bergmann
Druck/Bindung	Messedruck Leipzig GmbH, Leipzig

Printed in Germany

INHALT

Liebe Manager, haben Sie heute schon performed? Wenn nicht, dann beginnen Sie den Tag doch mit einem Spaziergang durch einen bunten Garten. In diesem Kleinod wachsen wunderbare Stilblüten. Das Besondere an dieser Grünanlage ist aber, dass die Gärtner diese Gewächse gar nicht unbedingt mit Absicht gepflanzt und ausgesät haben. Manchmal ist es sprachlicher Wildwuchs, der da blüht. Und an einigen Stellen müsste der Garten auch ein wenig zurechtgeschnitten werden, weil der Spaziergänger gar nicht bis zur wahren Pracht der Schönheit durchdringt.

Manager sind herausragende Persönlichkeiten. Sie übernehmen Verantwortung und leisten dabei oft Großes. Ein eher kurioses Verhältnis aber zeigen viele Unternehmenslenker zur deutschen Sprache. Abseits von Börse und Besprechungsraum entwickeln sie ungeahnte Virtuosität beim Umgang mit Worten. Sie leiten „fokussierte" Unternehmen, handeln mit „Futures" und wollen „Gewinne ausbauen". Die Sprache der Manager ist facettenreich. Sie steckt voller Bilder, das macht sie phantasievoll. Sie schafft aber auch viele abstrakte Kunstgebilde. Wortkulissen, die häufig imponieren, aber nicht informieren.

Wer heute in Frankfurt arbeitet und morgen in Toronto, entwickelt früher oder später neue Wortkreationen. Ein bisschen Deutsch, ein bisschen Englisch, ein bisschen

Denglisch. Die Wörter vermischen sich. Und damit auch die Bedeutungen.

Sprache steht für kulturelle Entwicklung. Zu einer offenen Gesellschaft gehört auch die Offenheit für neue Einflüsse. Das bedeutet nicht, dass wir ungebremst Anglizismen in unsere Sprache einbauen sollten. Das heißt aber auch nicht, dass das deutsche Wort automatisch immer das bessere ist.

Diskutiert bei uns noch irgendjemand die Rechtfertigung des italienisch beeinflussten *Girokontos?* Verweigern wir den Griff ins französische *Portemonnaie?* Nein, dies zu tun wäre töricht. Und wer weiß, vielleicht verwenden wir ja in zehn Jahren ganz selbstverständlich russische oder chinesische Wörter. Wenn wir sie bis dahin verstehen.

Denn Verständlichkeit ist das entscheidende Kriterium. Lange existierte dieser Wert gar nicht in der deutschen Kultur. Verständlichkeit hatte immer etwas Anrüchiges. Verständlich schreiben hieß billig schreiben. Gossenniveau. Information für Ungebildete. „Wir suchen uns unser Publikum selbst." Oder: „Wer uns verstehen will, der wird uns auch verstehen."

Aber diese Zeiten sind vorbei. Auch dank Wolf Schneider und Bastian Sick. Großartig, was der Altmeister der deutschen Sprache und der „Zwiebelfisch" geleistet haben. Sie haben einem breiten Publikum die Augen geöffnet und vehement für eine verständliche Sprache geworben.

Wunderbar auch, wie sich die junge deutsche Literatur ihren Platz in der öffentlichen Wahrnehmung zurückgeschrieben hat. Wie unterhaltsam, wie leicht ist der deutsche Roman geworden. Und wie erfolgreich.

Wer hätte je geglaubt, dass Schülerinnen und Schüler die Texte von Liedern nicht nur summen, sondern sogar begreifen können? Es ist längst wieder normal geworden, kommerzielle Musik in verständlicher Sprache zu produzieren. Und dies ohne den Einfluss eines Gesetzgebers, der eine Quotenregelung für deutsche Kultur eingeführt hätte.

Deutsch für Manager will zeigen, wie einzigartig sich Führungskräfte ausdrücken. Es will kein Lehrbuch sein, sondern eine sprachliche Bestandsaufnahme von Managementleistungen. Um es in der Sprache der Führungskräfte auszudrücken: Manager sind Sprach-Performer. Willkommen im Land der Stilblüten. Und vielleicht gelangen Sie ja nach der Lektüre auch zu der Erkenntnis, dass die wahren Literaten als Manager arbeiten.

Ich wünsche Ihnen eine vergnügliche Lektüre!

Zunächst die gute Nachricht: Managersprache ist erlernbar. Wer seine Mitarbeiter beeindrucken will, muss allerdings wichtige und scheinbar wichtige Begriffe aus dem englischen Kulturraum geschickt in ein deutsches Sprachkorsett weben. Das nachfolgende Textbeispiel führt uns ein in die Welt des Marketings.

Wir sind Zeugen einer Abteilungsversammlung. Es läuft nicht richtig gut in diesem Unternehmen. Entsprechend engagiert spricht der Abteilungsleiter mit seinen Mitarbeitern. Selbstverständlich ist er mit seiner Belegschaft per Du:

„Liebes *Team,* ich habe dieses *Meeting* angesetzt, weil ich die *Awareness* für unsere *Brands supporten* will. Wir haben eben im *Briefing* gehört, dass unser *Business Model* noch nicht zu der *Performance* geführt hat, die ich mir wünsche. Wir sind noch immer nicht *break even.* Wir *generieren* zu geringe Erlöse aus dem *Community-Business.* Von *Cashflow* will ich erst gar nicht reden. Wir haben uns *committed,* unsere *Learnings* zu *promoten.* Aber was Ihr bisher gezeigt habt, ist *Single Loop Learning.* Ich will mit Euch den *Turnaround* schaffen. Wir werden daher unsere Ressourcen von *Support* zu *Sales shiften.* Wir müssen *as soon as possible* unseren *USP pushen.* Seien wir ehrlich. Unser Projekt ist ambitioniert, aber im Moment stecken wir im *Bottleneck.* Unser *Mindset* muss künftig *fully sales oriented* sein. Was bedeutet das für Euch? Wir werden

in nächster Zeit verstärkt *downsizen. Sorry,* aber anders geht
es nicht. Gleichzeitig wollen wir mehr *Intrapreneurship*
sehen. Ich fordere *Satisficing.* Liebe Leute: Ihr seid alle *High
Potentials.* Wir brauchen Eure *Awareness* für das, was
kommt. Wir werden unser gesamtes *Pricing refreshen.* Wir
werden höhere *Fees chargen.* Wir lassen das alte *Model out-
phasen.* Wir *switchen* um. Neue *Features,* neue *Add-ons.* Die
ganze *Marketing Power* geht auf die *Services.* Und dann will
ich *Return* sehen."

Wir wissen nicht, wie viele Mitarbeiter die Ansage tatsächlich verstanden haben. Aber beeindruckt waren sie mit
Sicherheit. Für all diejenigen, die inhaltlich noch nicht bis
zum Kern der Botschaft durchgedrungen sind, hier eine
Zusammenfassung. Die nachfolgenden Sätze sind in ein-
fachem Deutsch verfasst, einer Sprache, die fast alle Menschen in Deutschland gut verstehen können.

Der Abteilungsleiter will ausdrücken, dass er unzufrieden
ist. Das Unternehmen verdient mit dem neuen Projekt
noch kein Geld. Die Mitarbeiter ziehen nicht richtig mit.
Sie lernen zu wenig und verharren in alten Denkmustern.
Die Kunden erkennen noch kein Alleinstellungsmerkmal.
Die Marken sind noch zu wenig bekannt. Deshalb will der
Chef das Produkt verändern und höhere Preise verlangen.
Er will den Verkauf fördern zulasten von Verwaltungsjobs
innerhalb der Abteilung. Und überhaupt will er nach und
nach Stellen abbauen. Denn am Ende will er vor allem eins:
Erfolg haben.

14 Dass dies möglicherweise nicht jeder Mitarbeiter auf Anhieb verstanden hat, liegt in der Natur der Sache, oder besser gesagt, in der Natur der Sprache. Aus diesem Grunde ein wichtiger Hinweis an den Abteilungsleiter: Bitte refreshen Sie noch einmal Ihre Awareness für die eigene Sprach-Performance. Ihr USP ist Verständlichkeit. Promoten Sie Ihre Learnings as soon as possible. Ihr Mindset sollte fully language oriented sein. Dann schaffen Sie den Turnaround!

Die Welt der Finanzmärkte kann aufregend sein. Kurse steigen und fallen, Menschen verlieren Geld oder werden reich. Je intensiver sich die handelnden Figuren mit der Materie befassen, desto deutlicher tritt ein Phänomen in Erscheinung: Wirtschaft ist nicht nur spannend, sie ist auch kompliziert. Um diesen vermeintlichen Missstand kommunikativ zu beheben, verfallen Börsianer auf ein gemeinsames Verhaltensmuster. Sie tauchen ein in die Welt der Bilder, genauer gesagt in die Welt der schiefen Bilder und Metaphern.

Manch ein Broker wünscht sich dann, dass sich „deutsche Aktien fest zeigen" und Unternehmen „eine Rekorddividende ausschütten". Stattdessen aber ist die „Marktstimmung für zyklische Titel schwach", mit der offenbar dramatischen Folge, dass ein „Stühlerücken im Dax" beginnt.

Man kann sich diesem Phänomen logisch nähern, indem man Ursachenforschung betreibt. Sind „feste Aktien" das Gegenteil von weichen Aktien oder möglicherweise gar „zyklischen Titeln"? Wird an der Börse Geld verschüttet oder besser gesagt „ausgeschüttet"?

Dass es an der Börse manchmal stimmungsvoll zugeht, kann man an Karneval beobachten. Dann ziehen sich die Aktienhändler lustige Pappnasen an und betreiben Brauchtumspflege am Arbeitsplatz. Das ist wohl gemeint mit dem

Phänomen „Marktstimmung". Es herrscht Stimmung auf dem Markt der Märkte, Stimmung an der Börse. Und wenn dieser kollektive Gemütszustand schwach ausgeprägt ist, werden Möbelstücke verrückt – Stühle in diesem Fall. Es ist ein munteres Spiel, dieses „Stühlerücken im Dax". Eine Reise nach Jerusalem für Sprachenthusiasten.

Wir sollten an dieser Stelle nicht den – Achtung Metapher – mahnenden Zeigefinger heben. Wer hat nicht in seinem Leben schon Sympathie entfacht für Stilblüten wie „Energieversorger X gibt kräftig Gas" oder „Bäcker Y backt kleine Brötchen"?

Diese Art der Selbstdiagnose ist wichtig. Sie hat etwas Reinigendes. Sie hilft aber auch zu verstehen, warum Menschen mit großer Leidenschaft Wortgeschwulste produzieren – ohne dabei rot zu werden.

Es muss wohl damit zu tun haben, dass der Mensch als solcher einen Hang zum Originellen hat. Die Welt der Wirtschaft steht nicht für Ästhetik und Glanz. Sie ist vor allem zweckorientiert. Und vielleicht ist dies der Grund dafür, warum der ein oder andere Urheber börsenkommunikativer Äußerungen gelegentlich über die metaphorischen Stränge schlägt.

Dieses Ringen um Anerkennung ist ein Schrei um Hilfe in einem Meer von Kommunikationssignalen. Es ist ein Flehen um Aufmerksamkeit, geäußert von Menschen, die für

Geld und Erfolg stehen. Die mit ordentlicher Krawatte und
gebügeltem Hemd durch die Lande ziehen. Und die doch
keine intellektuelle Würdigung erfahren. Die Erhabenen,
die Angesehenen – sie leben woanders.

Was also ist so schlimm an den schiefen Bildern und Metaphern? Muss Kommunikation immer vernünftig sein,
immer einem logischen Muster folgen? Nein. Im Grunde
sind Börsianer die wahren Künstler. Sie sind es, die unsere
Sprache bereichern mit „Futures". die ihre „Gewinne ausbauen", und „Bankenwerten", die „gesucht" sind. Das wollen wir lesen, das und nichts anderes.

Ließe sich aus der Sprache von Führungskräften ein Psychogramm erstellen, käme man auf zwei wesentliche Erkenntnisse. Erstens: Deutsche Manager sind sprunghaft. Und zweitens: Sie lieben die Atomphysik.

Als ein großer deutscher Konzern die Produktion von Biokraftstoff ankündigte, sprach der Vorstandschef von einem „Quantensprung in Sachen Umweltverträglichkeit". Auch beim Leiter eines anderen großen Unternehmens kam das Quantum in Bewegung. Den Aktionären auf der Hauptversammlung sagte er, mit ABS sei ein „Quantensprung in der aktiven Sicherheit" erfolgt. Wir wollen nicht hoffen, dass diese Aussage der Wahrheit entspricht.

Denn wenn die Quanten springen, bekommen deutsche Manager feuchte Augen. Die einen, weil sie sich vor Euphorie nicht bremsen können. Die anderen, weil sie die tatsächliche Bedeutung des sprunghaften Wortes aus der Physik kennen.

In Wahrheit ist ein Quantensprung gar nicht der Superwurf, der es verdient hätte, beachtet zu werden. Beim Blick ins Lehrbuch wird der Quantensprung schnell zum Quantensprüngchen. Das, was da hüpft, ist ein mickriges Etwas. Es ist beinahe nichts. Der Evolutionsbiologe Axel Meyer beschreibt den physikalischen Quantensprung als „sprunghaften Übergang ... eines subatomaren Systems von einem

Quantenzustand in einen anderen. Dieser Übergang ist winzig klein, es ist der winzigste überhaupt mögliche."

Es gehört zu den Phänomenen der deutschen Kommunikationsgeschichte, wie Generationen von Managern ihre Mitarbeiter auf diese Weise bisher völlig unbehelligt beleidigen konnten. „Ich gratuliere Ihnen zu diesem vollkommen unwichtigen Miniaturfortschritt. Sie haben unsere Abteilung auf die geringstmögliche Weise vorangebracht. Dafür möchte ich mich heute bei Ihnen bedanken."

Im Lichte dieser Erkenntnis müssten tausende Abteilungsreden neu verfasst werden – allein schon um Schadenersatzansprüche zu vermeiden. Firmenchroniken dürften containerweise in den Müll wandern. Scharen von Mitarbeitern aus Kommunikationsabteilungen werden wohl ihre Pressemitteilungen umschreiben müssen. „Mini-Fortschritt in Sachen Qualität", „mickrige Entwicklung bei Kundendienstleistungen", „kaum erwähnenswerte Bewegung beim Umsatz".

Irgendetwas muss schiefgelaufen sein, als die Physiker versucht haben, den Menschen da draußen zu erklären, was ein Quantensprung ist. Die Bildungselite hat versagt. Es fehlte wohl das sprachlich stark abgenutzte Quäntchen Glück in der Vermittlung wissenschaftlicher Erkenntnisse.

Dabei wäre es so einfach gewesen, den Zusammenhang zwischen Physik und modernem Management herzustellen.

Vermittlung von Sprache hängt von der Phantasie der Kommunikatoren ab. Und Vorstellungskraft ist notwendig, um die Tragweite des Quantensprungs einschätzen zu können.

Stellen wir uns die Sprache der Führungskräfte plastisch vor. Sie ist bunt und rund wie eine große Schüssel. Dieses Gefäß ist voller kleiner, quicklebendiger Quanten. Sie toben und kreischen. Sie hüpfen und springen. Irgendwann aber treiben sie es zu bunt. Dann bekommt die Schüssel einen Riss. Es ist der berühmte Sprung in der Schüssel. Der Ursprung. Der Quantensprung.

Aber Sprache ist nicht immer rational erklärbar. Sie ist auch nicht quantifizierbar. Sprache erlebt Sprünge. Gedankensprünge, große Sprünge, kleine Sprünge.

Wer hoch springt, kann tief fallen. Anfänger springen ins kalte Wasser und schwimmen sich frei – auch auf die Gefahr hin, dass sie dabei untergehen. Für manch einen bleibt es dann ein Sprung ins Ungewisse.

Gut also, dass ein Quantensprung in Wahrheit nur ein lächerlich kleines Quantensprünglein ist. Wer nicht weit springen muss, kann noch weich landen.

Schlau sind sie, diese sprunghaften Manager. Schlauer als manch ein Physiker. Und schlauer als die gelehrtesten Sprachwissenschaftler.

Sie kennen bestimmt den Werbespot des Staubsaugerher-
stellers Vorwerk. Eine attraktive Frau sitzt bei einem arro-
gant wirkendenden Berater. Ob es ein Bankangestellter ist
oder ein Versicherungsvertreter, ist nicht so genau zu
erkennen. Wichtig ist nur die eine Botschaft: Es ist ein
Mann.

Der Dialog beginnt. Er fragt: „Ihr Beruf? Oder sind Sie nur
…" Dabei fuchtelt er unkontrolliert mit seinem Stift
herum. Oder sind Sie nur Hausfrau, wollte er wohl sagen.
Er traut sich aber nicht.

Die kluge Kundin antwortet wahrheitsgemäß: „Ich arbeite
in der Kommunikationsbranche und im Organisationsma-
nagement." Im Hintergrund werden Einspielszenen
gezeigt. Sie zeigen die Frau in all ihren Rollen, die sie zu
Hause ausfüllt: Die Rolle der Mutter, der Planerin, der
Ehefrau, die Rolle der Organisationschefin und natürlich
auch die Rolle der Hausfrau. „Außerdem gehören Quali-
tätssicherung, Nachwuchsförderung, Forschung, Mitarbei-
termotivation und Rechtsprechung zu meinen Aufgaben.
Und nebenbei arbeite ich noch als Ärztin und als Innenar-
chitektin. Oder kurz: Ich führe ein sehr erfolgreiches, kleines Familienunternehmen."

Ein Werbespot, der die Sprache der Manager aufs Korn
nimmt. Die Botschaft ist klar. Die echten Heldinnen des

Alltags arbeiten außerhalb der großen Bürotürme. Sie bekommen keine Anerkennung und sind doch herausragende Persönlichkeiten. Managerinnen eben.

Wir würden nicht in Deutschland leben, wenn ein solcher Spot nicht gesellschaftlich debattiert würde. Also bitte: Feuer frei. Wir zitieren aus einem offenen Brief an den Vorstand der Vorwerk & Co. KG in Wuppertal. „Sie täuschen Frauen grob fahrlässig", schreiben die fünf empörten Verfasserinnen. „Sie wissen doch ganz genau, dass diese Frau bei der Bank ohne die Genehmigung und Unterschrift ihres Mannes keinen Cent erhält. Sie kann höchstens Geld vom eigenen Konto abheben. Sie suggerieren aber, dass sie als ernst zu nehmende Partnerin mit der Bank verhandelt. Das ist ein schlechter Witz." Kann man diesen Teil der Argumentation noch als traditionellen Geschlechterkampf werten, enthält der folgende Gedankengang interpretativen Sprengstoff: „Diesen Job der Familienmanagerin kann jede(r) ohne jegliche Qualifikation übernehmen."

Das tut weh. Ein Schlag gegen alle Leistungsträger in diesem Land. Jeder kann Manager werden, ohne jegliche Qualifikation. Ein schlimmer Gedanke – aber leider wahr. Der Begriff und das Berufsbild des Managers sind tatsächlich nicht geschützt. Anders als die „Fachkraft für Kurier-, Express- und Postdienstleistungen", der „Mechatroniker" oder der „Sport- und Fitnesskaufmann" ist der Beruf des Managers kein anerkannter Ausbildungsberuf.

Die Folgen in der Außendarstellung sind dramatisch:
Nahezu alles, was im Alltag passiert, ist angewandtes
Management. Und es ist sogar mit den klassischen
Geschlechterrollen vereinbar. Kein Wunder, dass die weib-
liche Sprache ihre eigenen Managementblüten entwickelt.

So hat das Binnen-I auch vor den „ManagerInnen" nicht
halt gemacht. Leidenschaftlich und über Jahrzehnte hinweg stritten Frauen und Männer darüber, wen das große „I"
in der Mitte nun mehr benachteiligt. Sprachlich durchgesetzt haben sich die „ManagerInnen" jedenfalls nicht. Vielleicht auch, weil aus der „Managerin' hier und da ein
„Womanager" wurde oder dem erfolgreichen „Business-
man" plötzlich eine „Businesswoman" gegenüberstand.

Der Mann im Manager jedenfalls hat seitdem schwer zu
kämpfen. Stellen wir uns einen männlichen Kunden in
einem ähnlichen Fernsehspot vor. Ein aufgeräumter
Antragsteller sitzt einer strengen Mitarbeiterin gegenüber. Sie fragt: „Ihr Beruf? Oder sind Sie nur ..." Dabei
rückt sie die Brille zurecht und beginnt, Notizen auf
einen überdimensionierten Block zu schreiben. Der junge
Mann antwortet pflichtbewusst: „Meine Aufgabengebiete
umfassen Green Management, Mobility Management,
Sports Management und Social Management." Frei übersetzt: Ich mähe den Rasen, tanke das Auto, sehe Fußball
im Fernsehen und gehe abends mit meinen Freunden in
die Kneipe.

Erstaunlich, dass noch kein Bierbrauer, kein Baumarktkonzern und kein Produzent von Sportwagen auf diese Werbeidee gekommen ist. Wo sind die mutigen Produktmanager, die sich in die gesellschaftliche Debatte um den Managerbegriff einschalten? „Der Social Manager trinkt Meier Bier", „Green Management mit Rasenmähern von Müller" oder „Kunze übernimmt Ihr Mobility Management".

Wahrscheinlich haben sie alle Angst. Wahrscheinlich liegen die fertigen Pläne für die Werbekampagnen längst in den Schubladen der Industrie. Versiegelt, feuer- und wasserdicht verschlossen, abgelegt unter „streng geheim". Aber wovor fürchten sie sich, die Getränkemanager, die Baumarktmanager und die Automanager? Es kann nur die Angst vor der klugen, hinterlistigen Antwort der Frauen sein.

Wir schließen die Augen und stellen uns einen letzten Werbespot vor. Ein Ehepaar im Getränkemarkt. Der Einkaufswagen ist gefüllt mit Wasser und Bier. Die beiden sind auf dem Weg zur Kasse. Die eloquente Verkäuferin, attraktiv, freundlich, motiviert, fragt den Mann, was er denn beruflich so mache. Er antwortet nicht, blickt stattdessen sinnentleert in die Tiefe des Raumes.

Schnitt. Kamera auf die Gattin, die nun spricht: „Mein Mann ist zuständig für das Air Management."

Zwischenschnitt. Verstört blickender Gatte, verdutzte Verkäuferin, nur noch eine Frage stellend: „Air Management?"

Kamera wieder auf die Ehefrau, Ton ab: „Eigentlich Hot
Air Management." Pause. Durchatmen.

„Er produziert ganz viel heiße Luft."

Die Welt des Managements kennt unterschiedliche Typen von Führungsfiguren. Es gibt die Macher, die Motivatoren, die Autoritären, die Globalen, die Erdverbundenen. Und es gibt die Einfühlsamen.

Diese Menschen sprechen meist mit gedämpfter Stimme. Sie leben in einem ständigen inneren Konflikt. Ihr angeborener Machtinstinkt geht nicht einher mit den nach außen kommunizierten Werten des rücksichtsvollen Miteinanders.

Die Einfühlsamen sind die Sozialen unter den Managern. Sie fangen oft klein an. Sie achten auf gemeinsame Werte. Und am Ende sitzen sie doch an den Hebeln der Macht. Diese Gruppe von Sozialmanagern spricht eine herausgehobene Sprache. Sie bringen ihre Gefühlslage durch *große Betroffenheit* zum Ausdruck. Dieses Grundempfinden kann sich bei wachsender Erregung zu verbaler *Wut und Betroffenheit* steigern. Im *sozialen Dialog mit der Basis* wollen, ja müssen sich diese Menschen dann inhaltlich *positionieren*.

Ein Stück weit zumindest. Denn ohne diese Einschränkung geht nichts in der Betroffenheitsszene. Nur wer wenigstens *ein Stück weit* betroffen ist, darf die Sprache des einfühlsamen Managers sprechen. Er darf *kontrovers diskutieren*. Er darf *problematisieren, sensibilisieren* und *zutiefst erschüttert* sein. *Schlussendlich* darf er sogar die *Unterprivilegierten* adeln – *ein Stück weit*.

Denn *ein Stück weit* ist der Code der Betroffenheitsmanager.
Wer diesen Geheimcode kennt, gehört dazu. Und nur diese
kleine, aber stetig wachsende Gruppe von Führungskräften
vermag zu sagen, wie weit genau dieses Stück überhaupt
ist.

Fest steht, dass es ein sehr ordentliches Stück sein muss. So
sagt etwa der Chef eines Zulieferbetriebs zur Situation an
der Börse: „Was im Moment am Markt los ist, kann ich ein
Stück weit nicht erklären." Das ist natürlich *ein Stück weit*
unbefriedigend. Auch die Frage, ob der Papst, sozusagen
der oberste Kirchenmanager, „ein Stück weit evangelisch"
sei, vermag darüber nicht hinwegzutrösten. *Ein Stück weit*
geht das zu weit.

Aber kann ein Stück überhaupt weit sein? Schließlich ist
ein Stück eine Mengeneinheit. Das Doppelte von einem
Stück sind zwei Stücke. Wie viel ist dann zwei Stück weit?
Genauso viel wie ein Stück nah?

Ein Stück kann auch ein besonderes Exemplar sein. Ein
gutes Stück etwa oder ein Möbelstück. Auch ein Kunst-
stück oder ein Theaterstück fällt in diese Kategorie der
bruchstückhaften Sprachlogik.

Vielleicht ist *ein Stück weit* aber auch der verbale Übergang
von der Linguistik zur Logistik. Spediteure etwa transpor-
tieren Stückgut. Sie fahren weit weg. Ein kluger Mensch
hat einmal ausgerechnet, dass man von Nordrhein-Westfalen

aus 150 Millionen Menschen erreichen kann, wenn man nur einen Tag lang mit dem Lastwagen fährt. Damit erreicht man dann ein Drittel aller europäischen Verbraucher oder 45 Prozent der Kaufkraft der gesamten Europäischen Union. Ein starkes Stück.

Aber machen wir uns nichts vor: Auch Literatur und Schauspiel können manchmal sehr weit gehen. Ein Theaterstück etwa kann ein absurdes Stück sein. Es kann brutal sein oder obszön. Es kann die engen Grenzen des moralischen Empfindens übertreten. Dann geht das Stück so weit, dass es einem auf der anderen Seite schon wieder nah' geht.

Zum Teil wenigstens. Oder *ein wenig.* Oder *ein bisschen.* Ein Stück weit hat *ein bisschen* etwas von *einem Bisschen.* Warum sagt der Betroffenheitsmanager nicht einfach *ein bisschen,* wenn er ein bisschen meint? „Das geht *ein bisschen* zu weit."

Das Bisschen ist die Verniedlichungsform von Biss. Ein Biss ist groß, ein Bisschen ist klein. „Herr Schmidt, Sie brauchen mehr Biss!" Aber dieser Biss ist brutal, er ist aggressiv und anmaßend – egal, ob er groß oder klein ist. Das Bisschen ist böse.

Nie und nimmer passt *ein bisschen* zum Persönlichkeitsprofil des einfühlsamen Managers. Das – schlussendlich – macht uns betroffen. Ein Stück weit zumindest.

Die Deutschen leiden an einer scheinbar unheilbaren Krankheit: Sie heißt Abkürzungsfimmel oder kurz: Aküfi. Seit Generationen erliegen Führungskräfte den Symptomen dieser Epidemie – und helfen regelmäßig mit, sie weiter zu verbreiten.

Nur wenige Manager versuchen, sich gegen den Aküfi zu wehren. In den achtziger Jahren noch bezeichnete der Personalleiter einer großen deutschen Bank seine Lehrlinge altmodisch als eben solche. Den Begriff Auszubildende vermied er, und die daraus abgeleitete Kurzform Azubi ignorierte er völlig. Der standhafte Mann ist inzwischen längst aus dem Berufsleben ausgeschieden.

Heute machen selbstverständlich Azubis ihren Job in den Weltunternehmen der Finanzindustrie. Auf der offiziellen Homepage stellen sie sich der Öffentlichkeit vor. Das klingt dann so: „In der Abteilung habe ich bereits an der Intranetseite der DB-Legi mitarbeiter. können und habe mit TSO gearbeitet. In der Berufsschule habe ich schon einiges zu C++ gelernt, elektronische Schaltpläne erstellt und eine 20-seitige Dokumentation über die vollständige Installation des IT-Raumes mit LAN, Internet, allen Programmen und den Betriebssystemen Windows 2000 und Linux." Klarer hätte man es nicht sagen können.

Die Welt der Wirtschaft ist die Welt der Abkürzungen. AG, GmbH & Co. KG, BLZ, EZB, KGV – hunderttausende Kurzformen deutscher Wortungetümer mischen sich unter die Sprache der Manager. Und sie leben. Manch ein Spaßvogel hat aus dem weiblichen Azubi schon eine „Azu-Biene" gemacht. Man könnte sprachphilosophisch von der Meta-Ebene des Aküfi sprechen – wenn denn der Begriff Ebene nicht so eng verwandt wäre mit dem, was der Franzose unter Niveau versteht.

Immerhin steht der Aküfi auf dem Boden des Gesetzes. Beweis dafür sind die Regeln und Verordnungen, die Führungskräfte dieses Landes befolgen müssen. Das sogenannte „Finanzmarkt-Richtlinien-Umsetzungsgesetz" heißt kurz und logisch „Frug". Das sicherlich ebenso wichtige „Transparenz-Richtlinien-Umsetzungsgesetz" heißt aber nicht „Trug" sondern nur sparsam „Tug". Eine große Tageszeitung wies einmal öffentlich darauf hin, dass das Ministerium seine Gesetze konsequenterweise umbenennen sollte in „Frug" und „Trug" oder „Fug" und „Tug".

Lug und Trug bei „Frug" und „Tug", könnte man also meinen. Aber warum?

Wahrscheinlich war den Ministerialen die Abkürzung „Fug" zu gefährlich. Was ist, wenn jemand gegen das Gesetz verstößt? Kann man dann mit Fug und Recht behaupten, dass dies „Unfug" ist? Andere haben es da besser gemacht. Glasklar geregelt ist beispielsweise die Ver-

ordnung über die gesonderte Feststellung von Besteue-
rungsgrundlagen nach § 180 Abs. 2 der Abgabenordnung.
Sie heißt einfach und simpel AO1977§180Abs2V. Kurz
und bündig ist auch das Gesetz über die Überwachung und
Kontrolle der grenzüberschreitenden Verbringung von
Abfällen, das sogenannte Abfallverbringungsgesetz. Es
heißt schlicht AbfVerbrG. Missverständnisse können beim
AbfVerbrG erst gar nicht auftauchen. Und schließlich gibt
es ja noch die Verordnung zur Durchsetzung gemein-
schaftsrechtlicher Verordnungen über Stoffe und Zuberei-
tungen, kurz Chemikalien-Straf- und Bußgeldverordnung,
oder noch kürzer ChemStrOWiV.

Stellen Sie sich einmal vor, ein Investor aus Abu Dhabi,
Shanghai oder North Carolina kommt nach Deutschland
und befasst sich zunächst mit der AO1977§180Abs2V,
dann mit dem AbfVerbrG und schließlich mit der Chem-
StrOWiV.

Was wird er denken? Gut, dass es eingängige Abkürzungen
für derart komplizierte Sachverhalte gibt? Lobenswert, dass
sich die Deutschen derart verständlich ausdrücken? Oder
wird er sich nach der Kurzform des „Finanzmarkt-Richtli-
nien-Umsetzungsgesetzes" sehnen? Jenem verbotenen
Wort, das abgekürzt „Fug" bedeutet hätte und englisch
ausgesprochen seinen ganz eigenen Klang entwickelt?

Wir werden es vermutlich nie erfahren. Tröstlich nur, dass
wir mit unserem Abkürzungsfimmel nicht allein sind in

der Welt. Auch die Engländer leiden unter der Plage des Verkürzungswahns. Sie drücken den Aküfi aber wesentlich weniger verniedlichend aus. Was bei uns noch nach Marotte klingt, ist für den Angelsachsen nur ein nervraubender Zustand: ein Yaba, oder in der Langfassung: Yet Another Bloody Acronym.

Manager sind eine eher verschwiegene Berufsgruppe. Sie sagen nicht viel. Sie verhalten sich, als lege jeder Führungsverantwortliche zunächst ein Schweigegelübde ab, bevor er in Amt und Würden treten darf.

Es sind seltene Glücksfälle, in denen Manager wirklich *sprechen* oder etwas *sagen*. Meist jedoch *betonen* sie, *erklären* oder *unterstreichen*. „Betonte der Vorstandsvorsitzende", „erklärte der Geschäftsführer", „unterstrich der Aufsichtsratschef".

Wer etwas *sagt*, tritt in Interaktion mit seinen Mitmenschen. Wann immer Manager zitiert werden, taucht das Wort *sagen* aber nur sehr selten auf. Aus konjunktureller Sicht erleben *sagen* und *sprechen* derzeit eine Flaute. Dies ist in der Tat bemerkenswert, denn Managersprache setzt voraus, dass Manager auch wirklich sprechen und damit verbal aktiv werden.

Stattdessen *bemerken* sie etwas, *konstatieren, erwähnen, äußern* oder *teilen mit*. Sie *drücken etwas aus, rufen dazwischen, meinen, informieren, heben hervor, fügen an*. Und in ganz wenigen Ausnahmefällen *gestehen sie* oder *bekennen* gar. Besonders erfreulich ist es dann schon, wenn Manager etwas *begrüßen:* „Wir begrüßen die Einigung in der Metall- und Elektroindustrie." Hallo Einigung, hallo Metall- und Elektroindustrie.

Die Antwort liegt, wie so oft, in der Wissenschaft. Manager *sagen* so selten etwas, weil sie ihrer Umwelt überlegen sind. Und weil sie Paul Watzlawick kennen. Jenen Philosophen und Soziologen, der einmal gesagt hat: „Man kann nicht nicht kommunizieren." Jeder Mensch kommuniziert, auch wenn er schweigt und scheinbar teilnahmslos auf den Boden schaut.

Kommunikation besteht nicht nur aus Worten, sondern auch aus Körpersprache und Mimik. Jede Form von Verhalten ist Sprache. Ein grimmiger Blick, eine einladende Handbewegung, eine gleichgültige Sitzhaltung am Schreibtisch. Selbst das Gähnen eines Vorgesetzten ist Sprache.

Nur, was sollen wir hinterher der Außenwelt mitteilen? Nachdem wir den scheinbar geistesabwesenden Chef vor uns gesehen haben, die Arme lässig verschränkt. Gesagt hat er ja nichts, der Herr Abteilungsleiter. Er hat grimmig geguckt oder eine nichtssagende Geste gemacht. Wie gibt man das denn weiter? „Herr Bauer schaute gelangweilt aus dem Fenster, als wir in seinem Büro saßen?"

Selbst Unsinn, Schweigen, Desinteresse und völliges Nichtstun sind kommunikative Akte im Sinne des Wissenschaftlers Watzlawick. Niemand kann also die Kommunikation einfach einstellen, bloß weil er vielleicht bestimmte Mitarbeiter nicht mag. Auch griesgrämige Führungskräfte

kommunizieren und bringen auf diese Art ihre Wertschätzung zum Ausdruck, wenngleich es sich hier wohl eher um
Geringschätzung handelt.

Sprache lässt sich also nicht boykottieren. Ein Manager
kommuniziert rund um die Uhr. Mit anderen Worten: Wer
nichts sagt, sagt in Wahrheit *alles*.

GUT GEMANAGT, SCHLECHT
GEMANAGED

Wir können es drehen und wenden, wie wir wollen: Der
Begriff des Managers passt nicht so richtig in die deutsche
Sprache. Am besten macht man sich das klar, wenn man
sich den Menschen in einer Alltagssituation vorstellt.

Gehen wir nach dem üblichen Muster vor: Es ist Abend.
Der Tag im Büro war anstrengend. Der Manager kommt
nach Hause. Er dreht den Schlüssel um. Die Kinder fallen
ihm um den Hals. Welch ein vertrautes, welch ein idylli-
sches Bild.

Was er denn den ganzen Tag gemacht habe, soll er erzählen. Das würde er auch gern. Aber was soll er denn antwor-
ten? Er kann sagen: „Ich habe heute den ganzen Tag gemanagt." Oder: „Ich habe heute den ganzen Tag gemanaged."
Aber sind seine Gesprächspartner dann schlauer?

Die Tätigkeit des Managers ist das Managen. Er ist eine
Führungskraft und gehört damit dem Management an.
Allerdings ist das Management auch Kern seiner Arbeit.
Und die Frage, ob er *gemanagt* oder *gemanaged* hat, kann den
lösungsorientierten Charakter im Manager zum Wahnsinn
treiben. Denn das Problem ist bedeutend vielschichtiger als
die simple Frage, ob die Arbeit des Managers in dieser spe-
ziellen Vergangenheitsform mit „t" oder mit „ed" geschrieben wird, ob er also *gemanag-t* oder *gemanag-ed* hat.

Die Herausforderung besteht im Sprachmix aus Deutsch und Englisch. Sie wird unter dem Markennamen „Denglisch" landauf, landab mit Inbrunst diskutiert. Der Manager jedenfalls nimmt diese große Herausforderung, diese Big Challenge, an. Wo eine Challenge, da ist auch ein Weg.

Dieser Weg führt im Lehrbuch über das Partizip II. Ein kluges Wort, das immer dann ins Spiel kommt, wenn wir über eine bestimmte Art der sprachlichen Vergangenheitsbewältigung sprechen. Normalerweise ist dies für uns kein Problem. Wir gehen eher spielerisch damit um und finden in neun von zehn Fällen beinahe automatisch die richtige Sprachform.

Auch die Tatsache, dass die deutsche Sprache sogenannte schwache und starke Verben unterscheidet, können die meisten Sprachvirtuosen in der Praxis gut umsetzen. Nur diese verflixten Managementbegriffe machen uns das Leben schwer.

Heißt es *outgesourct* oder *outgesourced?* Oder gar *geoutsourct?* Haben wir *gebenchmarkt, gebenchmarked* oder *benchgemarkt?* Das alles klingt fürchterlich. Und spätestens jetzt möchte ein jeder *Outsourcer* und *Benchmarker* in den Chor der Denglisch-Verteufler einstimmen.

Aber es hilft nichts, wir brauchen eine Lösung. Und diese Lösung kann nur aus einem einzigen Buchstaben bestehen. Sie heißt „t" und steht am Ende des Wortes. Dabei spielt es zunächst keine Rolle, ob der Ursprungsbegriff aus der englischen oder deutschen Sprache stammt.

Die Führungskraft hat also *gesag-t, gehör-t, geregel-t* und *gemanag-t*. Sie hat *gemail-t, gesurf-t* und sich der Herausforderung *gestell-t*. Sie hat möglicherweise auch *outgesourc-t* und *gebenchmark-t*. Aber an dieser Stelle müssen wir über Ästhetik sprechen.

Liebe Manager: Sie achten doch sonst auch auf Schönheit. Ihr Büro, Ihr Auto, Ihre Kleidung – alles ist wunderbar aufeinander abgestimmt. Farben, Formen, Vielfalt sind Ausdruck einer besonderen, einer starken Persönlichkeit.

Outsourcing und *Benchmarking* stehen aber nicht für Weltläufigkeit, für Modernität, für Stil. Sie sind kleinstädtisch und angepasst. Das spüren Sie spätestens dann, wenn Sie als Führungskraft den Blick zurück wagen. Wenn Sie *outgesourc-t* und *gebenchmark-t* haben, ist es vorbei mit der anspruchsvollen Sprache. Dann ist es so, als parkte ein rostiger alter VW Bully neben Ihrem schönen neuen Dienstwagen. Und sie wünschten sich heimlich, diese Dreckschleuder werde *ausgepark-t* und *abgeschlepp-t*.

Manchmal reicht es, wenn man die Dinge an ihren Ursprung zurückführt. Vielleicht besteht Ihr Beitrag zum *Outsourcing* ja darin, einen Teil des Betriebs auszugliedern oder auszulagern. Oder Sie entscheiden sich, künftig bestimmte Produkte oder Dienstleistungen auf dem Markt einzukaufen, statt sie selbst herzustellen. Dann können Sie dies aber auch sagen. „Wir haben die Produktion ausgelagert." Es ist ja nicht verboten, sich einfach und verständlich auszudrücken. Und sollte Ihr *Benchmarking* zufälligerweise darin bestehen, dass Sie sich mit den stärksten Konkurrenten messen und vergleichen, dann haben Sie keine Hemmungen, dies auch zuzugeben.

Vielleicht benötigen wir ja gar nicht den permanenten Blick in Deutschbücher und Grammatikfibeln. Kehren wir zurück zum linguistischen Kerngeschäft. Sie können es eine *Big Challenge* nennen und haben Recht. Die Menschen da draußen in den Hauptversammlungen und Abteilungssitzungen verstehen Sie aber auch, wenn Sie von einer großen Herausforderung sprechen.

Dies gilt ebenso für Ihr Publikum zu Hause. Wollen Sie am Frühstückstisch wirklich sagen: „Heute wartet eine Big Challenge auf mich. Ich werde outsourcen und benchmarken. Ich werde den ganzen Laden managen und eine Riesen-Performance hinlegen." Positiv denkende Familienmitglieder werden noch versuchen, im Wörterbuch zu ergründen, was der Ernährer gemeint haben könnte. Die anderen werden resignieren.

Lassen Sie es nicht soweit kommen. Ein guter Manager kennt immer eine Antwort auf die Frage, was er den ganzen Tag so macht. Und wenn Sie abends nach Hause kommen, gilt der Leitsatz: Lieber gut *gemanagt,* als schlecht *outgesourct.*

Das Praktische an der deutschen Sprache ist ihr modularer Aufbau. Eine nicht enden wollende Zahl von Buchstabenkombinationen fügt sich zu einer Masse von Silben zusammen. Bringt man diese in eine wohlklingende Reihenfolge, ergeben sich immer wieder neue Wortkreationen.

Ein Beispiel dafür ist die Silbe „vor". Man kann sie räumlich oder zeitlich verstehen. Wer „vor" sagt, kann also vor dem Eingang stehen oder vor seinen Kollegen im Büro angekommen sein. Auch die Silben „pro" und „gramm" werden gern verwendet. Fügt man die drei Sprachmodule aneinander, schafft man ein „Vorprogramm". Es ist ein Veranstaltungsteil, der zeitlich vor einem anderen Veranstaltungsteil stattfindet. „Das Vorprogramm zur Weihnachtsfeier bestreitet in diesem Jahr die Abteilung Einkauf."

Viele Unternehmen basteln sich immer wieder neue Modulwörter aus dem Baukasten der deutschen Sprache. Die Silben fügen sich derart geschmeidig aneinander, dass der ein oder andere Sprachprogrammierer gelegentlich über das verbale Ziel hinausschießt. „Der Erfolg ist vorprogrammiert", sagt ein namentlich nicht genannter Abteilungsleiter dann. Und ein anderer beteuert: „Wir wollen keine vorprogrammierten Lösungen."

Wir auch nicht. Denn nicht alles, was harmonisch klingt, ist auch richtig.

Was unterscheidet die Tätigkeit des „Vorprogrammierens"
von der des „Programmierens"?

Ein Programm kann man programmieren. Software-Entwickler programmieren Computer. Man kann das Vorprogramm verbalisieren. Dann landet man beim Vorprogrammieren. Aber findet das Vorprogrammieren vorher statt, vor dem Programmieren? Wohl nicht. Auch räumlich lässt sich kein Unterschied feststellen. Der Ort der Vorprogrammierung ist derselbe wie der Ort der Programmierung. Die Silbe „vor", auch Vorsilbe genannt, ist also vorsichtig formuliert überflüssig.

Ein ähnliches Schicksal erleidet die Kombination aus den Buchstaben „a" und „n". Ob wir eine Wohnung mieten oder *an-mieten,* ob die Miete dann steigt oder *an-steigt* – welchen Unterschied macht das aus? Erzielen wir tatsächlich einen Erkenntnisgewinn, wenn wir etwas zunächst *an-testen,* bevor wir es dann wirklich *testen?*

Liebe Führungsverantwortliche: Überflüssige *Vor-Silben* blähen einen Text unnötig auf. Sie lenken die Aufmerksamkeit der Zuhörer auf Nebensächlichkeiten. Sie lassen Inhalte bombastischer erscheinen, als sie sind. Mücken werden zu Elefanten, Alltägliches wird besonders

Wollen wir dieses Thema also ernsthaft diskutieren, oder sollten wir es zunächst einmal *an-diskutieren?* Lassen Sie uns dies bitte gemeinsam *an-denken,* bevor wir wirklich zu denken beginnen.

42   Wir sollten vorher *ab-klären,* ob wir bestimmte Sätze nicht *ab-kürzen* können. Benötigen wir wirklich zu jedem Verb eine Vorsilbe wie „ab"? Was ändert sich, wenn wir Formulierungen *ab-ändern* statt sie einfach nur zu ändern? Sinkt dann die Zahl unserer Zuhörer oder *sinkt* sie gar *ab?* Wie also lässt sich dieser Effekt *ab-mildern?* Vielleicht sollten wir den Text *ab-lesen* und vielleicht sogar *durch-lesen* – oder doch einfach nur lesen?

Vorsilben stellen eine Herausforderung dar. Sie werden damit zu einer Managementaufgabe. Wobei wir stets das Für und Wider, das Pro und Contra abwägen sollten. Es erfüllt uns jedenfalls mit großer Freude, dass wir gemeinsam so *pro-aktiv* an diese Aufgabe herangehen können. *Contra-aktiv* hätte es allerdings auch keinen Sinn ergeben. Denn das wiederum würde ja passiv bedeuten. *Contra-passiv* müsste dann aber wieder *pro-aktiv* sein. Nein, das führt zu nichts. Auch unseren Joghurt *ver-speisen* wir ja nicht einfach in *contra-biotischer* Form. Joghurt ist ein wertvolles *Natur-Pro-Dukt,* kein *Contra-Dukt.*

Wer auf überflüssige *Vor-Silben* verzichtet, arbeitet im betriebswirtschaftlichen Sinne effizient. Die Texte werden schlank, verständlich und gewinnen an argumentativer Kraft. Nehmen Sie also keine Rücksicht auf irgendwelche *Un-Kosten.* Die Mühe lohnt sich. Was Sie nicht finanziert haben, müssen Sie auch nicht *gegen-finanzieren.*

Vielen Dank jedenfalls für Ihre Aufmerksamkeit und Ihre
Mit-Hilfe. Gehen Sie unvoreingenommen an die Arbeit.
Aber vor allem: Lassen Sie uns öfter über den Sinn und
Un-Sinn manch einer *Vor-Silbe* nachdenken. Dann ist der
Erfolg *vor-programmiert*.

TEXTBAUSTEINE FÜR PRESSE-
KONFERENZEN

Es lässt sich nicht immer vermeiden. Manchmal müssen
Manager vor die Presse treten. Zum Beispiel um die Bilanz
öffentlich zu präsentieren. Oder eine Fabrik einzuweihen.
Oder um wichtige Beschlüsse des Aufsichtsrats zu erläutern.

Für diese anspruchsvollen Situationen hat die deutsche
Managementsprache eine Vielzahl wichtiger Textbausteine
entwickelt, die in keiner Pressemitteilung und in keinem
Statement fehlen dürfen. Nachfolgend wollen wir die wich-
tigsten Begriffe vorstellen und einer kritischen Diskussion
unterziehen. Jeder Baustein ist von herausgehobener
Bedeutung und damit unverzichtbar für eine erfolgreiche
Außendarstellung.

Gut aufgestellt:
Niemals sollte eine Pressekonferenz ohne diese grundlegen-
de Feststellung beginnen. „Meine Damen und Herren, ich
versichere Ihnen: Wir sind gut aufgestellt." Wenn Sie diesen Satz verwenden, müssen Sie sich keine Sorgen machen,
dass die Anwesenden im Raum den tieferen Sinn Ihrer Aussage hinterfragen. Es gibt ja keinen. *Gut aufgestellt* bedeutet
eben nicht, dass Ihr Unternehmen aus lauter kleinen Zinn-
soldaten besteht, die irgendjemand dahingestellt hat. Und
Sie haben ja auch nicht gesagt: „Wir sind gut aufgestellt
worden." Nein: Sie sind der Chef. Sie sind gut in Form.
Und Ihr Unternehmen ist gut aufgestellt. Basta.

Auch diese Perle der Worthülsen darf in keiner offiziellen Stellungnahme fehlen. Egal, was Sie wirklich denken: Verzichten Sie niemals auf die Feststellung, Ihr Unternehmen sei ein *fokussierter Anbieter* für Aquarienschränke oder Hochdruckpumpen. Sagen Sie immer, dass Sie sich auf den Markt für Kapitallebensversicherungen *fokussieren*. Konzentrieren Sie sich, stellen Sie scharf und sagen Sie mindestens drei-, besser viermal: „Ja, wir sind ein fokussiertes Unternehmen."

Bündeln:

Gehen Sie niemals an dieser Allzweckwaffe der Pressekonferenz-Rhetorik vorbei. Sie können *alles bündeln* und sagen trotzdem nichts. *Bündeln* Sie Maßnahmen, Wissen, Initiativen, Kompetenzen. *Bündeln* Sie alles, was nicht niet- und nagelfest ist. Schnüren Sie ein *Bündel* zu einem Paket der rhetorischen Nebelkerzen. Und machen Sie sich keine Sorgen, dass es irgendjemanden interessieren könnte. Jeder hat sein *Bündel* zu tragen.

Synergien:

Eins und eins gleich zwei? Nein. Wenn Ihr Unternehmen unangenehme Dinge zu verkünden hat, können Sie diesen Zusammenhang gern außer Kraft setzen. Lassen Sie die geballten Kräfte der deutschen Sprache zusammenwirken. Wenn Sie und Ihre Geschäftspartner etwas gemeinsam aufbauen, dann kann das Gesamtergebnis höher sein als die Summe der Einzelergebnisse. Eins und eins wäre demnach drei. Tatsächlich aber herrscht bei *Synergien* nicht nur mathematische, sondern auch linguistische Narrenfreiheit. Niemand hat so richtig verstanden, was eigentlich dahintersteckt. Deshalb heben Sie fleißig *Synergien* und weisen Sie in jeder Pressekonferenz nachdrücklich darauf hin.

Generieren:

Sie können profan das Verb *erzeugen* verwenden. Strom, Wind, all dies können Sie erzeugen. Aber wie klingt das denn? Nein, Ihr Unternehmen generiert, was das Zeug hält: Sie *generieren* Gewinne, Neugeschäft, Mehrwert, Renditen, Innovationen, Einkommen, Wertschöpfung, Kontakte, Umsätze, Potentiale und sogar Umsatzpotentiale. Die Generation Generator *generiert* und beeindruckt damit jeden Teilnehmer einer Pressekonferenz. Lassen Sie sich diese Chance nicht nehmen und *generieren* Sie mit.

Realisieren:

Irgendwann realisieren Sie, dass Sie eine Alternative zum *generieren* brauchen. *Realisieren* Sie ungehemmt drauf los. Die Einsatzmöglichkeiten sind nahezu deckungsgleich mit dem Portfolio der Generation Generator. Sie *realisieren* also Gewinne, Renditen, Einkommen – ganz nach Lust und Laune. Sie können auch Projekte *realisieren*. Das ist zwar in jedem Unternehmen trockener Alltag, sollte aber dennoch nie unerwähnt bleiben.

Tool:

Management ist in einem gewissen Sinne angewandtes Handwerk. Sie verwenden Werkzeuge und Instrumente,

die Ihnen das Leben leichter machen. Ihre *Tools* helfen Mitarbeitern und Kunden gleichermaßen, erfolgreich zu sein.
Tools sind so wunderbar unkonkret. Ein Computerpro-
gramm kann ein *Tool* sein. Jede Form von Unterstützung
kann ein *Tool* sein. Messer und Gabel in der Kantine können ein *Tool* sein. Und deshalb greifen Sie in den Werk-
zeugkasten der deutschen Sprache und verwenden Sie dieses *Rhetorik-Tool* auch bei Ihren Auftritten.

Nachhaltig:

Setzen Sie nicht auf den schnellen Effekt. Eine Pressekonferenz ist keine Hoppla-Hopp-Veranstaltung. Seien Sie
immer und zu jeder Zeit *nachhaltig*. Fokussieren Sie sich auf
nachhaltige Produkte, generieren Sie *nachhaltige* Gewinne
und realisieren Sie *nachhaltige* Projekte. Dann kann Ihnen
hinterher auch niemand etwas vorhalten.

Netzwerk:

Wir leben in einer Gesellschaft, die stark durch die Kultur
des Fischereiwesens geprägt ist. Wir werfen unsere Netze
aus und fischen: Kunden, Mitarbeiter, Kontakte. Aber
unsere Netze sind porös. Kleine Fische können durch die
Löcher gleiten. Deshalb fangen wir nur die großen Schup-
penträger ein. Wer genau das ist, in welchem Verhältnis
wir zu diesen Tieren stehen, egal. Wir spannen ein Netz der
Kontakte und nennen es selbstbewusst *Netzwerk*. Boshafte
Kritiker sagen, ein *Netzwerk* sei eine Fabrik für Netze, mehr
nicht. Aber das stimmt nicht: Eine Fabrik für Netze heißt
Netzfabrik. Lassen Sie sich also nicht beirren. Sie sind Teil

eines großen Ganzen. Sie gehören damit zu einem bedeutsamen *Netzwerk*. Und das sollten Sie auch immer öffentlich besonders betonen.

Potential:

Zeigen Sie, was in Ihnen steckt. Sie und Ihr Unternehmen sind ein Konglomerat der Chancen. Stellen Sie Ihr *Potential* öffentlich unter Beweis. All Ihr Wissen, all Ihre Talente entscheiden über den Erfolg. Die Journalisten im Raum wissen das. Deshalb arbeiten Sie bitte auf jeder Seite Ihres Redemanuskripts den Begriff *Potential* ein. Insbesondere dann, wenn Ihre Stellungnahme noch ausreichend Raum für *Erklärungspotential* bietet.

Aktivitäten:

Lassen Sie sich nicht zu Passivitäten hinreißen. Zwar würde es streng logisch argumentiert völlig ausreichen, wenn Sie nur Aktivität zeigen. Sie aber wollen mehr. Also zeigen Sie all Ihre *Aktivitäten*. Ihre englischen Kollegen dürfen ja auch die eigenen „Activities" unter Beweis stellen.

Implementieren:

Nein, Sie fügen nichts ein. Mit derart simplen Dingen sollten Sie die Öffentlichkeit nicht behelligen. Sie und Ihr Unternehmen *implementieren*. Programme, Konzepte, Prozesse – alles ist implantatstauglich. Sie müssen es nur geschickt in Ihren kleinen Vortrag *implementieren*.

Sie sind Führungskraft in einem Unternehmen, das weiter-
hilft. Sie sind der Kompass in einer Welt der Verworren-
heit. Weisen Sie also den Weg heraus aus der Servicewüste.
Geben Sie Ihren Mitmenschen die notwendige Orientierung. Machen Sie die Pressekonferenz zu einer Oase der
Verständlichkeit: Seien Sie *serviceorientiert, kundenorientiert,
erfolgsorientiert* und *ergebnisorientiert*. Aber vor allem: Sagen
Sie es.

Portfolio und Portefeuille:

Auch Manager gehören zu den Sammlern. Sie sammeln
Beteiligungen oder Produkte. Und so wie der Briefmarken-
sammler seine edlen Schätzchen in einem Album aufbe-
wahrt, fügt der Manager sein Hab und Gut in einem *Portfolio* zusammen. „Darf ich Ihnen unser Portfolio präsentieren?" Ja, selbstverständlich. Sollten Sie allerdings kein
Anhänger der *Portfoliotheorie* sein, dann verlassen Sie die
Welt des Briefmarkensammelns. Wählen Sie einfach die
französische Version *Portefeuille*. Diese klingt noch ein bisschen edler, was je nach Verlauf einer Pressekonferenz durchaus hilfreich sein kann. Allein schon deshalb, weil viele
Journalisten dieses Wort nicht unfallfrei aussprechen können. Deshalb sind Sie vor lästigen Nachfragen gefeit.

Applikation:

Sprechen Sie niemals von Anwendungen. Ihr Unternehmen
ist etwas Großes, und eine Pressekonferenz ist nicht der Ort
gelebter Bescheidenheit. Sie verkaufen *Applikationen*. Verra-

ten Sie nicht, was genau sich dahinter verbirgt. Im Zweifel steht es in der Gebrauchsanleitung, die garantiert kein Teilnehmer der Pressekonferenz zur Kenntnis nehmen wird.

Kernkompetenz:
Lassen Sie sich nicht verrückt machen. Jedes Unternehmen, jeder Mitarbeiter ist kompetent. Aber auf den Kern kommt es doch an. Auf das dahinter. Auf die Realität jenseits der schillernden Fassade. Das ist Ihr Auftritt: Sie beweisen *Kernkompetenz*. Und das auf jeder Seite Ihres Redemanuskripts. Merke: Pressekonferenzen gehören vielleicht nicht zu Ihrer persönlichen *Kernkompetenz*. Aber niemals darf eine Pressekonferenz stattfinden, in der Sie nicht Ihre *Kernkompetenz* unter Beweis gestellt haben. Und dies nachhaltig.

Profitabilität:
Natürlich, Sie wollen Geld verdienen. Sie wollen das Vermögen Ihrer Aktionäre mehren und einen ordentlichen Gewinn erwirtschaften. Sie wollen rentabel sein. Aber wer will das denn nicht? Rentabilität versprüht den Charme eines Bausparvertrags kombiniert mit dem Esprit einer Lebensversicherung. Sie aber müssen mehr wollen. Sie denken nicht an Ihre Aktionäre, sondern an Ihre Shareholder. Der Kapitalmarkt ist Ihr Chef. Sie spielen in der Liga der internationalen Finanzprofis. Sagen Sie das bitte den anwesenden Journalisten. Stellen Sie „Profitability" unter Beweis. *Profitabilität* eben. Das ist zwar nichts anderes als Rentabilität. Aber es klingt einfach nach mehr.

Haben Sie keine Angst vor öffentlichen Auftritten. Wenn Sie die obengenannten Worthülsen – wir nennen sie hier „Textbausteine" – geschickt verwenden, kann Ihnen bei keiner Pressekonferenz etwas passieren. Ihre Aussagen bleiben nahezu inhaltsfrei und doch erfüllen Sie den Raum mit einem Wohlklang an Sprachsequenzen.

Nur einen Fehler müssen Sie unbedingt vermeiden: Auf keinen Fall dürfen Ihre Mitarbeiter davon etwas mitbekommen. Niemals darf in Ihrer Belegschaft der Eindruck entstehen, dass Sie ernsthaft meinen, was Sie den Journalisten auf der Pressekonferenz gesagt haben. Die psychologischen Folgen könnten verheerend sein.

Stellen Sie sich dazu einen Ihrer Mitarbeiter vor. Er hat tagsüber mitbekommen, wie Sie die Arbeit im Unternehmen öffentlich dargestellt haben. Nun sitzt der Mann beim Elternabend in der Schule. Die Väter und Mütter stellen sich kurz vor. Eine Frau ist Ärztin, eine arbeitet im Büro, ein Mann ist Architekt und ein anderer verkauft Autos. Und dann kommt „Ihr" Mann an die Reihe und erzählt, was er beruflich so macht.

Er antwortet, wie sein Chef es vorgegeben hat: „Ich arbeite in einem gut aufgestellten, fokussierten Unternehmen. Wir realisieren nachhaltige Projekte, implementieren Prozesse und heben eine Vielzahl von Synergien. Unsere Tools basieren auf einem Netzwerk von Applikationen. Wir bündeln

52 unsere Kernkompetenzen und generieren neue Umsatzpotentiale. Unser Portfolio besteht aus internationalen Aktivitäten. Wir arbeiten absolut kapitalmarktorientiert. Auf
diese Weise erzielen wir eine hohe Profitabilität."

Respekt, werden sich die anderen sagen. Das ist mal einer,
der ausspricht, was er denkt.

Finden Sie nicht auch, dass es, *Äh,* peinlich ist, wenn jemand, *Äh,* seine Sätze dauernd mit einem *Äh* unterbricht? Es hat etwas Unstrukturiertes. Da versucht jemand Zeit zu gewinnen, während sein Mund mechanisch die Worte herauspresst.

Nein, das deutsche *Äh* ist unästhetisch. *Äh* klingt wie *Mäh.* Es erinnert eher an Ziegen und Schafe denn an ausgefeilte Wortkunst.

Manager, die häufig nach Amerika reisen, bedienen sich da eines psychologischen Tricks. Sie benutzen nicht das spröde *Äh.* Die internationale Führungskraft sagt ganz unverkrampft *Ahm.* „Ich habe heute, Ahm, den Sales Director von Worldwide Industries getroffen." Solche Sätze klingen nach Weltoffenheit, nach John F. Kennedy Airport, Business Lounge. „Ich rufe Dich, Ahm, morgen zurück."

Ohnehin gehen die Amerikaner wesentlich entspannter mit der Satzverzögerung um. Sie machen aus der sprachlichen Kunstpause eine künstlerische Sprachpause – und dies unter wissenschaftlicher Begleitung. Die kalifornischen Psychologen Herbert Clark und Jean Fox Tree sagen, nahezu jede Sprache dieser Welt enthalte einen dehnbaren Laut vergleichbar dem deutschen *Äh.*

Die beiden Forscher aus Stanford und Santa Cruz haben jahrelang Gespräche aufgezeichnet. Dabei fanden Sie heraus, dass das *Äh* eine Art Zweitinformation enthält. Neben der tatsächlich kommunizierten Botschaft enthält das *Äh* Hinweise auf den Gedankenfluss des Sprechenden. Außerdem kann der Verzögerungslaut Informationen über den Wert einer Aussage enthalten: Wird etwa das *Äh* vor eine Antwort gesetzt, weiß der Zuhörer, dass die Antwort zwar einleuchtet, aber mit Unsicherheiten behaftet ist. Signalisiert der Sprecher eine sprachliche Verzögerung, vermeidet er eine Tonpause in der Konversation, die ansonsten den Gesprächspartner verunsichern könnte. Kurz gesagt: Das *Äh* verhindert eine Sendeunterbrechung.

Auch Führungskräfte anderer großer Wirtschaftsnationen machen sich diese Erkenntnisse zu Nutze. Die Japaner sagen *Ano*, die Schweden *Hm*, die Briten *Uh*, die Franzosen *Em* und die Spanier *Eh*. Zwischen sechs und zehn Prozent der spontanen Sprache werden mit solchen Verzögerungslauten versehen.

Dem deutschsprachigen Manager helfen derartige Erkenntnisse kaum weiter. Auch wenn das *Äh* aus wissenschaftlicher Sicht einen verbalen Freifahrtschein bekommt – es bleibt der Makel des Un-*Äh*-sthetischen. Möglicherweise hilft an dieser Stelle nur eine andere Erkenntnis. Wenn der Deutsche nicht mehr weiter weiß, dann gründet er eine Findungskommission – oder klassisch – einen Arbeitskreis. Dies könnte also die Geburtsstunde einer neuen Fachgruppe sein, die sich um die deutsche Sprachkultur verdient macht.

Auch wenn es im Kern nur um eine besondere Form verbaler Pausenkultur geht. In dieser Hinsicht haben die Deutschen immerhin schon weltweit Maßstäbe gesetzt. War es nicht ein deutscher Gewerkschaftschef, der die sogenannte „Steinkühlerpause" einführte?

Aber das ist, *Äh*, ein anderes Thema.

Sind Sie Vertriebsprofi mit technischer Ausbildung und Berufserfahrung im Maschinen- und Anlagenbau? Und haben Sie mindestens zwei Jahre im Vertriebs- oder Dienstleistungsbereich erfolgreich gearbeitet?

Dann sind Sie der typische Leser einer Stellenanzeige. Denn meist geschieht der Einstieg in eine große Karriere auf ganz traditionelle Weise. Ja, es gibt die Headhunter, die Netzwerker, die Talent-Scouts. Und dennoch sind es meist Stellenanzeigen, gedruckt oder elektronisch, die den ersten Weg in eine rosige Zukunft weisen sollen. Wobei dieser Weg oft schon das Ziel ist, um bei einer alten Phrase zu bleiben.

Denn nur wer die Sprache der Stellenanzeigen versteht, hat gute Voraussetzungen, eine große, internationale Karriere zu starten. Und weil globales Denken und Handeln auch bei der Jobsuche eine wichtige Rolle spielen, sind Stellenausschreibungen häufig dem angelsächsischen Sprach- und Kulturraum entlehnt. Aus diesem Grunde muss sich ein angehender Jungmanager zunächst einmal entscheiden, für welche Art von Beruf er sich überhaupt bewerben möchte. Dabei sind es oft semantische Kleinigkeiten, die über Form und Inhalt der tatsächlichen Stelle befinden.

So kann ein junger Bewerber etwa den Beruf eines *Account Managers* oder eines *Account Executive* anstreben. Diese be-

treuen aber nicht nur Bankkonten, sondern auch leibhaftige
Kunden außerhalb der schillernden Finanzbranche. Die
wohlklingende Bezeichnung *Executive Assistant* hingegen
steht für den Beruf der Sekretärin. Diese Tätigkeit ist nicht
vergleichbar mit der Position des *Executive Secretary*. Wer
eine solche Stelle anstrebt, will sich nicht lange nach oben
arbeiten. Er will gleich Geschäftsführer werden.

Um Missverständnisse zu vermeiden, sollten sich potentiel-
le Bewerber also zunächst einmal mit den wichtigsten
Berufsbezeichnungen auseinandersetzen. So verkauft ein
Area Sales Manager in der Regel keine Grundstücke, sondern betreut als Verkaufsleiter ein bestimmtes geografi-
sches Gebiet. Für Verwirrrung sorgt auch gelegentlich die
Bezeichnung *Branch Manager*. Dieser organisiert keine her-
ausgehobenen Branchen, sondern leitet die Geschäftsstelle
eines Unternehmens. Wer sich bewirbt, sollte also die Con-
tenance bewahren, so wie der *Content Manager* dies vorlebt.
Und auch die Stelle des *Department Managers* wird oft falsch
wahrgenommen. Es handelt sich nicht um das Amt des
Präfekten in einem französischen Verwaltungsbezirk. Der
Department Manager leitet eine Abteilung, ist also eine Art
Abteilungspräfekt.

Eine eher fakultative Tätigkeit ist die des *Event Managers*.
Er organisiert eventuell auf dem Programm stehende Veranstaltungen. Der *Facility Manager* hingegen kümmert sich
um das Wohl und Wehe von Gebäuden. Besonders originelle Zeitgenossen sprechen auch vom Hausmeister. Ihm

zugeordnet kann der *Floor Manager* sein. Er nimmt eine wichtige Position ein. Der *Floor Manager* reinigt nicht nur den Fußboden, sondern leitet nebenher auch noch eine ganze Abteilung.

„Ihr" persönlicher Manager ist der *IR-Manager*. Er ist verantwortlich für Investor Relations und kümmert sich um Kontakte mit Investoren. Auf diese Weise sichert er den Fortbestand Ihres Unternehmens. Ähnlich wie der *Sales Manager*, der weit mehr verantwortet als nur den üblichen Sommerschlussverkauf.

In einer strategisch wichtigen Position arbeitet schließlich der *Key Account Manager*. Er wird oft fälschlicherweise mit dem Schlüsseldienst verwechselt. Dabei ist er in erster Linie der Hauptansprechpartner für besonders wichtige Kunden. Der *Key Account Manager* kann in engem Kontakt stehen zum *Office Manager*, dem offiziellen Büroleiter.

Nun wissen Sie möglicherweise, was Sie werden wollen. Aber Sie wissen noch nicht, ob Sie als Kandidat überhaupt in Frage kommen. Deshalb sehen Sie sich die Stellenanzeige genau an und führen Sie den Zeigefinger in die Rubrik: „Was wir erwarten". Dort lesen Sie unter anderem Sätze wie diesen: „Gute Kommunikationsfähigkeiten, eine ‚Hands-on-Mentalität' und ein zielorientierter Arbeitsstil zeichnen Sie aus." Also, überprüfen Sie sich selbst: Kommunizieren? Können Sie. Zielorientiert? Sind Sie auch.

Aber warum um alles in der Welt verlangt das Unternehmen von Ihnen eine „Hands-on-Mentalität"? Hände hoch?
Hände auf? Hände angelegt? Hände in der Tasche? Nein,
dieses Profil erfüllen Sie nicht. Gut, man erwartet von
Ihnen eigentlich nur, dass Sie eine praktische Veranlagung
haben. Dass Sie zupacken, dass Sie selbst mit zur Lösung
beitragen. Aber warum schreibt man dies dann nicht in
diese ohnehin eher hemdsärmelig formulierte Stellenanzeige?

Vermutlich handelt es sich um einen versteckten Intelli-
genztest. Machen Sie sich nichts draus. Natürlich sind Sie
in diesem Sinne „hands-on". Und dennoch laufen Sie große
Gefahr zu scheitern. Denn das Unternehmen verlangt von
Ihnen auch noch, „open-minded" zu sein. Aufgeschlossen
kann dies nicht bedeuten, denn sonst hätte der Verfasser
jener Zeilen es ja geschrieben. Also, den Kopf geöffnet? Das
Hirn offen? Haus der offenen Mienen? Nein, diese Stelle ist
nichts für Sie. Close your Mind. Look for another Job.

Allein, es wird Ihnen nicht viel nützen. Stellenanzeigen
sind eine Fundgrube für Worthülsen, ein Eldorado für Plattitüden, ein Stelldichein des Wortgeschwurbels. Denn das
System ernährt sich selbst. Nicht einmal Ausschreibungen
für die Position eines Personalleiters sind so verfasst, dass
ein überdurchschnittlich gebildeter Mitteleuropäer sie
wirklich durchdringen könnte. „Persönlich überzeugen Sie
durch ausgeprägte Kommunikations- und Teamfähigkeit
sowie ein sicheres Auftreten. Neben Ihrer Durchsetzungsfä-

higkeit zeichnet Sie vor allem Ihre Flexibilität aus. Ihre Vertrauenswürdigkeit macht Sie auf allen Ebenen zu einem gesuchten Gesprächspartner." Dieses Profil passt in etwa auf 80 Millionen Bewohner der Bundesrepublik Deutschland sowie sämtliche Einwohner Österreichs und der Schweiz (und eigentlich alle Menschen auf der ganzen Welt, aber das kann nicht ernsthaft so gemeint sein).

Wer also Karriere machen will, muss in jedem Fall *kommunikativ*, *eigenverantwortlich*, *belastbar*, *flexibel und serviceorientiert* sein. Und noch etwas, liebe Jungmanager: Es mag ein wenig überraschend daher kommen, aber wir erwarten von Ihnen auch *Teamfähigkeit* und *soziale Kompetenz*. Am besten fließend in Wort und Schrift.

Volkswirtschaftlich betrachtet sind unverständliche Stellenanzeigen ja vielleicht ein Segen. Sie sorgen für zusätzliche Beschäftigung. Ähnlich wie beim völlig intransparenten Steuersystem lebt eine ganze Heerschar von Beratern davon, intelligenten Menschen den Sinn und Unsinn bestimmter Formulierungen zu erklären.

Erstaunlich aber, dass noch niemand ausgerechnet hat, wie viel Regenwald eigentlich schon abgeholzt wurde, um die wenigen Bewerber aus dem Meer von Kandidaten herauszufischen, die *hands-on* und dann sogar noch *open-minded* sind.

Es kann nur einen Ausweg geben, und dieser führt über die
Controllingabteilung. Sollte sich unter den Lesern dieser
Zeilen zufällig ein Controller befinden, dann erhören Sie
bitte diese Worte.

Rechnen Sie doch einmal in einer stillen Stunde aus, wie
viel Raum – im wahrsten Sinne des Wortes – die überflüs-
sigen Plattitüden in einer Stellenanzeige einnehmen. Zählen Sie bitte Millimeter für Millimeter. Messen Sie in akri-
bischer Kleinarbeit. Addieren Sie die Einzelsummen. Und
setzen Sie die so gewonnene Zahl ins Verhältnis zum Preis
für diese Stellenanzeige. Sie werden Tränen in ihren eigenen
Augen erkennen. Es sind die Tränen eines kommunikativen, eigenverantwortlichen, belastbaren, flexiblen und ser-
viceorientierten Controllers. Sie werden mit all Ihrer Teamfähigkeit und sozialen Kompetenz erkennen, wie großartig
es ist, hands-on und open-minded zu sein.

Aber vor allem: Sie werden schwarz auf weiß sehen, wie
teuer nichtssagende Stellenanzeigen sind. Danke, liebe
Controller. Danke im Namen aller Bewerber.

Wir kennen die großen aufstrebenden Wirtschaftszentren dieser Erde. Amerika, China, Europa, Indien – je nach Betrachtungsweise gibt es Regionen, die üppigen Wohlstand versprechen.

Umso wichtiger ist es für zukunftsgerichtete Manager, die Geheimtipps unter den verheißungsvollen Wirtschaftsnationen zu entdecken. Gerade deutsche Marketing-Manager haben hier in den vergangenen Jahren ein sehr feines Näschen entwickelt. Ihr Favorit liegt in Afrika, genauer gesagt in Westafrika.

Togo, ein Land zwischen dem 6. und 11. Grad nördlicher Breite und dem 0. bis 2. Grad östlicher Länge. Gelegen zwischen Burkina Faso, Benin und Ghana. Etwa 5,7 Millionen Menschen leben dort. Die meisten arbeiten in der Landwirtschaft. Es gibt enge Verbindungen nach Deutschland. Togo war vor langer Zeit einmal eine deutsche Kolonie. Es gibt heute noch ein Goethe-Institut in der „République Togolaise".

Und Togo spielte bei der Fußball-Weltmeisterschaft in Deutschland 2006. Otto Pfister, der deutsche Trainer Togos, wirkte dabei ein wenig angestrengt. Es lief nicht rund. Die Spieler gingen sogar eine Zeitlang in den Streik, weil sich der nationale Fußballverband mit der Zahlung der Prämien quer legte.

Togo, dieses Wunschland deutscher Marketing-Manager, ist in etwa so groß wie Hessen und Baden-Württemberg zusammen. In der Hauptstadt Lomé leben eine Million Menschen. Amts- und Verkehrssprache ist Französisch. Hinzu kommen etwa 40 Stammessprachen.

Nach Informationen des Auswärtigen Amtes ist das Klima dort feuchtheiß-tropisch. Die Regenzeiten beginnen im Süden des Landes im April und enden im Juni, später regnet es dort noch einmal zwischen Oktober und November. Anders als im Norden: Dort beginnt die Regenzeit im April und endet im September.

Diese klimatische Information ist wichtig für Einkaufsmanager. Denn Togo, so scheint es, hat sich in den vergangenen Jahren zu einem bedeutenden Lieferanten von Speiseeis entwickelt. „EIS TO GO" ist der Renner in vielen deutschen Lokalen. Aber auch „COFFEE TO GO" scheint gut zu laufen.

Es brummt im deutsch-togotischen Warenaustausch. Oder heißt es togoisch? Sind die Einwohner Togos nun Togoter, Togoer oder Togoten? Das muss man wissen, wenn man den Namen des Landes auf seine Werbeschilder schreibt.

Der sprachliche Umgang mit dem Phänomen Togo ist nicht vollständig geklärt. Aber dass es solch wunderbare Produkte aus diesem westafrikanischen Land gibt, ist großartig.

64 Selbst das westafrikanische Nachrichtenwesen strahlt auf deutsche Medienmanager aus. In Togo gibt es wichtige amtliche Medien: Rundfunk (Radio Lomé), Fernsehen (TVT), vielfältige Tages- und Wochenzeitungen. Außerdem zahlreiche private Rundfunkstationen und einige Fernsehsender. „NEWS TO GO" nennen wir das in unserer neudeutschen Mediensprache. Damit meinen wir Nachrichten für unterwegs – Nachrichten also, die man auf dem Mobiltelefon empfangen kann, während man gleichzeitig zu einem wichtigen Geschäftstermin fährt. „Nachrichten für zum Gehen" wäre die inhaltlich korrekte, sprachlich aber unerträgliche Übersetzung. Ähnliches gilt für Eis und Kaffee.

„TO GO" ist für unterwegs. Was banal klingt, hat einen ernsten Hintergrund. Während der Fußball-Weltmeisterschaft, als die sympathische Mannschaft Togos in Deutschland spielte, deuteten einheimische Fans tatsächlich die Schilder in den Auslagen der Geschäfte falsch. Eis aus Togo? Vor allem Kinder, traditionell eine wichtige Zielgruppe der Süßwarenindustrie, verstanden nicht, was der Eismann ihnen feilbieten wollte.

Das arme Togo ist damit völlig zu Unrecht in den Fokus der Marketing-Manager geraten. Dabei würde man den Menschen in Westafrika jede Form von Aufschwung von Herzen gönnen. So gesehen hat der sprachliche „TO GO"-Lapsus zumindest den Effekt, dass dieses Land ins Gespräch kommt.

Inhaltlich allerdings wird aus dem Eis zum Mitnehmen
schnell ein Eis zum Weglaufen. Marketing ad absurdum
statt Marketing der Träume könnte die Geschichte heißen.
Oder: Wie aus „EIS TO GO" ein „EIS TO RUN AWAY"
wurde.

Es wird immer schlimmer. Von Tag zu Tag. Am Anfang war es harmlos. Da machte jeder seinen Job. Scheinbar. Heute wissen wir, dass es auch damals schon rumort haben muss. Inzwischen jedenfalls herrscht der totale Ausnahmezustand. Die Lage droht zu eskalieren. Und ein Ende ist nicht abzusehen.

Merken Sie auch, dass es in Ihrem Unternehmen immer häufiger zur Eskalation kommt? Wie oft hören wir den Satz: „Das muss ich eskalieren." Es scheint, als sei flächendeckend die Harmonie verloren gegangen. Aber warum?

Auf der Suche nach einer Erklärung steigen wir die Stufen der Sprachleiter hinauf. Die Franzosen sprechen von einer „escalier", wenn sie eine Treppe meinen. Eine Eskalation ist also eine stufenweise Steigerung. Die Deutschen benutzen diesen Begriff vor allem im Sinne von Verschärfung. Bei Eskalation denken wir zunächst an Ärger, Krieg, Gewalt. Die Eskalation ist in unserem Sprachempfinden nicht weit entfernt von der Explosion. Es knallt, es brummt, es sorgt für Schmerz. Der Streit mit einem Konkurrenten kann eskalieren. Genauso wie Gespräche mit dem Betriebsrat. Angenehm jedenfalls ist es nie, wenn es zur Eskalation kommt.

Oder doch? In der Computerbranche scheint es besonders häufig zu eskalieren, ohne dass jemand einschreitet. Es muss an der besonderen Situation in diesem Gewerbe liegen. „Ich eskaliere das mal nach oben", sagt der IT-Manager gern. Er muss wahnsinnig sein. Oder genial. Warum reagiert ein Mensch so streitlustig, auch wenn es um scheinbar harmlose Alltagsprobleme geht? Muss es da gleich zur Eskalation kommen?

Die Antwort lautet: Ja. Die Eskalation gehört zu den echten Geheimtipps der deutschen Managersprache. Um den tieferen Sinn zu verstehen, versetzen wir uns in die Rolle von Nachwuchsmanagern. Es sind sehr junge Nachwuchsmanager – genau genommen Kinder, die noch zur Schule gehen. Diese unerschrockenen Gesellen experimentieren gern mit der Sprache. Ihr Spiel ist uralt und heißt „Teekesselchen".

Dabei stellen sich zwei Kinder vor eine Gruppe und denken sich einen Begriff aus. Dieses „Teekesselchen" hat immer eine doppelte Bedeutung. Die anderen Kinder aus der Gruppe müssen diesen Begriff erraten. Das Wort „Läufer" zum Beispiel bezeichnet zunächst einen Menschen, der sich schnell fortbewegt. Es kann aber auch eine besondere Teppichart sein. Kind 1 repräsentiert nun den „Läufer", der sich bewegt, Kind 2 den „Läufer", der als Teppich auf dem Boden liegt. Beide Kinder umschreiben jeweils ihr „Teekesselchen". Kind 1 sagt: „Mein Teekesselchen strengt sich an." Kind 2 sagt: „Mein Teekesselchen ruht sich aus." Beide haben Recht, was die anderen Kinder nur noch mehr verwirrt. Gewonnen jedenfalls hat das Kind aus der Gruppe, das als erstes den Begriff „Läufer" errät.

Dieses Spiel können wir nun in die Welt der erwachsenen IT-Manager übertragen. Der Begriff, der zu erraten ist, heißt „Eskalation". Manager 1 stellt sich vor die Gruppe der Mitarbeiter und sagt: „Mein Teekessel streitet sich." Manager 2 sagt: „Mein Teekessel geht nach oben." Das Spiel nimmt an Fahrt auf. Nach längerem Hin und Her errät ein gewiefter Kollege den Begriff.

Das gespannte Publikum wartet nun auf die Erklärung. Und die geht so: Meist bedeutet Eskalation, dass sich ein Konflikt verschärft. Aber nicht immer. Eskalation kann auch heißen, dass bestimmte Entscheidungen an eine höhere Ebene delegiert werden. Dies geschieht vor allem, wenn auf den unteren Ebenen niemand die notwendige Kompetenz besitzt, um das Problem zu lösen. Soll es doch der Chef regeln.

Mit Streit oder Ärger hat dies zunächst nichts zu tun. Wohl aber mit der Art der Aufgabe, die gelöst werden muss. Oft sind es Projekte, die irgendwann nach einer grundsätzlichen, sozusagen höchstrichterlichen Entscheidung verlangen.

In der Computerbranche kommen derartige Projekte häufig vor. Nun könnte man einwenden, dass es auch andere Branchen gibt, in denen der Chef vielleicht einmal eingreifen und entscheiden muss. Im Einzelhandel etwa, wenn die Verkäuferin sich nicht sicher ist, ob sie einem Kunden einen Rabatt gewähren darf oder nicht. Sie wird kaum

sagen: „Ich eskaliere das mal nach oben." Die meisten Kunden würden jedenfalls irritiert, wenn nicht verärgert das
Geschäft verlassen.

IT-Experten, Bankmanager und andere Führungskräfte
müssen darauf keine Rücksicht nehmen. Wir wollen nicht
behaupten, dass sie eigenartig oder gar kunstvoll sprechen.
Aber warum es bei ihren Ratespielen manchmal eskaliert,
das haben wir nun verstanden.

Ein Unternehmen zu führen bedeutet, das Phänomen der Knappheit zu überwinden. Alles, was wir brauchen, ist knapp. Geld, Strom, Wasser, Mitarbeiter – wir hätten gern mehr davon. Aber wir müssen mit dem leben, was sich das Unternehmen leisten kann.

Besonders deutlich wird dieser Wunsch nach mehr bei der Ressource Zeit. Sie ist eng limitiert. 60 Minuten pro Stunde, 24 Stunden pro Tag, sieben Tage die Woche. Zeit ist knapp. Und deshalb nimmt die Zeit im Leben der Manager eine ganz besondere Rolle ein – auch in der gesprochenen Sprache.

Über Jahre hinweg hat sich die Gleichung „Zeit ist Geld" einen festen Platz im kollektiven Wortschatz erarbeitet. Allerdings ist der Zusammenhang mathematisch betrachtet nicht ganz korrekt. Es mag stimmen, dass Arbeitszeit, Fahrzeit oder Produktionszeit eine bestimmte Menge an Ressourcen verbrauchen und somit in Geld messbar werden. Aber ist Geld damit auch automatisch gleich Zeit? Es ist jedenfalls nicht möglich, Zeit einfach einzukaufen. Wir können zwar Stunden im Fitness-Studio buchen oder im Schwimmbad. Aber wir können nicht die Lebenszeit eines Managers verdoppeln. Für kein Geld der Welt ist dies möglich. Viel länger als 100 Jahre wird uns auch der teuerste Vorstandschef nicht zur Verfügung stehen. So bitter das an dieser Stelle klingen mag. Der Zusammenhang „Geld ist

Zeit" stimmt also nicht immer. Und so kann auch die
volkstümliche Ansicht „Zeit ist Geld" nicht korrekt sein.

Dafür hat es aber ein anderer Shootingstar in die Top-Charts
der deutschen Managersprache geschafft. *Zeitnah* gehen die
Führungskräfte dieses Landes inzwischen die großen Herausforderungen der Zeit an. *Zeitnah* macht Karriere. *Zeitnah*
ist die ideale Antwort auf die hintersinnige Frage „wann".
Es gibt Situationen, da wollen wir nicht sagen, „wann"
genau etwas passiert. Vielleicht wissen wir es selbst nicht.
Vielleicht wollen wir es aber auch nicht allen auf die Nase
binden. Und dann löst *zeitnah* all unsere Probleme.

Können Sie sich noch an die berühmte Pressekonferenz des
DDR-Politikers Günter Schabowski erinnern? Am 9.
November 1989 trat er in Ost-Berlin vor die Journalisten.
Er referierte langsam und monoton. Dann begann er
irgendwann zu stammeln und sagte: „Das tritt nach meiner
Kenntnis … ist das sofort, unverzüglich." Gemeint war die
Öffnung der Grenzen. Eine historische Pressekonferenz,
weil sie faktisch das Ende der deutschen Teilung bedeutete.
Und nun stellen wir uns vor, er hätte nicht gesagt: „Sofort"
oder „unverzüglich". Stellen wir uns vor, er hätte „zeitnah"
gesagt. Wie gut, dass er diese Vokabel nicht kannte. *Zeitnah* wäre die Lösung für alle Probleme des DDR-Regimes
gewesen. Zumindest an jenem Abend des 9. November.
Und wahrscheinlich wären die Grenzen nicht sofort, sondern erst *zeitnah* geöffnet worden, was immer das auch hätte
heißen mögen.

Zeitnah bewegt sich auf dem Niveau von alles oder nichts. Sofort oder später. Irgendwann oder nie. Dieses Wort ist so wunderbar nichtssagend, dass es nicht einmal einen Begriff mit gegenteiliger Bedeutung gibt. *Zeitfern* ist jedenfalls bisher noch nicht in den aktiven Managerwortschatz übergegangen.

Anders übrigens als das *Zeitfenster* oder der *Zeithorizont*. Auch der unvermeidliche *Zeitdruck* ist fest etabliert und ebenso das *Zeitpolster*. Wie wichtig *Zeit* im Leben eines Managers ist, sehen wir schon an der Vielzahl der *Zeit*-Begriffe. *Zeit* ist *kritisch*, und deshalb gibt es auch das Wort *zeitkritisch*.

Der Chef eines großen Unternehmens sprach einmal bei einer Veranstaltung für Nachwuchsmanager von den *Zeiträubern*. Damit meinte er Aufgaben, Einflüsse, Nebensächlichkeiten, die ihn, den Manager, von den wichtigen Dingen des Tages abhielten. Sie stahlen ihm die Zeit, sie raubten eines seiner wichtigsten Güter.

Denn Zeit ist auch Ausdruck von Dynamik. Alles beginnt und endet irgendwann. Und der Abschnitt zwischen Anfang und Ende ist die Zeit. Je mehr Zeit wir in eine Aufgabe investieren, desto weniger Zeit haben wir für anderes übrig. Zu diesem *Zeitpunkt* ist also *Zeitmanagement* gefragt.

Denn *Zeit* ist auch Ausdruck für eine Epoche, eine Generation. „Mit der Zeit gehen" heißt in diesem Sinne, sich dem *Zeitgeist* anpassen. Stets modern sein.

„Wir gehen mit der Zeit" heißt, wir sind auf der „Höhe der
Zeit". Wir liegen vorn. Wir treiben die Dinge voran. Wir
behaupten uns im Wettbewerb um Kunden und Märkte.
Was nach Sonntagsrede klingt, ist im Kern einer der wichtigsten Ansprüche an die Arbeit eines Managers. Denn
sonst greift eine andere, leider oftmals zutreffende Regel:
Wer nicht mit der *Zeit* geht, *geht* mit der Zeit.

In Düsseldorf gibt es eine Bank, die auf außergewöhnliche Weise mit ihren Kunden umgeht. In diesem Institut arbeitet der erste gehörlose Bankberater in Deutschland. In Gebärdensprache erklärt er finanztechnische Phänomene wie „Riester-Rente" und „Abgeltungssteuer".

Wenn der Kundenbetreuer etwa über Zinsen spricht, reibt er den einen Daumen über den anderen, so als zähle er gerade Geld. Berät er einen Kunden über Produkte zur Altersvorsorge, zieht er seine Backen mit den Fingern nach unten. Sein Gesicht sieht dann aus wie das eines alten Menschen. Anschließend führt er seine Zeigefinger vor der Brust zusammen, gleichsam die Übersetzung für den Begriff „Vorsorge". Die kommunikative Leistung dieses Mannes ist kaum zu ermessen. Immer wieder zeigen Studien, dass die Deutschen vergleichsweise wenig Ahnung von Geldanlage haben. Manch einer hat schon den Begriff der „finanziellen Analphabeten" bemüht, um diesen volkswirtschaftlich bedenklichen Zustand zu beschreiben.

Meine Bank versteht mich? Möglicherweise. Aber verstehe ich auch meine Bank? Die Sprache der Banken jedenfalls ist manchmal eigenwillig, gerade wenn es um das Zukunftsthema Altersvorsorge geht. Beim Gespräch über Investmentfonds lassen sich beispielsweise zwei Extreme unterscheiden. Auf der einen Seite scheinen sich Bankberater darin zu überbieten, mit geübtem Fach-Chinesisch ihren

Kunden zu imponieren. Auf der anderen Seite aber wählen
Sie auch eine auffallend blumige und kreative Sprache, um
das trockene Produkt Altersvorsorge an Frau und Mann zu
bringen.

Finanzdienstleister, die den komplizierten Weg der Kundenansprache wählen, drücken sich beispielsweise so aus:
„Der Investmentprozess verfolgt einen quantitativen Ansatz
(Aktien-Screening) auf Basis fundamentaler Kennzahlen
und makroökonomischer Variablen mit dem Ziel, Alpha-
Prognosen zu generieren." Habe ich eine faire Chance,
meine Bank zu verstehen? Fest steht jedenfalls, dass es sich
lohnt, diese hohe Hürde des Sprach- und Finanzmarkträtsels
zu bewältigen, denn: „Die Outperformance soll unabhängig
von aktuellen Marktphasen und Zyklen erwirtschaftet werden." Wenn das mal nicht überzeugend klingt.

Die meisten Finanzdienstleister erfreuen ihr Publikum
inzwischen mit einer sehr unterhaltsamen Sprache.
Besonders beliebt sind dabei Beschreibungen aus der
Unendlichkeit des Weltalls. So arbeiten Fondsgesellschaf-
ten etwa mit dem schier endlos weit anmutenden Begriff
des *Anlageuniversums*. Das ist zwar zugegebenermaßen ein
wenig übertrieben. Aber immerhin kann ein solches *Universum* aus 3.000 Unternehmen in 25 Ländern bestehen.
Und wer schon einmal in derart intergalaktischen Sphären
denkt, sieht auch ein Licht am Ende des Horizonts – auch
wenn es nur der eingeschränkte Hinweis auf einen wie auch
immer gearteten *Anlagehorizont* ist.

Das Leben in der Altersvorsorge-Galaxie muss also nicht unbedingt langweilig sein. Ganz im Gegenteil. Eine einzigartige Phantasiewelt öffnet sich dem interessierten Bankkunden, wenn der Berater den besonderen *Kick* verspricht – und wenn es nur ein „Renditekick außerhalb der Europäischen Währungsunion" ist. Warum auch sollen sich Finanzdienstleister in übertriebener Bescheidenheit üben? Selbst ein abstrakter Investmentfonds kann „ein Siegertyp" sein und „eine Erfolgsstory" erzählen. Jedenfalls wollen Banken dies ihren Kunden weismachen.

Man mag es glauben oder nicht. Klappern gehört ganz offensichtlich zum Handwerk der Experten für Geldanlage. Ein Kreditinstitut, das einfach nur das Tagesgeschäft erledigt, hat es jedenfalls schwer, im Dickicht aus Fachsprache und Phantasiewelt Gehör zu finden. Wie faszinierend etwa werden Kunden das folgende Bekenntnis finden, mit dem ein Investmentfonds wirbt: „Regelmäßige Unternehmensbesuche runden diesen Investmentprozess ab." Rhetorisch frei von jeder Spannkraft. Ein Satz, der klingt wie die Eintragung eines Auszubildenden ins amtlich vorgeschriebene Tätigkeitsnachweisheft.

Geldanlage ist ein schwieriges Geschäft. Gelegentlich muss ein Kundenberater die komplizierten Zusammenhänge auch einmal ungeschminkt darstellen können. So wie der Kundenbetreuer aus Düsseldorf. Wenn es nämlich ums Finanzamt geht, hört der Spaß auf. Dann reibt er den Daumen über den Zeige- und Mittelfinger hin und her. Eine

deutlich erkennbare Geste für Geld. Danach schlägt er die
geballte Faust in die andere Handfläche. Eine Sprache, die
alle Bankkunden dieser Welt verstehen.

Wer glaubt, Latein sei eine tote Sprache, der irrt. Latein lebt, es ist voller Tempo und Dynamik. Kommunikationsmanager von börsennotierten Aktiengesellschaften wissen das längst. Sie verbreiten sogenannte „Ad-hoc-Mitteilungen". Diese klingen für das ungeübte Ohr zunächst nach „Asterix als Legionär". Es ist sozusagen der Zenturio, der sich hier ans gemeine Volk der Aktionäre und Freunde des Unternehmens wendet.

Der Kommunikationszenturio verbreitet seine Ad-hoc-Meldungen spontan, zügig, ad hoc eben. Er vollzieht diesen kommunikativen Akt nicht aus einem natürlichen Mitteilungsdrang heraus, sondern weil er gesetzlich dazu verpflichtet ist. Börsennotierte Unternehmen müssen Meldungen, die den Aktienkurs beeinflussen können, sofort einem breiten Publikum zugänglich machen. Damit will der Gesetzgeber verhindern, dass sich einige besonders gut informierte Insider einen Vorteil an der Börse verschaffen können, indem sie vor allen anderen Aktien kaufen oder verkaufen.

Als es in Deutschland noch einen „Neuen Markt" gab, feierten Unternehmen rauschende Feste an der Börse. Die Kurse stiegen und stiegen, die Stimmung war heiter. Ebenso lasen sich häufig auch die Ad-hoc-Mitteilungen dieser Firmen. Manchmal waren sie interessant, oft aber bestanden sie aus Belanglosigkeiten. Nicht selten waren sie

– nennen wir es – verwirrend, weil Menschen aufgrund dieser Mitteilungen Aktien kauften. Das endete manchmal in einem tiefen Zerwürfnis, weil die Aktien sich nicht so entwickelten wie erhofft. Irgendwann setzte sich der Eindruck durch, dass man die wichtigen Dinge in der Zeitung las, nicht aber in Ad-hoc-Mitteilungen

Der „Neue Markt" ist inzwischen Geschichte. Die Party ist vorüber, und auch die Ad-hoc-Mitteilungen sind nicht mehr so originell wie früher. Dafür geben sich die Unternehmen inzwischen große Mühe, sich von allem, was sie in einer Ad-hoc-Meldung verbreiten, so schnell wie möglich wieder zu distanzieren.

Meist schreibt der Kommunikationszenturio dann, dass das Unternehmen beeindruckende Zahlen erwirtschaftet habe. Er *antizipiert* bestimmte Entwicklungen, *glaubt, erwartet, geht davon aus, schätzt* oder *beabsichtigt*. Auch der Vorstandschef kommt zu Wort und sagt sinngemäß, dass er dies gutheiße. Und wenn alles gesagt ist, rundet eine inzwischen gängige Rubrik die ohnehin schon viel zu lange Mitteilung ab. „Zukunftsgerichtete Angaben" heißt dieser Teil der Meldung. Man hätte wohl besser „Angsthasen-Latein" darübergeschrieben, denn nichts anderes ist es. Der nachfolgende Auszug stammt aus einer original verfassten Ad-hoc-Meldung:

„Diese Pressemitteilung enthält ‚zukunftsgerichtete Angaben' über künftige Entwicklungen, die auf aktuellen Einschätzungen des Managements beruhen. Die Begriffe ‚antizipiert‘, ‚glaubt‘, ‚erwartet‘, ‚geht davon aus‘, ‚schätzt‘, ‚beabsichtigt‘ und ähnliche Ausdrücke kennzeichnen zukunftsgerichtete Angaben. Solche Angaben sind gewissen Risiken und Unsicherheiten unterworfen." Eine treffende Feststellung. Selbstverständlich listet das Unternehmen einen großen Teil dieser Unsicherheitsfaktoren auf, um dann messerscharf zu schließen, dass „die tatsächlichen Ergebnisse wesentlich von den in diesen Angaben genannten oder implizit zum Ausdruck gebrachten Ergebnissen abweichen" können.

Ad hoc gelangt der Leser zu der Erkenntnis, dass man das Ganze auch kürzer hätte fassen können. Hier ein Formulierungsvorschlag: „Vergessen Sie alles, was wir eben gesagt haben. Wir hören nichts, sehen nichts und wissen von nichts. Vielleicht können Sie mit den Informationen etwas anfangen, vielleicht auch nicht. Heute ist ein wunderbarer Tag. Was morgen sein wird, wissen wir nicht. Mit freundlichen Grüßen, Ihr Finanzvorstand."

Wer ein Unternehmen führt, liebt den Fußball. Er hat gar keine andere Wahl. Die Welt der Wirtschaft und der Kosmos des Ballsports sind wesensverwandt. Hier wie dort geht es um Sieger und Verlierer, um Emotion und Berechnung – kurz: Es geht um das Leben.

Jeder Geschäftsführer möchte mit seiner Firma auch rein sprachlich in der Champions League spielen. Fußballsprache ist Managersprache. Belegschaften sind Teams oder Mannschaften. Mitarbeiter also Teamplayer, die sich in den Dienst der Mitspieler stellen.

„Der Star ist die Mannschaft." Kein Betriebsfest darf stattfinden ohne diese fünf bedeutungsschwangeren Worte eines gewissen Berti Vogts, früher unter anderem Bundestrainer und Europameister von 1996. Hinter der Vogts'schen Philosophie verbirgt sich die Erkenntnis, dass siegreiche Mannschaften keine herausragenden Einzelpersönlichkeiten benötigen. Vielmehr sind es teamfähige Nicht-Egoisten, die den Unterschied ausmachen. Erfolgreiche Abteilungen brauchen also Mitarbeiter, die sich einem Kollektiv unterordnen – und die vor allem keine unverschämten Gehaltsforderungen stellen.

Der Satz vom Star und der Mannschaft hat viel Gutes bewirkt. Vor allem hat er einer international weit verbreiteten Parole den Rang abgelaufen: „Never change a win-

ning team." Eine Ausrede, mit der Trainer und Personal-
schefs über Jahre hinweg rechtfertigen konnten, warum sie
an altgedienten, langsamen Kämpfernaturen festhielten,
statt auf junge, aufstrebende Nachwuchskräfte zu setzen.

Aber Vorsicht: Nicht immer sollten Manager fußball-
sprachlich in die Offensive gehen. Manchmal ist Zurück-
haltung die bessere Alternative. Eine eher defensive Aus-
richtung führt vor allem dann zum Erfolg, wenn der Spiel-
macher auf mental verunsicherte Mitstreiter trifft. Der linguistische Kurzpass ins Mittelfeld ist allemal besser als die
brutale Wortgrätsche. Aggressives Forechecking oder gar
die Notbremse vor dem Strafraum können gravierende Folgen für die Sprach-Performance haben. Was nützt der beste
Heimvorteil, wenn die eigenen Mitarbeiter verbale Fouls
begehen? Wenn Manager ihren Gesprächspartner auf dem
falschen Fuß erwischen, stehen sie selbst schnell im
Abseits. Dann kann es passieren, dass ihre Abteilung bis
zum Schlusspfiff mit einer dezimierten Mannschaft spielt.
Und im schlimmsten Fall in der Trostrunde antritt.

Lassen Sie es nicht soweit kommen. Vermeiden Sie den ver-
balen Abstieg und gewinnen Sie die Lufthoheit zurück.
Zeigen Sie Ballsicherheit, trainieren Sie Ihre technischen
Finessen und spielen Sie Ihre Gegner müde.

Die nachfolgende Liste gibt einen Überblick über wichtige
Fachbegriffe aus der Fußballwelt. Trainieren Sie diese,
damit Sie auf alle Spielsituationen richtig vorbereitet sind.

Abstauber:
Arbeitet eher unauffällig, hat aber immer den richtigen Riecher und setzt sich im entscheidenden Augenblick durch. Kann auch der männliche Mitarbeiter einer Putzkolonne sein.

Ampelkarte:
Innovatives Konzept für die Tankkarte. In Zeiten steigender Rohölpreise interessant für die Fahrer von Firmenwagen.

An die Mannschaft glauben:
Wichtige Motivationshilfe für Führungskräfte. Gehört in das Standardrepertoire jeder Rede für Weihnachtsfeiern oder dramatische Betriebsversammlungen.

Angsthasenfußball:
Beschreibung für die zurückhaltende Arbeitsweise risikoscheuer Kollegen. Gilt als verpönt und nicht mehr zeitgemäß.

Anspielstation:
Ansprechpartner im Call Center Je mehr Anspielstationen eine Mannschaft bietet, desto erfolgreicher ist sie.

Arbeitssieg:
Wenn die Arbeit über das Privatleben siegt, hat der Manager ein Problem. Die Familie kommt zu kurz, die Work-Life-Balance gerät in Schieflage. So wird aus dem Arbeitssieg schnell ein Pyrrhussieg.

Ballkontakt:
Anderes Wort für Kundenkontakt. Wird immer numerisch erfasst. Eine hohe Zahl von Ballkontakten gilt international als Ausdruck von Aktivität und Fleiß.

Chancenverwertung:
Das Gegenteil von Aktenvernichtung. Verkörpert eine positive Sichtweise und ist damit ein wichtiger Erfolgsfaktor in der modernen Arbeitswelt. Eine hohe Chancenverwertung ist Ausdruck von Leistungsbereitschaft und Optimismus.

Cup der Verlierer:
Eine häufig zu beobachtende Situation in den tristen Kaffeeküchen großer Unternehmen. Die Außenseiter, die Verlierer bekommen häufig keine eigene Tasse mehr ab. Für sie bleibt nur der Becher der Zweitplatzierten, der Cup der Verlierer.

Das Runde muss ins Eckige:
Dringende Aufforderung an die Kollegen aus der Vertriebsabteilung, neue Kunden zu werben. Am Ende zählt das Ergebnis. Kein Job für Schönspieler und Ballartisten.

Das Spiel beruhigen:
Wichtige Managementaufgabe: Unaufgeregt arbeiten, keine Hektik aufkommen lassen. Dazu gehört auch die Fähigkeit zur Tempo- und Rhythmusverlagerung. Gehört insbesondere zum Anforderungsprofil eines Spielmachers.

Eine Intrige durchschauen. Wer heckt gegen wen was aus? Wer das Spiel lesen kann, kommt der entscheidenden Schritt schneller an den Ball und muss sich um seine Karriere keine Sorgen machen.

Derby:

Wenn Schalke gegen Dortmund spielt oder Bayern gegen die Löwen, schlagen Fußballerherzen höher. Wird ein solches Derby ins Büro verlagert, droht Gefahr. Kölner können niemals erfolgreich mit Menschen aus Düsseldorf zusammenarbeiten. Wie tief die gegenseitige Abneigung ist, bewies ein Mitarbeiter eines Düsseldorfer Unternehmens: Der aus Köln stammende junge Mann forderte öffentlich die Abschaffung der „Alt"-Taste auf seiner Tastatur. Stattdessen wollte er auf einer „Kölsch"-Taste herumtippen. Zur Erläuterung für alle Nicht-Rheinländer: „Alt" ist eine Biersorte aus Düsseldorf, die genauso aussieht, wie sie heißt. „Kölsch" ist ein Bierersatzgetränk aus Köln. Daher der dringende Rat an alle Führungskräfte: Vermeiden Sie in jeder Ansprache den Bezug auf landsmannschaftliche Eigenarten. Nehmen Sie niemals Ihren Mitarbeitern gegenüber Stellung zu sogenannten verbotenen Städten wie Offenbach (wenn Ihre Firma in Frankfurt angesiedelt ist), München (wenn Sie in Nürnberg arbeiten) oder Bremen (wenn Ihr Büro in Hamburg ist). Sie können dabei nur verlieren.

Deutsches Fußballwetter:
Schlechte, wolkenverhangene Stimmung am Arbeitsplatz.
Meist ausgelöst durch übel gelaunte, griesgrämige Mitarbeiter, die merkwürdigerweise in einem solchen Klima hervorragende Ergebnisse erzielen. Ein Phänomen der Motivationsforschung.

Die Null muss stehen:
In jedem Unternehmen arbeiten leistungsstarke und leistungsschwache Menschen. Wenn letztere bei einer Abteilungsversammlung keinen Sitzplatz bekommen, ist dies
Ausdruck mangelnder Wertschätzung. Der Satz „Die Null
muss stehen" trifft diese Geisteshaltung zwar genau, ist
aber nicht mit den Grundüberzeugungen von Moral und
Ethik vereinbar. Verzichten Sie auf diesen üblen Scherz und
versuchen Sie, sogenannte Underperformer unter Ihren
Mitarbeitern zu höherer Leistung zu motivieren. Aber vor
allem: Bieten Sie ihnen einen Sitzplatz an.

Die Wahrheit liegt auf dem Platz:
Unangenehme Weisheit, die sich auf den Arbeitsplatz
bezieht: In Wahrheit liegt dort noch ganz viel Arbeit.

Doppeln:
Einer allein schafft es nicht immer. Deshalb werden komplizierte Aufgaben immer in Zweierteams gelöst. Gilt auch
als Beschreibung für das sogenannte Vier-Augen-Prinzip.

Doppelpass:

Kombination aus Mitarbeiterausweis und Parkkarte. Gelegentlich auch Ausdruck von übertriebenem Kontrollzwang im Unternehmen, meist aber nicht mehr als ein Ergebnis des technischen Fortschritts.

Ehrentribüne:

Abgetrennter Teil der Mitarbeiterkantine. Dort finden häufig die wichtigen, folgenreichen Gespräche statt.

Einlaufen:

Allmorgendliche Ankunft am Arbeitsplatz. Einstudierter Routinevorgang, wenngleich selten so spektakulär inszeniert wie in der Realität der modernen Fußballarenen.

Eintrittskarte:

Phantasievolle Umschreibung für den Arbeitsvertrag.

Elf Freunde müsst Ihr sein:

Gängiges Motto in Unternehmen, die keine Frauen als Mitarbeiter dulden. Klarer Ausdruck von Diskriminierung und damit moralisch in hohem Maße verwerflich.

Englische Wochen:

Feine Umschreibung für den Umstand, dass ganze Abteilungen nur zwei Mal pro Woche richtig arbeiten, meistens mittwochs abends und samstags nachmittags.

88 Ergänzungsspieler:

Aushilfskräfte. Der abwertende Begriff des Ersatzspielers ist inzwischen fast vollständig aus dem allgemeinen Sprachschatz verschwunden.

Falscher Einwurf:

Unbrauchbarer Redebeitrag eines Mitarbeiters während einer Konferenz. Wird meist mit dem Unverständnis der eigenen Mitspieler quittiert.

Flügelflitzer:

Schneller Bürobote. Jedes Unternehmen braucht seinen David Odonkor.

Flutlicht:

Grelle Deckenbeleuchtung. Gilt als chic und erzeugt eine besondere Atmosphäre. Bitte vorher die Energiebilanz prüfen.

Freistoß:

Vorstoß eines Mitarbeiters, der sich einen freien Tag wünscht. Sollte in modernen Unternehmen nicht mehr vorkommen. Wer motiviert ist, geht zur Arbeit und verzichtet auf Freizeit.

Fußballzwerg:

Diskriminierender Begriff für wehrlose Auszubildende. Ein Fall für den Betriebsrat.

Boshafte Umschreibung für den Umstand, dass ein Mitarbeiter a) sehr viel verdient und dafür b) zu wenig leistet.

Hängende Spitze:

Vorstandschef, der seinen Aufgaben nicht im geforderten Maße nachkommt.

Hattrick:

Erfolgskennziffer für drei erfolgreiche Geschäftsabschlüsse hintereinander. Damit einher geht die Kennziffer: Drei Ecken, ein Elfer. Nach drei erfolgreichen Abschlüssen setzt automatisch die Belohnung ein, meist in Form einer Bonuszahlung.

Hoher Ball:

Anspruchsvolle Aufgabe, die nur gut ausgebildete Mitarbeiter bewältigen können.

Kader:

Verdienter Mitarbeiter. Vor allem in der DDR-Tradition ein Ausdruck von Lob und Anerkennung. Inzwischen eher historisch von Belang.

Kellerduell:

Ständige Rivalität zwischen Mitarbeitern, die im Souterrain arbeiten. Oft begleitet von spielerischen Mängeln, aber hoher Kampfbereitschaft.

Knipser:
Hausmeister. Er ist verantwortlich für die entscheidenden Situationen. Licht an und aus, Tür auf und zu. Der Knipser genießt eine große informelle Macht, im Fußball wie im wahren Leben.

Konterstürmer:
Schwieriger Mitarbeiter, der häufig Widerworte gibt. Läuft ständig Sturm und wird damit zu einem unberechenbaren Teil der Abteilung. Meist auf sich allein gestellt.

Latte:
Die Milch, fälschlicherweise auch das Sahnehäubchen. Bezeichnung für ein besonders gelungenes Projekt.

Libero:
Aussterbender Begriff für den Springer. In einer flexibilisierten Arbeitswelt wichtiger Bestandteil jeder Planung.

Loge:
Bezeichnung für das edel ausgestattete Büro des Vorgesetzten. Meist auch Ausdruck von Neid und Missgunst.

Mannschaftsrat:
Betriebsrat. Einflussreiches Gremium, dessen Mitglieder gewählt werden.

Mauertaktik:
Unangenehme Eigenschaft verstockter Mitarbeiter, die eher im Verborgenen arbeiten. Ausdruck für unkommunikatives Verhalten am Arbeitsplatz.

Mental-Coach:
Betriebsarzt. Spielt eine Schlüsselrolle in der Wirtschaft des 21. Jahrhunderts. Er entdeckt die verborgenen Geheimnisse, die einen Mitarbeiter zu höherer Leistung bewegen können.

Mittelkreis:
Kurzform für einen mittelmäßig erfolgreichen Arbeitskreis innerhalb des Unternehmens.

Passives Abseits:
Bezeichnung für bestimmte Mitarbeiter, die permanent vor allem durch Nichtstun auffallen, ohne allerdings den Spielbetrieb entscheidend zu stören.

Platzverweis:
Respektlose Umschreibung für das abrupte Ende eines Arbeitsverhältnisses. Meist als Folge regelwidrigen Verhaltens.

Pressing:
Permanent Druck ausüben auf lästige Konkurrenten. Darf nicht verwechselt werden mit dem naheliegenden Begriff des Er-Pressing.

Public Viewing:
Arbeit im Großraumbüro. Erfreut sich zunehmend größerer Beliebtheit. Stärkt das Gemeinschaftsgefühl.

Rasenschach:
Abfällige Bezeichnung für das steigerungsfähige Arbeitstempo vor allem intellektuell veranlagter Mitarbeiter.

Raute:
Nette Umschreibung für das auffällige Teppichmuster im Vorstandsbüro. Kann gleichzeitig Ausdruck eines besonderen Spielsystems innerhalb der Abteilung sein.

Reizpunkte setzen:
Einen Streit unter Mitarbeitern entfachen, Kollegen provozieren. Soll angeblich helfen, wenn Belegschaften einzuschlafen drohen. Billige Managementmethode, die meist zu keinem befriedigenden Ergebnis führt.

Relegation:
Überstunden. Immer dann relevant, wenn vor allem leistungsschwache Mitarbeiter in der regulären Spielzeit nicht zum Erfolg kommen.

Rumpelfußball:
Langsam, unästhetisch, erfolglos: Bezeichnung für einen eher hölzernen Arbeits- und Kommunikationsstil. Wird nach und nach ersetzt durch dynamisches Kurzpass-Spiel.

Schlüsselspieler:
Wertvoller, unersetzbarer Mitarbeiter. Er verwaltet den Schlüssel. Fällt er aus, bleibt das Büro geschlossen.

Spielpraxis:
Fehlt vor allem, wenn Mitarbeiter häufig Urlaub machen. Geht einher mit Anpassungsproblemen und Koordinationsmängeln.

Stammplatz:
Bezeichnung für einen festen Sitzplatz in der Kantine. Gehört zu den ungeschriebenen Gesetzen großer Unternehmen. Wichtiger Teil der Unternehmenskultur, der allerdings noch weitgehend unerforscht ist.

Staubsauger:
Talentierter Vorstandsassistent, der seinen Führungskräften permanent den Rücken freihält. Hat in den vergangenen Jahren eine deutliche Aufwertung erfahren.

Strafraum:
Abwertende Bezeichnung für das Büro des Abteilungsleiters. Wird vor allem dann gewählt, wenn unangenehme Gespräche bevorstehen.

Tunneln:
Nichts hören, nichts sehen. Mit eingeschränkter Wahrnehmung arbeiten.

Turniermannschaft:
Abteilung, die traditionell schwach ins Jahr startet und sich dann durch zähe Arbeit nach vorn kämpft. Ruft oftmals die Bewunderung der internationalen Konkurrenz hervor.

Verteidiger:
Hausjustitiar. Wichtige Funktion in einem Unternehmen. Nimmt weniger eine gestaltende als eine abwehrende Funktion ein.

Vierer-Mittelfeld:
Bezeichnung für eine vierköpfige Führungsebene im mittleren Management. Seit einigen Jahren besonders modern und Ausdruck fortschrittlicher Führungskultur.

VIP-Bereich:
Zutritt nur für ausgewählte Führungskräfte. Herausgehobener Begriff für die Vorstandsetage in einem Unternehmen. Meist optisch deutlich abgesetzt von den anderen Abteilungen.

Wasserträger:
Mitarbeiter, der stets unangenehme, aber wichtige Aufgaben erfüllt. Unverzichtbarer Bestandteil erfolgreicher Unternehmen.

We are the champions:
Selbsterklärende Formel für die Leistungsstärke einer Mannschaft. In guten wie in schlechten Tagen geeignet für

jede Abteilungsansprache. Muss immer musikalisch unter- 95
legt werden.

Wembley-Tor:

Unzulässige Übertreibung wichtigtuerischer Führungskräfte. Ein Tor, das keins war, ist genauso wertlos wie ein
tolles Projekt, das nicht stattgefunden hat.

Wichtig ist auf dem Platz:

Heißt im Original: Wichtig is auf'm Platz. Sprachlich
nicht ganz korrekte Beschreibung für den Umstand, dass
ein wichtigtuerischer Kollege („Herr Wichtig") an seinem
Arbeitsplatz sitzt und seiner zugewiesenen Tätigkeit nach-
geht.

You'll never walk alone:

Sie sind selten allein. Vor allem wenn Sie einen Brief
bekommen, in dem man sich für Ihre herausragenden
Dienste bedankt. Nicht nur Sie dürfen sich künftig stärker
Ihrer Familie widmen, auch Ihre engsten Vertrauten räu-
men den Schreibtisch. Allein gehen Sie niemals. Verspro-
chen.

Zeitlupe:

Boshafte Beschreibung für das langsame Arbeitstempo aus-
gewählter Mitarbeiter. Dieses Stilmittel sollte nur in
besonders folgenreichen Spielsituationen eingesetzt werden.

Ruhm, Reichtum, Respekt. Wer erfolgreich ist, will das auch verkünden. „Konnten wir einen Gewinn erwirtschaften", sagt der Finanzvorstand bei der Bilanzpressekonferenz. Er sagt: „Konnten."

Es ist eine auffallend häufige Form des gesprochenen Understatements. „Konnten wir Herrn Meier als Abteilungsdirektor gewinnen." Konnten gewinnen, konnten erwirtschaften, konnten expandieren.

Man muss auch gönnen können, sagt der Kölner. Großzügig, frei von Neid, das Herz am rechten Fleck tragend. Wie sympathisch ist es da, wenn Manager nicht sagen: „Wir haben eine neue Filiale eröffnet." Sondern: „Wir konnten sie eröffnen."

Können kann nicht jeder. Können ist ein Ausdruck von Gabe, von Fertigkeit, auch von Möglichkeit oder Gelegenheit. Ein wunderbares Wort. Ein Wort, das seit Menschengedenken die Phantasie der Großen und Klugen angeregt hat. Goethe, Clausewitz, Schopenhauer – sie alle haben weise Sätze formuliert rund um das Können. „Ich rate, lieber mehr zu können als man macht, als mehr zu machen als man kann", sagte einmal ein gewisser Bertolt Brecht. Aber das ist Vergangenheit.

Manager machen es sich da leichter: „Man muss auch können können", heißt das Leitmotiv der modernen Führungskraft. Es ist Ausdruck sprachlicher Bescheidenheit. Nur,
wer sich selbst so klein macht, dass er zwar etwas kann, es
aber nicht zwangsläufig tut, zeigt wahre Größe. „Konnten
wir Herrn Professor Gruber als Redner gewinnen." Ob wir
ihn gewonnen haben, spielt keine Rolle. Aber wir hätten es
können.

Es ist so, als könnte der Vorstandschef einen echten, stan-
desgemäßen Mercedes fahren. Und trotzdem rollt er nur
mit dem Fiat Panda auf den Firmenparkplatz. „Konnten
wir Mercedes als Partner gewinnen." Konnten wir, haben
wir aber nicht.

In diesem Lichte betrachtet, erfährt eine bekannte Werbe-
kampagne der schwedischen SEB-Bank eine neue Bedeutung. „Italiener können küssen. Franzosen können kochen.
Schweden können Konten." Ob Italiener tatsächlich küssen, ob Franzosen wirklich kochen, sagt uns die Werbung
nicht. Aber sie können. Sie haben die Macht, die Kraft, die
Begabung. Und auch was die Schweden mit den Konten
tatsächlich anstellen, bleibt das Geheimnis der dortigen
Marketing-Manager. Man muss auch Konten können.
Welch eine gekonnte Form des Understatements.

Wenn es noch eines Beweises bedarf für das literarische Talent arbeitender Menschen, liefert das Internet die Antwort. Dort schreiben Unternehmer, Manager und Mitarbeiter ihre eigenen Online-Tagebücher. Offen einsehbar in der Form von Weblogs.

„Wir sind Eltern geworden! Ist das aufregend und schön, plötzlich so ein kleines Würmchen zu haben, um das man sich so gut wie möglich kümmern will." Das wahre Leben ist weltweit für jedermann nachzulesen im „Daimler-Blog". Der junge Vater, der hier schreibt, ist Mitarbeiter des Stuttgarter Automobilkonzerns und gleichzeitig einer der Autoren, die das Daimler-Blog mit Inhalten speisen – oder wie es korrekt heißt: bloggen.

Es gibt inzwischen weit mehr als 100.000 solcher Weblogs in Deutschland. PR-Manager, Rechtsanwälte oder Saftproduzenten – sie alle bloggen. Sie kommentieren, erzählen, fotografieren, freuen und ärgern sich gemeinsam mit ihren Lesern im Internet.

Vorbild für diese Entwicklung ist Amerika, wo selbst die Top-Manager bloggen. Einer von ihnen ist Jonathan Schwartz, CEO des Softwarekonzerns Sun Microsystems. Er sagt, für ihn bestehe der Job als Unternehmenschef zu einem Drittel aus Kommunikation. Und „Jonathan's Blog" sei ein Teil davon.

Deutschlands erfolgreichste Blogger stammen meist aus der Kommunikationsbranche. Öffentlichkeitsarbeit, Werbung, Journalismus – die Profi-Blogger kennen den Umgang mit den Online-Tagebüchern.

Dazwischen gedeihen aber immer wieder neue Blüten der Internet-Literatur, wie zum Beispiel das Weblog eines Supermarktbetreibers aus Bremen. Als „Shopblogger" lässt er sein Internet-Publikum weltweit an seinen Erlebnissen teilhaben. Das liest sich dann so: „Vor ein paar Wochen war ein Vertreter einer Firma für ‚Sportplatzwerbung' hier, der mich für eine Daueranzeige in einem Schaukasten mit Aushängen eines lokalen Sportvereines begeistern wollte. Ich saß dummerweise an dem Morgen an der Kasse, hatte folglich nebenbei konzentriert zu tun und so verlief das Gespräch mit ihm in Fragmenten. Ich erinnere mich nur noch daran, dass es ‚einmalig 210 Euro' für drei Jahre sein sollten. Nun habe ich gerade den Entwurf für meine Anzeige fertiggestellt und mir dabei noch einmal den Anzeigenauftrag durchgelesen. Da steht doch wirklich, dass der Auftrag für drei Jahre abgeschlossen wird und der Preis pro Jahr 210 Euro beträgt. Das werde ich Montag klären, aber wird wohl nicht mehr viel bringen."

Auffallend ist, dass Verfasser von Internet-Tagebüchern eine eigene Sprache sprechen. Eine Untersuchung an der International School of Management in Dortmund (ISM) hat jedenfalls gezeigt, welche handwerklichen Merkmale ein Weblog von einem klassischen journalistischen Text unterscheiden. 1.000 Texte, je zur Hälfte Blogs und Kommentare aus Printmedien, wurden Ende 2007 für die Studie „Sprachliche Merkmale von Weblogs" ausgewertet.

„Ich blogge, also bin ich", schreibt ein Blogger in erkenntnisreicher Online-Philosophie. Ganz offensichtlich hat dieses „Ich" bei seinesgleichen einen hohen Stellenwert. Durchschnittlich mehr als zweimal pro Blog-Eintrag taucht in den untersuchten Texten das Wort „ich" auf, mehr als achtmal so häufig wie in einem vergleichbaren journalistischen Text.

Erkennbar ist aber nicht nur die Liebe zum eigenen Ich. Offenbar neigen Blogger dazu, die Wichtigkeit ihrer Aussagen nachdrücklich zu betonen. Nahezu doppelt so oft wie Journalisten von Zeitungen oder Zeitschriften unterstreichen sie ihre Feststellungen mit einem Ausrufezeichen. Blogger verwenden auch besonders gern Begriffe englischer Herkunft – statistisch gesehen viermal so häufig wie Verfasser von gedruckten Kommentaren. Pro Blog-Eintrag werden damit im Schnitt mehr als acht solcher Anglizismen gezählt.

Wer ein Weblog verfasst, stellt gern die eigene Person in den Vordergrund. Sind Blogs also das Medium für selbstverliebte Internet-Narzissten? Sind Blogger wichtigtuerische Egoisten? Wohl eher nicht, denn die Ichbezogenheit liegt in der Natur der Weblogs, die ja eben den Charakter eines Internet-Tagebuchs haben. Und in jedem Tagebuch spielt das Ich des Schreibers eine herausragende Rolle.

Wenn Sie also auch unter die Blog-Literaten gehen wollen,
sollten Sie sich auf die Gepflogenheiten des Internets einstellen. Sie sollten eine Sprache sprechen, die sich von klassischen Public-Relations-Texten, Werbetexten und journalistischen Texten unterscheidet.

Ihr Blog sollte stark personifiziert sein. Das eigene Ich darf
dabei eine große Rolle spielen. Seien Sie auch emotional.
Zeigen Sie Ihr Bild mit vollem Namen. Blog-Leser sind
extrem meinungsfreudig und offen für neue Argumente.
Beziehen Sie also Stellung, kommentieren Sie pointiert und
zeigen Sie Ihre eigene Meinung. Verkaufen Sie sich nicht
unter Wert.

Aktualität ist Pflicht: Ein Blog, das nicht lebt, ist langweilig. Länger als eine Woche sollten Blogbetreiber die Fange-
meinde nicht warten lassen. Sie müssen aber nicht nur Fak-
ten wiedergeben, sondern dürfen auch fragen oder Themen
zur Diskussion stellen. Abschreiben ist verboten, zitieren
erwünscht und erlaubt.

Wie es funktionieren kann, zeigt ein Düsseldorfer Anwalt
in seinem „Law Blog". Dort schreibt er zum Beispiel:
„Meine Sekretärin stellt Herrn N. durch. Ich höre Stim-
mengewirr, dann ein unwirsches: ‚Moment mal.' Ich hänge
in der Leitung und werde akustisch Zeuge, wie N. zwei
Marlboro und eine Sprite bestellt. Mehr weiß ich nicht,
denn ich lege auf. Wenn Herr N. zu einem günstigeren
Zeitpunkt noch mal anruft, können wir gern über sein

Anliegen sprechen. Wahrscheinlich möchte er, dass mein Mandant ihm Ratenzahlung gewährt."

Große Literatur? Wohl eher Kurzgeschichten aus dem Alltag. Trotzdem fand bei der Leipziger Buchmesse 2007 zum ersten Mal eine Weblog-Lesung bei einem Literaturfestival statt. Der Saal im Leipziger Volkshaus jedenfalls war voll, und es sollen sogar Verleger mit im Publikum gesessen haben.

Management ist eine Disziplin, die konkretes Handeln erfordert. Entschlossenheit, Durchsetzungskraft und Mut sind dabei wichtige Wegbegleiter. Wer Veränderungen durchsetzen will, muss Ross und Reiter nennen. Nur so können Mitarbeiter, Kunden und Konkurrenten einschätzen, welchen Stellenwert die Äußerungen eines Unternehmenslenkers haben.

Nicht jede Führungskraft allerdings geht diesen Weg freiwillig. Gern sagen verantwortliche Manager schon einmal: „Ein Projekt wurde erfolgreich durchgeführt." Oder: „Ein Kunde wurde gewonnen." Oder: „Ein Verlust wurde vermieden."

Wer aber war der Vater des Erfolgs? Wer genau hat das Projekt erfolgreich durchgeführt? Und wer hat den Kunden gewonnen und den Verlust vermieden? Wir erfahren es nicht. Dabei sollte Verantwortungsbewusstsein zu den Führungsgrundsätzen jedes erfolgreichen Unternehmens gehören. Viele Manager aber stellen ihre Zuhörer ins passive Abseits. Sie konstruieren Sätze mit anonymen Passiv-Konstruktionen und lassen dabei aus, wer verantwortlich für Erfolg oder Misserfolg war.

Gerade die aktiven, selbstbewussten, weltoffenen Führungskräfte deutscher Herkunft lieben passiv formulierte Sätze. Der technische Ausdruck „wurde durchgeführt" übt dabei einen kaum erklärbaren Reiz auf Manager aus. „Eine Maßnahme wurde durchgeführt." – „Ein Versuch wurde durchgeführt." – „Eine Befragung wurde durchgeführt." Ende der Durchsage. Wer, wann, wo und warum etwas gemacht hat, bleibt ein Geheimnis.

Wie sympathisch und vertrauenserweckend wirkt es da, wenn jemand in aktiver Sprache sagt: „Die Abteilung Einkauf hat erfolgreich ein Projekt durchgeführt." Aha: Die Abteilung Einkauf. Herzlichen Glückwunsch an die Menschen, die dort arbeiten. Und wie angenehm ist es, wenn wir hören: „Unsere Marketing-Kollegen haben einen Kunden gewonnen." Oder: „Unsere Tochtergesellschaft hat einen Verlust vermieden."

Passivität war noch nie ein guter Ratgeber für erfolgreiche Kommunikation. Transparenz statt Geheimniskrämerei. Aktion statt Reaktion. Offensive statt Verteidigung. Niemand würde abstreiten, dass Erfolg mit Motivation, Antrieb und zielgerichtetem Handeln einhergeht.

„Ein Erfolg wird angestrebt." Dieser Satz schmeckt wie koffeinfreier Kaffee am Morgen. „Wir wollen erfolgreich sein." Ja, das kaufen wir Ihnen ab. Mitarbeiter und Kunden müssen spüren, dass der Mensch, der da spricht, es ernst meint. Dass er sie überzeugen und mitreißen will. „Wir wollen gewinnen." Nicht: „Ein Sieg wird angestrebt."

Liebe Führungskräfte: Verraten Sie Ihren Mitmenschen,
wer die Verantwortung trägt für das, was in Ihrem Unternehmen passiert. Verzichten Sie auf anonyme, technokrati-
sche Satzpuzzle. Und bauen Sie Ihre Sätze nach einem einfachen, aber sehr wirkungsvollen Muster zusammen: „Der
Architekt baut ein Haus." Subjekt, Prädikat, Objekt, oder
kurz: SPO. Der Architekt ist das Subjekt, der Vorgang des
Bauens das Prädikat, das Haus das Objekt.

Dieser Zusammenhang lässt sich in der deutschen Sprache
aber auch umkehren. In den meisten Fällen ist dies unpro-
blematisch: „Ein Haus baut der Architekt."

Oder: „Der Chef lobt den Mitarbeiter." –
„Den Mitarbeiter lobt der Chef."

Oder: „Der Erfolg hat viele Väter." –
„Viele Väter hat der Erfolg."

Auch in abgewandelter Form lassen sich die Satzteile meist
problemlos umbauen:

„Wir liefern Müller neues Material." –
„Neues Material liefern wir Müller." –
„Müller liefern wir neues Material."

Gelegentlich allerdings führt die Abkehr vom SPO auch
unfreiwillig zu neuen Aussagen. Der nachfolgende Satz ist
in seiner Grundaussage eindeutig: „Die meisten Unter-

nehmen unterstützen die besten Mitarbeiter." Vertauscht man nun Subjekt (Unternehmen) und Objekt (Mitarbeiter) entsteht ein Satz mit einer neuen Bedeutung: „Die besten Mitarbeiter unterstützen die meisten Unternehmen."

Oder: „Die Abteilung plant ein neues Büro." –
„Ein neues Büro plant die Abteilung."

Oder: „Die Mitarbeiter mögen unsere Kunden." –
„Unsere Kunden mögen die Mitarbeiter."

Oder: „Viele Kfz-Mechaniker brauchen schnelle Autos." –
„Schnelle Autos brauchen viele Kfz-Mechaniker."

Wer also Subjekt und Objekt neu anordnet, läuft Gefahr, die Zusammenhänge zu verdrehen. Der Gesprächspartner kann dann in bestimmten Situationen nicht mehr erkennen, wer Handelnder und wer Betroffener ist. Und dann entstehen am Ende Stilblüten wie diese:

„Mehrere Väter haben erfolgreiche Kinder." –
„Erfolgreiche Kinder haben mehrere Väter."

Kaufen, halten, verkaufen. Die berühmten drei Worte der Finanzanalysten drehen sich anscheinend nur um das eine: Die Liebe zu den Aktien. Meist arbeiten Analysten bei Banken oder großen Investoren. Sie beurteilen Wertpapiere, werten Informationen aus und fällen oft folgenschwere Urteile.

Analysten sind die Richter der Finanzmärkte. Viele Anleger orientieren sich an ihren Urteilen. Wer, wenn nicht diese gut informierten Fachleute, kann sonst sagen, ob eine Aktie ihr Geld wert ist?

Und hier beginnt das Missverständnis. Analysten sind per Gesetz verpflichtet, „Sachkenntnis, Sorgfalt und Gewissenhaftigkeit" walten zu lassen. Aber sie sind keine Stiftung Warentest für Aktien. Sie sagen nicht: „Die Aktie gefällt uns besonders gut, weil sie diese und jene hervorragenden Eigenschaften auf sich vereint.' Analysten sprechen eine eigene, eine merkwürdige Sprache. Sie sagen „add", „buy" oder „equalweight", ohne dass der Kommunikationspartner am Ende bedeutend schlauer wäre. Selbst wenn Finanzanalysten scheinbar eingängige Worte wählen, kommt die Kunde beim Kunden nicht an. Was meinen Analysten wirklich mit Urteilen wie „hold", „marketweight" oder „outperform"?

Analysten sprechen ja nicht einmal untereinander eine gemeinsame Sprache. Sämtliche Kommunikationsmodelle der zivilisierten Welt verlieren spätestens dann ihre Aussagekraft, wenn Finanzanalysten mit im Spiel sind. Mag sein, dass ein Analyst eine Aktie beurteilt und zum Ergebnis „kaufen" gelangt. Aber dies muss noch lange keine Aufforderung sein, diesen Kaufakt auch tatsächlich zu vollziehen. Denn „kaufen" ist nicht gleich „kaufen".

Wenn Analyst A sagt „kaufen", dann meint er vielleicht, dass eine bestimmte Aktie um mehr als zwanzig Prozent an Wert zulegen kann. Analyst B traut dieser Aktie aber nur ein Wachstum von zehn Prozent zu. Gleichwohl lautet auch bei ihm das Urteil „kaufen". Genauso wie bei Kandidat C, der allerdings bei gleicher Wortwahl nur mit einer Wertsteigerung von fünf Prozent rechnet.

Ein Wort, drei Bedeutungen. Mathematisch formuliert ist „Kaufen" ungleich „Kaufen" ungleich „Kaufen". Damit bewegt sich eine der zentralen Eigenschaften funktionierender Marktwirtschaften im linguistischen Nirwana. Wie soll Konsum zustande kommen, wenn Menschen sich noch nicht einmal verbal über den Kaufvorgang verständigen können?

Wenn wir aber schon nicht den wahren Sinn des vermeintlich einfachen Wortes „kaufen" verstehen, wie ergeht es uns dann erst bei international eingeführten Sprachkonstrukten wie „overweight", „reduce" oder „sell"? Was passiert denn, wenn Herr A uns rät „underweight"? Senkt Frau B vielleicht sogar den Daumen, wenn sie sagt „strong buy"? Bye

bye strong buy: Wenn Sprache jemals den Sinn hatte, Kul- turgemeinschaften einen kommunikativen Austausch zu ermöglichen, welche Rolle spielen dann Finanzanalysten in diesem Universum?

Sie werden es uns nicht sagen. Oder besser gesagt: Wir werden nicht verstehen, wie sie die Lage einschätzen. Finanzanalyse, so viel ist sicher, bewegt sich in einem Paralleluniversum. Sie ist auf dem besten Weg, eine eigenständige Kulturform zu beschreiben.

Es sollte uns nicht wundern, wenn wir irgendwann in Kassel eine Documenta erleben, auf der die ganze Ausdruckskraft der Analysten zu erleben ist. Corporate Finance für Kreative. Sprach-Performance der Extraklasse.

Es sind manchmal Nuancen, die einen guten Manager von einem schlechten unterscheiden. Sprachnuancen, die in besonderen Situationen den Ausschlag geben. Wir sind zu Besuch bei einem Krisenunternehmen. Der Saal ist voll. Die Menge aufgebracht. „Heute 10 Uhr, Betriebsversammlung", steht an der Tür. Was nun folgt, ist die Verkündung des Sanierungsplans.

Kuhn, der Geschäftsführer, hat das Wort. Ein Mann, klein und rund wie ein Buchsbaum, gesegnet mit einer ansehnlichen Leibesfülle. „Wir müssen den Gürtel enger schnallen", sagt er. Luft anhalten. Er redet wie von Sinnen und gleitet durch die Welt der ökonomischen Katastrophenbegriffe: „Angespannte Lage, nervöser Weltmarkt, Finanzkrise, Konjunkturkrise, Arbeitsmarktkrise." Dann der Schwenk auf das eigene Unternehmen: „Chancen verpasst, Anpassungsdruck, Kernkompetenzen stärken, Reduktion auf das Stammgeschäft, effizienter arbeiten, schlanker werden, Opfer bringen." Nach etwa zehn verbalen Horrorminuten gelangt der Geschäftsführer zu der einzig möglichen Schlussfolgerung: „Sehen wir uns gezwungen, die Zahl unserer Mitarbeiter deutlich zu reduzieren."

Nein, das wollten sie nicht hören. Pfiffe, Buhrufe. Nun schlägt die Stunde des Betriebsratschefs. Petersen, ein großer, schlanker Mann. Rhetorisch geschult, was er zügig unter Beweis stellt: „Missmanagement in der Chefetage,

dicke Autos fahren, Taschen vollstopfen, unfähig, unfair,
kein Wunder, dass niemand kauft, wenn die Arbeitnehmer
kein Geld mehr verdienen." – „Und Sie", sagt er dann, den
Zeigefinger auf den Geschäftsführer richtend, „Sie sind der
Schlimmste."

Bravo, das hat gesessen – findet zumindest das Audito-
rium. Wir nähern uns dem vorläufigen Höhepunkt. Die
Betriebsversammlung entwickelt sich zum Hahnenkampf.
Der kantige Betriebsrat hat gepunktet, nun holt der stäm-
mige Geschäftsführer zum Gegenschlag aus. Er habe von
Gürtel enger schnallen gesprochen. Aber was der Herr
Betriebsrat hier veranstalte, das bewege sich unterhalb der
Gürtellinie.

Murren bei den Zuhörern. Dieses rhetorische Zucken hat
nicht ausgereicht. Geschäftsführer Kuhn muss nachlegen.
Er will ihnen zeigen, dass er die besseren Argumente hat.
Es scheint ein aussichtsloser Kampf zu sein. Wieder Pfiffe,
wieder Buhrufe. Der versammelte Betriebsrat wild gestiku-
lierend. „Fahr' nach Hause", ruft einer aus der Menge. „Ver-
sager", ein anderer.

Das war zu viel. Jetzt gibt es kein Halten mehr. Kaum ver-
nehmbar klopft Kuhn auf das Mikrofon. Und so, als wolle
er sie alle bestrafen, haucht er nur ganz leise hinein. Einmal, zweimal. Plötzlich ist Ruhe im Saal. Und dann sagt er
es: „Bei allem Respekt vor Ihrer Leistung und bei allem
Verständnis für Ihre Situation." Kurze, quälende Pause.

„Ich darf doch darum bitten, dass Sie die richtige Tonality wählen." Schockstarre.

Die richtige *Tonality?* An dieser Stelle wenden wir den Blick kurz in ein Lexikon, eine Möglichkeit, die das Auditorium naturgemäß nicht hat. Der Begriff *Tonality* ist zu Hause in der Welt der Werbung. Er sagt etwas aus über Stil und Atmosphäre einer bestimmten Werbebotschaft. Ein berühmtes Beispiel dafür ist die Bacardi-Werbung. Sehr emotional. Gut gelaunte, schöne Menschen. Sonne, Wasser, Wohlgefühl.

Das ganze Schicksal des Unternehmens also eine Frage der *Tonality?* Wenn er, der Geschäftsführer, gewinnen wollte, dann hat er es geschafft. Er hat sie rhetorisch niedergemetzelt. Dieses Volk, das nicht seiner *Tonality* entspricht. Diese ignoranten Underperformer. Sie alle sind seines Umgangs nicht wert.

Drei Tage nach der Betriebsversammlung beginnen die Verhandlungen um den Personalabbau. Hundert Leute gehen. Siebzig davon sind Vollzeitangestellte, der Rest Teilzeitkräfte. Kuhn leistet ganze Arbeit.

Ein halbes Jahr später findet wieder eine Betriebsversammlung statt. Derselbe Saal, sogar das Schild von damals haben sie wieder hingehängt. Das Unternehmen ist inzwischen verkauft worden. Der neue Eigentümer tritt auf die Bühne. Gelassen und doch kämpferisch präsentiert er einen

neuen Mann an der operativen Spitze des Geschäfts. „Auf-
bruch, Ärmel hochkrempeln, wir gemeinsam" – einladende
Gesten und Vokabeln, die in den Köpfen der Zuhörer hän-
genbleiben.

Und Kuhn? Ist kein Thema mehr. „Bedanken wir uns für
die vertrauensvolle Zusammenarbeit", steht in der Pressemitteilung, die nach der Betriebsversammlung veröffentlicht wird. „Vertrauensvolle Zusammenarbeit." Ob er das
meinte mit der richtigen *Tonality*?

Wer den Beruf des Werbemanagers ergreift, wird früh mit einer sehr geläufigen und deshalb wichtigen Weisheit Henry Fords vertraut gemacht. Der Gründer der Ford-Werke sagte einmal, dass die Hälfte der Werbung überflüssig sei. Man wisse nur leider nicht welche.

Kein Wunder also, dass Generationen von Werbern versuchen, diese Gesetzmäßigkeit außer Kraft zu setzen. Werbung ist teuer. Bleibt sie dann auch noch erfolglos, kann dies katastrophale Konsequenzen für die beteiligten Manager haben.

Häufig liegt es an der Art, in der Unternehmen mit ihren Kunden sprechen. Oft verstehen die Menschen die Botschaft nicht. Sie sind intellektuell überfordert. „Kann nichts verstehen", wäre dann die passende Reaktion. Denn wer Sprache nicht versteht, kann schnell zu irreführenden Schlüssen gelangen, auch wenn er sich subjektiv gut dabei fühlt. So wie in der Geschichte vom „Kannitverstan". Eine zweihundert Jahre alte Erzählung des deutschen Dichters Johann Peter Hebel. Und die ging so:

Ein deutscher Handwerksbursche aus Tuttlingen kam nach Amsterdam. Eine reiche Stadt, und auch damals schon mit wunderbar prächtigen Häusern. Sofort fiel ihm ein besonders schönes Bauwerk auf. Eins, das er vorher noch nicht gesehen hatte. Lange sah er sich das Gebäude an.

Kostbar, prachtvoll, wunderschön war es. Als jemand vorbei-
ging, sprach der Handwerksbursche ihn an. Wie denn der
Herr heiße, dem dieses wunderbare Haus gehöre, fragte er.
Der Mann hatte wohl Wichtigeres zu tun, als dem Jungen
lange Erklärungen in deutscher Sprache zu geben. Er sagte
nur kurz und schroff: „Kannitverstan!" Dann ging er weiter.

„Kannitverstan" ist Holländisch und heißt übersetzt in
etwa „Ich kann Dich nicht verstehen". Der Junge aber
glaubte, es sei der Name des Mannes, dem das schöne Haus
gehörte. Dies muss ein sehr reicher Mann sein, dieser Herr
Kannitverstan, dachte er sich.

Ähnlich erging es dem Jungen, als er Hafenarbeiter dabei
beobachtete, wie sie üppige Waren aus einem Schiff auslu-
den. Wie denn der Mann heiße, dem diese schönen Dinge
gehörten, fragte er wieder. „Kannitverstan", war die Antwort. Dies muss ein wirklich reicher Mann sein, dieser Herr
Kannitverstan. Noch reicher, als der Junge bis dahin
gedacht hatte. Er selbst hingegen war arm. Das machte ihn
traurig.

Da entdeckte er einen Trauerzug. Pferde zogen einen Lei-
chenwagen. Dahinter gingen langsamen Schrittes viele
Freunde und Bekannte des Toten. Sie alle waren schwarz
gekleidet. Trauer umwehte nun auch den jungen Burschen.
Wer denn da gestorben sei, fragte er einen Mann aus dem
Trauerzug. Und wieder lautete die Antwort: „Kannitverstan." Das machte ihn noch trauriger.

„Armer Kannitverstan!", dachte er bei sich. „Von seinem Reichtum hat er nichts." Immer, wenn er von da an Menschen sah, die ein bescheidenes Leben führten, dachte er an den reichen, aber verstorbenen Kannitverstan. Auch seine eigene Armut ließ sich nun viel leichter ertragen.

Mit zweihundert Jahren Abstand würden wir heute sagen: Es stellte sich subjektives Wohlempfinden ein. Der Gesprächspartner glaubt etwas zu verstehen. Doch sein falsches Sprachverständnis führt zu überraschenden, aber nicht beabsichtigten Ergebnissen.

Kommunikation kann Menschen beglücken, obwohl diese bestimmte Teile von Sprache falsch wahrnehmen. Auch heute noch gibt es diese Fälle von Kannitverstan-Kommunikation. Meist sind es englische Worte, die bei deutschen Kunden zu manchmal komischen, häufig aber nicht beabsichtigten Assoziationen und Schlussfolgerungen führen.

Die Kölner Agentur „Endmark" kommt an dieser Stelle zu sehr eindeutigen Erkenntnissen. So verstehen die meisten Deutschen beispielsweise nur sehr rudimentär den Sinn englischsprachiger Reklamesprüche. Zweimal bereits hat die Marketingagentur eine aufwendige Studie zu diesem Thema durchgeführt. Befragt wurden jeweils mehr als eintausend Menschen zwischen 14 und 49 Jahren in den Städten Hamburg, Köln, Leipzig und München. Ihnen wurden zwölf aktuelle Werbesprüche vorgelegt mit der Bitte, diese zu übersetzen.

Die Ergebnisse der jüngsten Studie aus dem Jahr 2006 sind
bemerkenswert. So konnten nur acht Prozent der Befragten
einen Spruch des Autoherstellers Jaguar richtig zuordnen.
Eigentlich bedeutet „Life by Gorgeous" sinngemäß etwa
„Leben auf prächtig". Die Probanden waren aber eher der
Meinung, der Spruch bedeute „Leben in Georgien", „Leben
bei Georg" oder „Leben wie George".

Auch die Brauerei Beck's schnitt nicht berauschend ab.
„Welcome to the Beck's experience" werteten viele Befrag-
te als Einladung zum „Beck's Experiment". Dass „Experience" in diesem Zusammenhang aber „Erlebnis" heißt,
schien nicht vermittelbar.

Ähnlich kurios war das Verständnis bei der Ford-Werbung.
Die Kunden waren aufgefordert, „den Unterschied zu erleben", in der englischen Version: „Feel the difference". Viele,
offenbar eher technisch als sprachliche versierte Kunden
meinten aber, sie sollten das „Differenzial fühlen". Andere
meinten, sie sollten „die Differenz abziehen". Gut, dass
Henry Ford das nicht mehr erleben musste.

Die Sammlung der Missverständnisse ging quer durch alle
Branchen: Der Adidas-Spruch „impossible is nothing" etwa
wurde von vielen als „imposantes Nichts" gewertet. Der
Mobilfunkanbieter Vodafone sagte seinen Kunden: „Make
the most of now." Diese verstanden aber „mach meist nicht
alles" oder „mach's meistens jetzt". Ausgesprochen originell aber war: „Mach keinen Most daraus."

Peinlich wurde es für Air Berlin („Fly Euro Shuttle!"). Aus dem Pendeldienst wurde ein „Euro Schüttel-Flug" oder die Aufforderung „Schüttel den Euro zum Fliegen". Der Autohersteller Kia wollte eigentlich „Die Kraft zu überraschen" vermitteln. Den Spruch „The Power to Surprise" verstanden viele aber als „Überraschungsmacht", „Power-Überraschung" oder gar als Versuch, „mit Strom zu überraschen".

Kannitverstan ist überall, gestern wie heute. Nun sollte man aber nicht meinen, es seien immer nur Sprüche in englischer Sprache, die ihren Empfänger nicht erreichen. Auch auf Deutsch lässt sich allerhand Unverständliches vermitteln. So teilte die Deutsche Bahn an einem ihrer zahlreichen „Service-Points" den Kunden Folgendes mit: „Wegen einer umlaufbedingten Fahrplananpassung verkehrt unten dargestellter Zug der Linie RB 59 Hellweg-Bahn zwischen Dortmund Hbf und Soest in neuer Zeitlage."

„Umlaufbedingt"? „Fahrplananpassung"? „Zeitlage"? Die Bedeutung der meisten Vokabeln wird engen Freunden und Förderern des Deutschen Eisenbahnwesens sicherlich geläufig sein. Es muss wohl darum gegangen sein, dass der Zug früher oder später fahren sollte. Die meisten Kunden aber machten einen eher irritierten Eindruck, als sie das Schild sahen. „Die Botschaft les ich wohl, allein mir fehlt die Deutungshoheit."

Man wäre geneigt, an dieser Stelle wieder das mehr als abgegriffene Bild vom „nur Bahnhof verstehen" zu verwen-

den. Wir verkneifen uns das hier und stellen mit Wohlwol-
len fest, dass der Zug inzwischen wieder ganz normal fährt
– und das Schild verschwunden ist.

Was waren das für friedliche Zeiten. Der Chef diktierte seiner Sekretärin einige wichtige Sätze in den Block. Und dann verschwand er in den Urlaub. Damals, als alles noch gemächlich zuging in deutschen Chefetagen.

„Nach Diktat verreist" stand dann unter seinem Brief, der ja eigentlich ihr Brief war. *Nach Diktat verreist* sagte dem Leser: Lies dies und lass mich in Ruhe.

Oft haben sich die Empfänger solcher Briefe geärgert über einen Absender, der nur seine Botschaft loswerden wollte, ohne ernsthaft mit dem Empfänger in Kontakt zu treten. Interaktion, persönliche Kommunikation? Wer *nach Diktat verreist* war, lehnte dies offenkundig ab.

Heute hämmern wir unsere Zeilen selbst in den Blackberry. Interessanterweise gerade dann, wenn wir verreisen. Oder wenn wir in einer Konferenz sitzen. Heimlich, unter dem Tisch. Und wir glauben, dass es niemand merkt.

Einsilbig werden wir dann. Wenn uns ein Mitarbeiter eine E-Mail schreibt, sorgfältig formuliert, fast schon liebevoll engagiert. Wenn er uns um eine Entscheidung bittet und nun eine Antwort hören will, dann schreiben wir nicht:

„Sehr geehrter Herr Schmitz, vielen Dank für Ihr Engage-ment. Ich ziehe Version A vor. Mit freundlichen Grüßen, Peter Bauer."

Nein, wir schreiben: „machen a, mfg pb". Und wir werden dabei nicht einmal rot.

Dabei gibt es guten Grund, in E-Mails höflich zu sein. Diese Form der Kommunikation bietet eine Menge Chancen. Sie ist schnell, billig und ermöglicht es uns, mit überschaubarem Aufwand viele Menschen gleichzeitig zu erreichen.

Aber sie birgt auch viele Risiken. Die Gefahr, dass elektronische Nachrichten unkontrolliert in Umlauf geraten, ist um ein Vielfaches höher als bei einem herkömmlichen Brief. Wenn wir aus Versehen auf die falsche Taste geraten, erreicht die E-Mail einen Empfänger, der diese Information nicht hätte bekommen sollen. Firmengeheimnisse gelangen auf diesem Wege in Windeseile an die Außenwelt.

E-Mails sind ein wichtiger Teil der internen Kommunikation. Sie sollen motivieren, nicht erniedrigen. Sie sollen Vertrauen aufbauen, nicht zerstören. Und sie sollen Bindungen festigen, nicht zerreißen. Wir tun also gut daran, vor allem in E-Mails die Grundregeln menschlichen Zusammenlebens und Zusammenarbeitens einzuhalten.

Unangenehm wird es für diejenigen Führungskräfte, die zu spontanen Unmutsäußerungen neigen. Die im Instrument der E-Mail vor allem einen Beitrag zum therapeutischen Schreiben sehen. Dampf ablassen, mal alles aussprechen. Die ganze Wut in sieben Zeilen runterhämmern und dann wieder befreit dem Tagesgeschäft nachgehen. Dazu ist die E-Mail das falsche Mittel.

Im Zweifel hilft eine alte Beschwerde-Regel aus dem Militär weiter. Diese sieht vor, bei allem Ärger über einen bestimmten Vorfall „erst einmal eine Nacht darüber zu schlafen". Am nächsten Morgen, mit wachem Geist, stellen sich viele Dinge wesentlich weniger dramatisch dar. Der Ärger verfliegt, der Betroffene ist emotional nicht mehr so stark involviert wie noch am Tag zuvor. Möglicherweise verzichtet er nun auf seine Beschwerde. Und wenn er sie doch schreibt, dann wesentlich sachlicher und in abgeklärtem Ton.

Nicht immer bleibt Zeit, eine ganze Nacht über dem erlebten Ärger zu schlafen. Aber wenigstens einige Minuten des Dampfablassens sollte sich eine Führungskraft schon gönnen, bevor ein ganzes Unternehmen unter spontanen E-Mail-Wutausbrüchen leiden muss.

Liebe Manager: Sollten Sie gerade einen wutdurchtränkten E-Mail-Entwurf verfasst haben, dann drucken Sie diesen nun aus. Lassen Sie das ausgedruckte Stück Papier einige Minuten auf dem Schreibtisch liegen. Trinken Sie einen Kaffee und erledigen Sie das ein oder andere Telefonat. Verlassen Sie kurz Ihr Büro und sprechen Sie mit einem Ihrer

Kollegen oder Mitarbeiter. Wenn Sie den Eindruck haben, dass sich Ihr Gemüt wieder abgekühlt hat, kehren Sie in Ihr Büro zurück. Lesen Sie sich nun die E-Mail noch einmal laut vor. Und versuchen Sie, die extrem wutbefallenen Begriffe wie „völlig unverständlich", „unqualifiziert" oder „nicht mehr sehen" aus dem Manuskript zu streichen.

Und vielleicht hilft ja auch die vergleichsweise einfache Erkenntnis weiter, dass sich Ärger immer besonders gut mündlich kommunizieren lässt. Am besten im persönlichen Gespräch. Zur Not aber auch am Telefon. Ärger verfliegt. Im Fernsehen würde man sagen: Er versendet sich.

Lob hingegen dürfen Sie gern mündlich und schriftlich verteilen. E-Mails sind Briefe. Und Briefe, in denen Mitarbeiter ein Lob erfahren, werden noch lange im E-Mail-Archiv gelagert werden. Das Positive, das Gute, das Motivierende hebt sich jeder Mitarbeiter auf.

Wie bei einem schönen Brief, der vielleicht nicht endet mit „nach Diktat verreist", sondern: „Wir sind sehr froh, dass Sie in unserem Unternehmen arbeiten!"

Der Manager an sich ist ein friedlicher Zeitgenosse. Zugegeben, er muss sich durchsetzen. Er muss sich beweisen. Er muss schwierige Situationen meistern. Aber eigentlich möchte er in Harmonie und Zuversicht seine Ziele erreichen.

Allein, er schafft es nicht immer. Zu groß ist der Druck, zu intensiv der Wettbewerb. Wenn die Welt draußen verrückt spielt, kann ein Verkaufsleiter zum Einzelkämpfer werden. Dann betreibt er *Guerilla Marketing*, sucht nach Aufmerksamkeit um jeden Preis. Auge um Auge, Zahn um Zahn. Innovativ, ideenreich und mit angelegter Kalaschnikow.

Nein, seien wir ehrlich: In der Sprache der Führungskräfte finden wir sehr häufig Hinweise auf kriegsähnliche Zustände. Marketing-Manager führen Werbefeldzüge. Sie ziehen an die Front und setzen ihre Verkaufstruppen in Marsch. Sie wollen auf wichtigen Märkten die Lufthoheit zurückgewinnen. Manch ein Geschäftsführer macht sich sogar selbst zur Speerspitze einer militärisch geprägten Sprache. Er führt Übernahmekämpfe. Er greift an und wehrt ab – mit voller Vehemenz.

Je länger wir nachdenken, desto weiter entfernen wir uns vom Bild der harmoniebedürftigen Führungskraft. Die Kavallerie der Verkaufskrieger fährt manchmal schwere

Geschütze auf. Wer erfolgreich ist, will erobern und gewinnen. Angriff ist die beste Verteidigung.

Militaristen waren noch nie Verfechter einer übertriebenen
Kommunikationsästhetik. Die Sprache der Armeen ist for-
malistisch, sehr exakt und uniform – wie ihre Kleidung.
Dies beginnt schon bei der Nachwuchsförderung. Jungma-
nager werden nicht mehr eingestellt, sie werden rekrutiert.
Hochschulen und Unternehmen richten große *Recruiting
Events* aus. Sie wollen den „Krieg um die Köpfe" gewinnen.
Wenn die jungen Rekrutinnen und Rekruten dann einrü-
cken in die Bürokasernen, haben sie den ersten großen Kar-
riereschritt schon gemeistert. You're in the army now!

Aber der Weg an die Spitze ist steinig. Disziplin, Gehor-
sam, Pünktlichkeit – die Grundausbildung fordert viele
Opfer. Und nicht jeder schafft den Marsch durch alle
Dienstgrade hinein ins Offizierskasino. Wer *CEO*, *CIO* oder
CFO werden will, muss hart an sich arbeiten.

Früher hatten es Nachwuchskräfte leichter. Da stand an der
Spitze des Unternehmens ein einfacher Vorstandsvorsitzen-
der. Heute arbeitet dort der *Chief Executive Officer*, unterstützt von einem *Chief Information Officer* oder einem *Chief
Financial Officer*.

Es gibt inzwischen Offiziere für alles und jedes. Sie kümmern sich um Technik, Marketing, Qualität, Personal, Einkauf, Sicherheit oder Kunden. Einer der interessantesten

Vertreter ist dabei wohl der *Chief Visionary Officer*, der Offizier für visionäre Ideen. Das muss ein Traumjob sein: Oben, im Wachturm eines kasernenartig ausgebauten Bürohauses sitzen und Visionen entwickeln. Den Blick durchs Fernrohr gerichtet auf die Armeen der Befehlsempfänger, die im Gleichschritt vorwärts marschieren. Schlachtpläne, Strategien, Visionen. Für einen solchen Job würden viele Einzelkämpfer ihr letztes Hemd geben.

Zahlreiche talentierte Jungmanager sind in den vergangenen Jahren in den Offiziersrang befördert worden. Nur einen wichtigen Vorkämpfer haben die Unternehmen bisher außen vor gelassen. Der *Chief Guerilla Officer* ist nicht einmal in besonders hart umkämpften Märkten zu finden. Erstaunlich, wie die globalen Krieger den Kampf um Kunden und Köpfe bisher so unbeschadet überstanden haben.

Das Schicksal eines Managers hängt oft von einem einzigen Vorzeichen ab. Bei einem waagerechten roten Strich sieht es schlecht aus. Niemand will einen Verlust ausweisen. Verlust ist Sache von Verlierern.

Wir aber wollen auf der anderen Seite stehen. Wir wollen dem Minus einen Strich durch die Rechnung machen, und zwar einen senkrechten. Wir wollen ein schwarzes Plus vor unseren Zahlen sehen. Es sollen die Zahlen der Sieger sein. Gewinner-Zahlen. Gewinn-Zahlen.

Was aber macht ein Manager am schönsten Tag des Jahres? Dann, wenn feststeht, dass die Gewinn- und Verlust-Rechnung eben eine Gewinn-Rechnung war? Er sagt es nicht. „The winner takes it all?" Nein, nicht in der Sprache der Manager. Da gibt es keinen Gewinn. Und wo kein Gewinn, da auch kein Gewinner.

Wenn deutsche Manager erfolgreich wirtschaften, sprechen sie von „Ebit". Oder „Ebitda". Die internationale Geschäftssprache steckt voller Begriffe, die sagen sollen: Ja, wir waren erfolgreich. Aber bitte nennt es nicht Gewinn.

Und so greifen die Unternehmen auch hier wieder zur Baukastenmethode. Gib mir ein „E" für „Earnings". Gib mir ein „b" für before, ein „i" für interests und ein „t" für taxes. Schon landen wir beim „Ebit" oder technisch ausgedrückt beim Jahresüberschuss vor Steuern, Zinsaufwand und außerordentlichem Ergebnis. Fügen wir dann auch noch ein „d" an für „depreciation" und ein „a" für „amortization", produzieren wir ein „Ebitda".

Dieses Spiel können wir nun munter weiterspielen. Wir können uns den „Net operating profit after taxes" ausdenken – kurz „Nopat". Oder den „Nopatbi", einen „Net operating profit after taxes before interests".

Nichts und niemand setzt uns Grenzen. Allerdings verstehen uns viele Menschen auch nicht, wenn wir sagen, dass unser „Nopatbi" in diesem Jahr deutlich gestiegen ist. Oder unser „Ebitda" gefallen.

Bitte kein Ebit: Kunstbegriffe erzeugen Misstrauen. Gewinn ist ungleich Gewinn. Die Menschen draußen auf der Welt aber müssen „Äpfel before interests and Verkauf" vergleichen mit „Net operating Birnen after Ernte". Das bereitet nicht nur Wirtschaftsjournalisten Kopfschmerzen. Jeder, der sich schnell einen Überblick verschaffen will über den Erfolg von Managern und Unternehmen, stößt hier an eine Grenze.

Betriebswirtschaftlich mag es eine Menge Gründe geben, warum heute ein „Ebit" geeignet ist und morgen ein „Operating Profit". Je nach philosophischer Grundausrichtung lässt sich eine ganze Menge der Argumente sehr gut nachvollziehen.

Für die Einordnung, Bewertung und für das Verständnis von Managersprache ist diese Vielfalt der blühenden Sprachlandschaften allerdings ein großes Problem.

Dabei waren es doch vor allem theoretisch veranlagte Menschen, die einmal eine ganz einfache Regel erfunden hatten: Umsatz minus Kosten gleich Gewinn.

Führungskräfte sollten ein natürliches Empfinden für Toleranz haben. Sie sollten einschätzen können, wie eng sie sich an feste Regeln halten und wo sie ein Auge zudrücken, oder – um in der Welt der schiefen Bilder zu bleiben – fünfe gerade sein lassen wollen.

Diese Toleranz gilt auch für den Umgang mit Sprache. Irgendwann aber stößt auch die linguistische Großzügigkeit an Grenzen. Es gibt bestimmte Redewendungen, denen wir einfach mal eine Pause gönnen sollten. Sie haben es nicht verdient, als Plattitüden verunglimpft zu werden. Deshalb folgt nun eine kurze Übersicht von profilierten, aber überstrapazierten Exemplaren der sprachlichen Flora und Fauna. Möge die Artenschutzkommission diesen Worten die verdiente Ruhe schenken.

Unter die Lupe nehmen:

In München ist vor geraumer Zeit Berichtenswertes passiert. Dreißig Schüler und Studenten einer bekannten Hotelfachschule nahmen dort die Allianz Arena *unter die Lupe*. Das ist ein beachtlicher Vorgang. Denn ein Fußballstadion wie die Allianz Arena ist groß, eine Lupe aber klein. Und dies zeigt schon, wie sinnentleert wir das Bild mit der Sehhilfe inzwischen verwenden. Nur weil sich Menschen etwas besonders genau ansehen, laufen sie ja nicht permanent mit Vergrößerungsgläsern durch die Gegend. Niemand forscht nach Schmetterlingen oder seltenen Briefmarken, wenn er ein Fußballstadion betritt. *Unter die Lupe* nehmen gehört also unter Artenschutz.

Auf dem Prüfstand:

Deutschland ist das Land des Maschinen- und Anlagenbaus. Hier wird noch echte Wertarbeit produziert. Hier wird gemessen, gewogen und geprüft. Nichts wird in den Lebensalltag entlassen, bevor nicht der TÜV oder eine andere wichtige Einrichtung ein Gütesiegel auf jedes noch so scheinbar nebensächliche Produkt geklebt hat. In der Welt der Technik kommt alles *auf den Prüfstand*. Gut, dass es so ist, denn ein solcher Prüfstand vermittelt Sicherheit. Deshalb sollten wir den Prüfstand wirklich nur einsetzen, wenn wir Triebwerke, Motoren oder Bremsen untersuchen. „Sollen wir also auch unsere Strategie auf den Prüfstand stellen?" Nein. Unternehmensteile, Angebote und viele andere Abstraktheiten benötigen keinen Prüfstand. In diesem Fall sollten wir eine liebgewonnene Plattitüde in ihren ursprünglichen Lebensraum des Ingenieurwesens zurückführen. Dort fühlt sie sich wohl. Und dort gehört sie hin.

Denken:

Manager sind Menschen mit großem intellektuellem Potential. „Ich denke, dies ist der richtige Weg." Der Satz verliert nichts an rhetorischer Schärfe, wenn der Autor den Hinweis auf den eigenen Denkprozess vernachlässigt. „Dies ist der richtige Weg." Punkt. Es ist nicht notwendig, öffentlich zu verkünden, dass da jemand denkt. Davon geht ohnehin jeder aus. Sie reflektieren, also sind Sie. Deshalb gönnen wir dem denkenden Ich eine verdiente Kunstpause.

Das Heft in die Hand nehmen:

Ein imposantes Bild. Der Chef stellt sich vor seine Belegschaft und sagt: „Wir werden jetzt das Heft in die Hand nehmen." Wären die Mitarbeiter folgsam, würden sie alle zu ihrer Mitarbeiterzeitschrift greifen und das aktuelle Heft hochhalten. Aber dies ist natürlich nicht gemeint. Das Heft im Sinne der Redewendung ist der historische Ausdruck für den Griff eines Schwertes. Wer also *das Heft in die Hand nimmt*, bläst zum Angriff. Mit *dem Heft in der Hand* scheitern die meisten allerdings, weil ein großer Teil der Zuhörer diesen Zusammenhang nicht kennt. Und weil das so ist, sollten Sie das *Heft nicht in die Hand nehmen*, sondern in die Abstellkammer legen.

Hochkarätig:

Spätestens wenn es Plattitüden bis in den lokalen Sportteil der Tageszeitung geschafft haben, sollte man sie unter Artenschutz stellen. „Hochkaräter im Sturm von Arminia." In der Managersprache hat der Begriff aus der Welt der Edelsteine aber längst einen festen Platz eingenommen. „Hochkarätig besetzte Tagung zum Abschluss unserer Summer School." Würden wir diese Aussage ernst nehmen, müssten wir damit rechnen, dass diamantenbehangene, schwergewichtige Menschen bei einer Tagung auftreten und dort Stühle besetzen. Wir wollen aber weder über Edelsteine, noch über Dichte oder Lichtstreuung dozieren.

Wir wollen einfach nur sagen, dass sehr qualifizierte, tüchtige Menschen unsere Tagung bereichern werden. Also lassen wir die Hochkaräter im Sturm von Arminia und nennen außerhalb des lokalen Sportteils die Dinge beim konkreten Namen.

Die Spitze des Eisbergs:

Es sollte nicht gleich Untergangsstimmung aufkommen, wenn wir mal wieder *die Spitze des Eisbergs* beklagen. Wir vermuten Schlimmes unterhalb der sichtbaren Eismassen. Als glitten wir auf der Titanic durch das kalte Nordmeer, warnen wir vor den unbekannten Gefahren, die unterhalb der Wasseroberfläche bedrohliche Folgen für uns haben können. Aber diese Art von Apokalypse-Denken eignet sich nicht für die Sprache der Manager. Wir sollten aufsteigen, die höchsten Gipfel erklimmen und den Eisberg vor der verbalen Erderwärmung schützen. Seien wir doch froh, dass es überhaupt noch Eisberge gibt, mit einer Spitze drauf.

Recht erfolgreich:

Warum so zurückhaltend? Wer etwas geleistet hat, soll auch dazu stehen. Die Aussage, „wir waren recht erfolgreich", schwächt etwas ab, was diese Einschränkung nicht verdient hat. Wenn etwas gut war, dann sollten Sie auch in vollem Umfang dazu stehen. Alles, was recht ist. Aber die Einschränkung *recht* ist in diesem und in vielen anderen Fällen *recht* überflüssig.

Nägel mit Köpfen machen:

Eigentlich ein greifbares Bild: Lasst uns Nägel produzieren, die vollständig sind. Metallstifte, die etwas befestigen und die man in die Wand schlagen kann. *Nägel mit Köpfen* eben. Lasst es uns also richtig machen. Professionell und konsequent. Und genau so sollten wir es auch ausdrücken. Wer wirklich *Nägel mit Köpfen* machen will, sollte konsequenterweise auf diese vollständig produzierten Metallstifte verzichten – und wenn es nur aus Gründen des verbalen Artenschutzes passiert.

Vor Ort:

Wenn jemand *vor Ort* ist, dann ist er *vor Kohle*. Der Begriff stammt aus der Sprache der Bergleute. Er hat heute etwas kumpelhaft Anbiederndes. Wer *vor Ort* ist, holt die globalisierte Welt der Managersprache in die winkligen Ecken des linguistischen Vororts. „Wir klären es vor Ort." Damit wollen wir ausdrücken: Wir klären es dort. Also sagen wir auch: „Wir klären es dort."

Verbraucher:

Lästig, diese Konsumenten. Ständig wollen Sie etwas von uns. Am Ende mäkeln Sie noch herum, weil Ihnen die Ware zu teuer oder die Qualität zu minderwertig ist. Diese Menschen sind unserer Aufmerksamkeit nicht wert. Sie verbrauchen nur. Von morgens bis abends gehen diese *Verbraucher* auf die Jagd nach Ware und Dienstleistung. Und wenn sie unzufrieden sind, laufen sie zur nächstbesten Verbraucherzentrale und beschweren sich. Der Name *Verbrau-*

cher ist also genau die richtige Bezeichnung für diese Teilnehmer am Wirtschaftskreislauf. Sie verbrauchen Zeit, Geld und unsere Nerven. Sie wissen die Schönheit und Eleganz unserer Produkte nicht zu schätzen. Verbraucher sind Nutzer, die wie Maschinen alles in sich hineinwerfen. Ist dies das Bild, mit dem wir unsere wertvollsten Bezugspersonen bezeichnen wollen? Ist der nörgelnde *Verbraucher* die Grundlage für eine moderne Kundenansprache? Nein, wir treten ein für aktiven Verbraucherschutz. Wir stellen den *Verbraucher* ins Museum und sprechen nur noch von freundlichen Kunden, die uns und unser Unternehmen lieben.

Die Kirche im Dorf lassen:

Wir lassen den Dom in Köln, aber Köln ist kein Dorf, sondern eine sehr große Stadt. Sollten sie einmal Gast in einer öffentlichen Gesprächsrunde sein, dann dürfen Sie die Kirche ruhig einmal aus dem Dorf herausholen. Denn die Aussage, dass Sie *die Kirche im Dorf lassen* ist so überflüssig wie die Feststellung, dass Köln am Rhein liegt. *Die Kirche im Dorf* steht unter besonderem Denkmalschutz, die gleichnamige Plattitüde sollte ebenfalls vor Missbrauch bewahrt werden.

Last but not least:

Es gibt Floskeln, die wie das Gegentor in der letzten Spielminute daherkommen. Die ganze Rede war wunderbar. Und dann sagt er es: „Last but not least". *Last but not least* betreten wir nun die semantische No Go Area. *Last but not least* ist eigentlich eine wunderbar freundliche Redewendung. William Shakespeare hat sie ähnlich dem „Sein oder nicht sein" in die Welt der allgemeinen Sprachverwendung eingeführt. *Last but not least* bedeutet, dass nun etwas folgt, das zwar zeitlich gesehen an letzter Stelle genannt wird, dessen Bedeutung aber deutlich höher einzuschätzen ist. Traditionell setzten Redner dies ein, um zu verdeutlichen, dass nun ein weiterer, interessanter und meist auch längerer Abschnitt als der bisherige folgt. *Last but not least* ist nur leider so wahnsinnig abgegriffen. Es benötigt eine Pause. Mindestens zehn Jahre, damit es wieder seine ganz Blüte entfalten kann. Wir sollten Shakespeare diesen Gefallen tun. *Last but not least* hat er es verdient.

Kennen Sie das auch? Sie sind zu Gast bei einem Treffen für Führungskräfte. Und die Zeit will und will nicht vorbeigehen.

Vorne steht jemand, dessen Job es gerade ist, Sie wachzurütteln. Kowalski, verantwortlich für das Marketing in Ihrem Unternehmen, soll sie motivieren. Er soll sie mitreißen und einstimmen auf die wichtigen Ziele des Jahres. „Machen Sie mit! Packen Sie an! Lassen Sie es uns gemeinsam schaffen!"

So könnte es klingen. Tatsächlich aber schläfert Sie der Herr im schlecht sitzenden grauen Anzug ein. Kowalski spricht langatmig und frei von Empathie. Seine Rede ist voller künstlicher Worthülsen und Floskeln. Seine Sätze sind lang und aufgeblasen ohne jede emotionale Ansprache. Adieu Motivation.

Machen Sie das Beste aus dieser Situation. Nehmen Sie sich einen Zettel und machen Sie sich Notizen. Damit erwecken Sie den Eindruck, interessiert und motiviert zu sein. Schreiben Sie auf, was Sie hören, und gehen Sie auf eine sprachliche Entdeckungsreise. Notieren Sie sich die schönsten Stilblüten und versuchen Sie, diese zu interpretieren. Ähnlich wie damals im Deutschunterricht, erinnern Sie sich? Was meint der Redner, wenn er zu uns spricht? Sie machen damit Kowalski zum Literaten. Und Ihr Notizzettel wird zu einer beeindruckenden Sammlung überflüssiger Worthülsen. Dieses Stück Papier könnte nach der zermürbenden Rede in etwa so aussehen:

Kowalski: „Meine Damen und Herren, ich darf Ihnen die besten Wünsche unseres Vorstands übermitteln."
Anmerkung: Der Vorstand mittelt über, sendet über und treibt auch manchmal ein bisschen über.

Kowalski: „Das Management wird Sie aktiv unterstützen!"
Anmerkung: Das ist erfreulich. Es stellt sich die Frage, wie denn eine passive Unterstützung ausgesehen hätte.

Kowalski: „Im Rahmen unserer Weiterbildung zum staatlich geprüften Elektrotechniker beraten wir Unternehmen."
Anmerkung: Dann wollen wir nur hoffen, dass wir diesen Rahmen nicht sprengen. Wie sieht denn dieser Rahmen aus? Und ist dies ein würdiger Rahmen für eine solche Veranstaltung?

Kowalski: „In diesem Bereich sind wir führend."
Anmerkung: Gott sei Dank. „Dort sind wir führend" wäre allerdings genauso richtig gewesen, nur eben kürzer.

Kowalski: „Das allgemeine Umfeld ..."
Anmerkung: „... hofft, dass niemand umfällt."

Kowalski: „Die Beschlusslage ist eindeutig."
Anmerkung: Wenigstens die Beschlusslage, wenn schon

nicht die Sprache eindeutig ist. Was aber genau ist eine Beschlusslage? Und wo liegt sie?

Kowalski: „Unsere Eckpfeiler ..."
Anmerkung: ... stehen hoffentlich auf einem stabilen Fundament und sorgen dafür, dass unser Gebäude nicht umkippt. Ansonsten sollten wir sie einfach weglassen, genauso wie die „Eckpunkte", die so herrlich nichtssagend sind.

Kowalski: „Es war unsere Eigeninitiative."
Anmerkung: Das wird auch niemand abstreiten. Denn Initiative heißt ja, dass einer den Anfang macht.

Kowalski: „Wir wollen Einfluss auf diese Entwicklung nehmen und unsere Ideen zur Anwendung bringen."
Anmerkung: Motivation pur. Die Dinge kommen ins Fließen. Jetzt packt er seine Zuhörer.

Kowalski: „Lassen Sie uns dies gemeinsam gestalten."
Anmerkung: Es beginnt, Spaß zu machen. Wir werden kreativ und schaffen gemeinsam etwas Neues.

Kowalski: „Werden wir die Preise anpassen."
Anmerkung: Und schon ist die Euphorie wieder verflogen. Wir hoffen nur, dass die Preise dann auch passen. Oder sollte Kowalski am Ende gemeint haben, wir werden die Preise erhöhen? Warum sagt er es dann nicht? Wahrscheinlich traut er sich nicht.

Kowalski: „Ich ziehe eine Rücknahme meiner Ankündigung in Erwägung."
Anmerkung: Er eiert rum.

Kowalski: „Was aber möchte ich damit eigentlich zur Darstellung bringen?"
Anmerkung: Das wissen wir auch nicht.

Kowalski: „Unsere Zielsetzung ..."
Anmerkung: ... beschreibt den Vorgang des Zielsetzens, aber nicht das Ziel.

Kowalski: „Abzuwarten bleibt ..."
Anmerkung: ... ob wir nach dieser Floskel endgültig einschlafen.

Kowalski: „Lassen Sie uns darüber Stillschweigen bewahren."
Anmerkung: Das machen wir bestimmt nicht. Immerhin hat er nicht gesagt. „Strengstes Stillschweigen bewahren." Er meinte wohl: „Lassen Sie uns darüber schweigen."

Kowalski: „Das macht mich persönlich betroffen."
Anmerkung: Mich auch, obwohl es mich nicht betrifft – jedenfalls nicht persönlich.

Kowalski: „Und ich will nicht in Abrede stellen ..."
Anmerkung: ... dass ich es nicht bestreite, es aber doch lieber kompliziert ausdrücke.

Kowalski: „Meine Damen und Herren, ich schenke diesem Vorgang
große Beachtung."

Anmerkung: Liebe ist ein Geschenk, Beachtung dann ja wohl auch. Guter Mann, dieser Kowalski.

Kowalski: „Von daher …"

Anmerkung: Von woher? Von drauß' vom Walde?

Kowalski: „… will ich in dieser Angelegenheit zu einem späteren Zeitpunkt Abhilfe schaffen."

Anmerkung: Er will später helfen.

Kowalski: „Packen wir es an. Wir alle müssen den Gesetzen des Marktes Folge leisten."

Anmerkung: Klingt wie „Packen wir ein, wir müssen jetzt alle unseren Wehrdienst leisten'.

Kowalski: „Bedanke ich mich für ihre Aufmerksamkeit."

Anmerkung: Gern. Aber vielleicht sollten wir darüber doch lieber Stillschweigen bewahren.

Wer überzeugen will, braucht Argumente. Je konkreter, desto besser. Je genauer, desto stichhaltiger. Gewinn und Verlust werden in Zahlen ausgedrückt. Hundert ist besser als zehn. Fünf ist mehr als zwei. Kein Wunder, dass Manager gern mit Zahlen argumentieren. Jede Rhetorik scheint überflüssig zu sein, wenn die entscheidenden Ziffernkombinationen an der richtigen Stelle stehen.

Es gibt nur einen Haken bei der Vermittlung von Zahlen: Sie klingen so überaus kompliziert, wenn nicht sogar unverständlich. Und deshalb hören viele Menschen nicht hin, wenn sie Zahlen serviert bekommen. Lieber Hausmannskost statt Zahlensalat.

Das menschliche Hirn scheint von einem bestimmten Punkt an die aktive Aufnahme von gesprochenen Zahlen zu verweigern. „Unser Gewinn stieg von 135,3 Millionen Euro auf 215,7 Millionen Euro." Diese Aussage ist noch verkraftbar.

Nun aber stellen wir uns vor, wir seien zu Gast bei einer Hauptversammlung. Vorne steht der Finanzvorstand und referiert das Zahlenwerk: „Im internationalen Geschäft stieg der Umsatz um 14,5 Prozent auf 43,5 Milliarden Euro, währungsbereinigt um plus 14,1 Prozent. Organisch wuchs der internationale Umsatz um 12,9 Prozent. In Westeuropa stieg der Umsatz um 5,5 Prozent auf 14,3

Milliarden Euro. Der Umsatz in Osteuropa wuchs um 23,2 Prozent auf 12,8 Milliarden Euro, währungsbereinigt um plus 20,3 Prozent." Schon nach wenigen Sätzen wird ein großer Teil der Zuhörer nicht mehr folgen können. Und das, obwohl der Finanzvorstand bestimmt recht hat und sehr wichtige und aktuelle Dinge sagt.

An dieser Stelle können wir viel von Radiojournalisten lernen. Während der Finanzvorstand bei der Hauptversammlung zumindest noch eine Powerpoint-Präsentation zeigen kann, muss der Mann im Radio die Bilder im Kopf seiner Zuhörer entstehen lassen. Sportjournalisten sind Meister dieses Fachs, wenn sie für das Radiopublikum vollkommen langweilige Fußballspiele derart dramatisch kommentieren, dass die Menschen vor dem Lautsprecher in permanenter Anspannung verharren.

Diese Bilder müssen auch Börsenjournalisten im Radio erzeugen. Sie müssen die Phantasie ihrer Zuhörer ansprechen, aber sie haben es ungleich schwerer als Sportreporter. Börsenjournalisten müssen Zahlen vermitteln, nicht Spielszenen. Ihre Bühne besteht aus Geschäftsberichten, Pressemitteilungen und Hauptversammlungsreden. Keine Stadionatmosphäre, keine Begeisterung. Nur abstrakter Stoff. Vor dieser Kulisse müssen sie Veränderungen bildlich darstellen. Aktien steigen, Gewinne wachsen und Umsätze nehmen zu. Margen vergrößern sich. Probleme weiten sich aus oder verstärken sich.

Kein Wunder also, dass sich Radiojournalisten sehr zurückhalten mit konkreten Informationen zur Entwicklung von Aktienkursen. Die nachfolgenden Sätze sind schon hart an der Grenze des Zumutbaren: „Die Aktien von Porsche legen um 0,9 Prozent auf 110,21 Euro zu, Daimler um 0,8 Prozent auf 44,23 Euro und BMW erhöhen sich um 0,6 Prozent auf 33,76 Euro. Volkswagen verlieren hingegen 0,5 Prozent auf 173,09 Euro. Lufthansa geraten unter Druck. Die Aktien verlieren 0,4 Prozent auf 15,65 Euro." Spätestens jetzt würden die meisten Hörer abschalten.

Zahlen allein reichen als Argument in der Kommunikation nicht aus. Automanager würden sagen: „Wir müssen die PS auch auf die Straße bringen." Es nützt also nichts, wenn wir recht haben. Wir müssen es unseren Kunden, Mitarbeitern, Aktionären und Lieferanten auch verständlich machen. Wenn Zahlen also wichtig sind, dann muss der Zuhörer dies auch erkennen können. Die schlichte Auflistung monotoner Ziffernkombinationen allein hilft dabei nicht weiter.

Und so ist es ernüchternd, aber auch beruhigend, dass viele Zahlen gar nicht notwendig sind. Eine kompliziert klingende „Steigerung um 100 Prozent" ist ja nun einmal nichts anderes als eine Verdoppelung. Und dies sollten wir auch genau so sagen. Denn der Gesprächspartner kann sehr gut verstehen, was die Hälfte, das Doppelte oder Dreifache ist. Prozentrechnung dagegen, und wenn sie objektiv noch

so simpel ist, stellt immer eine Verständnishürde dar. Mit
anderen Worten: Unser Gesprächspartner hört nicht mehr
zu.

Dass man Zahlen weglassen oder vereinfachen kann, gilt
selbst für Prozentangaben, die auf den ersten Blick
anspruchsvoll klingen. Die Information „67 Prozent aller
Kunden" ist sicherlich sehr exakt und bestimmt auch wichtig. Sie verliert aber nicht an Präzision, wenn wir einfach
nur sagen: „Zwei von drei Kunden."

Und manchmal hilft auch ein Vergleich, um Mitarbeitern
oder Kollegen bestimmte Dinge zu erklären. Das Verständnis für Flächenmaße etwa stößt ähnlich schnell an Grenzen
wie die Vorstellungskraft für Prozentrechnung. Die Anga-
be „310 Quadratkilometer" ist für viele Zuhörer kaum
nachvollziehbar. Wenn wir aber sagen, „dies entspricht in
etwa der Stadtfläche von München", dann werden die
abstrakten Zahlen plötzlich konkret.

So wie beim Auto und der Frage nach der Leistungsfähig-
keit des Motors. Da sprechen wir auch voller Inbrunst über
Pferdestärken. Denn unter Kilowatt können und wollen
wir uns nichts vorstellen.

Das Beste ist des Guten Feind. Oder ist das Bessere der Feind des Guten? Kaum etwas zieht die Philosophen seit Jahrhunderten derart in ihren Bann wie das Gute und dessen Steigerung.

Auch intellektuelle Manager befassen sich mit der Philosophie der Maximierung. Nicht ohne Grund sprechen wir ja auch von „Managementphilosophie". Wann also ist etwas besser? Wenn es mehr ist als gut? Oder kann es auch besser sein und trotzdem nicht gut genug?

Der Vorstandschef sagt: „Uns geht es besser." Aber geht es dem Unternehmen auch schon wieder gut? Wie gut geht es einem Patienten, dem es zunächst schlecht ging und nun besser?

Es ist ja nicht so, dass Manager immer sofort das Maximum fordern. Jeder Betriebswirt weiß, dass die Kräfte in einem Unternehmen in unterschiedliche Richtungen streben. Ein kluger Chef versucht immer, mehrere Ziele möglichst gut zu erreichen. Ziele, die sich im Kern sogar widersprechen können. Die Kunden wollen gute Qualität und einen günstigen Preis. Die Mitarbeiter fordern ein hohes Gehalt, die Aktionäre wollen, dass ihre Aktien an Wert gewinnen. Alle wollen viel. Aber einer trägt die Verantwortung. Und er ist heilfroh, wenn er dies alles unter einen Hut bekommt.

Betriebswirtschaftlich formuliert, will ein Unternehmen dem Optimum möglichst nahe kommen. Wachstum um jeden Preis ist nicht immer sinnvoll. Was nützt es, wenn ein Automobilhersteller Tag für Tag neue Absatzrekorde erzielt, aber horrende Überstundensätze zahlen muss? Wenn die Mitarbeiter nachts und am Wochenende satte Zuschläge bekommen, dann ist der betriebswirtschaftlich optimale Punkt überschritten Dann ist weniger mehr, dann ist es besser, nicht ganz so viel zu produzieren.

Im Optimum zu produzieren gehört zu den großen Herausforderungen eines Industrieunternehmens. Das Optimum zu kommunizieren aber auch. Die Aussage, „Wir haben die optimalste Lösung gefunden", könnte nur noch durch einen Zusatz gesteigert – aber nicht verbessert – werden: „Dies ist der einzigste Fall in unserer Branche." Das Optimum ist nicht steigerbar. Es kann also keinen *optimalsten Punkt* und keine *optimalste Lösung* geben.

Die *allermeisten* Führungskräfte wissen das. Sie sind *zutiefst* erschüttert, wenn ihre Kollegen versuchen, die Sprache über die Maßen zu steigern und auszureizen. Dies gilt im Positiven wie im Negativen. Eine sehr deutsche Art der Dramatisierung ist beispielsweise der Super-GAU. Ursprünglich war der Gau eine alte und zum Teil in der Nazi-Zeit missbrauchte Bezeichnung für eine Landschaft. Spätestens seit 1986 aber, seit der Reaktorkatastrophe von Tschernobyl, verbinden die Deutschen mit dem GAU den „größten anzunehmenden Unfall". Ein Super-GAU müsste

also ein noch größerer Unfall sein als der größte anzuneh-
mende. Und dies ist in etwa so logisch wie die *optimalste*
Lösung aller Probleme.

Wir sind *zutiefst* überzeugt, dass man auf einen großen Teil
derartiger Übertreibungen verzichten kann. Manchmal ist
weniger eben mehr, oder anders ausgedrückt: Sprachliches
Understatement als Form der philosophischen Betriebsfüh-
rung. Wer dies verinnerlicht, hat das *allermeiste* schon
geschafft.

Nein, es kann nicht immer alles simpel sein. Gelegentlich müssen bestimmte Dinge ein wenig pompöser wirken, als sie sind. Das Theater der Träume lebt von der Illusion. Und manchmal darf auch ein gutes Bühnenbild darüber hinwegtäuschen, dass es dem Stück hier und da an Tiefgang fehlt.

Lassen Sie sich also nicht verrückt machen. Einfach kann jeder. Aber nun ist der Zeitpunkt gekommen, da Sie *Konkretisierungen von Sachverhalten* herbeiführen sollten. Leiten Sie *Ingangsetzungen* ein und verzichten Sie keinesfalls auf *Abstimmungen* mit Ihren Gesprächspartnern.

Die deutsche Sprache macht es Ihnen besonders leicht, scheinbar unwichtigen Themen die notwendige Schwere zu geben. Trainieren Sie den virtuosen Umgang mit den drei Buchstaben „u", „n" und „g". Und Sie werden sehen, aus der Illusion wird Realität. *Ausführ-ung von Aufträgen, Durchführ-ung von Maßnahmen, Bereitstell-ung von Ressourcen* – das sollte künftig Ihre Welt sein.

Wer das „ung" beherrscht, wird ernst genommen. Sie können noch so viele Führungsseminare besuchen. Leadership, Managementkompetenz, Creativity – streichen Sie diese Schlagwörter aus Ihrem Terminkalender. Was Sie brauchen, ist das „ung", und zwar in geballter Form. *Anhör-ung von Vorschlägen, Umsetz-ung von Ideen* – nur bei gekonnter

Anwend-ung der richtigen Buchstabensequenz werden Sie mit der *Geschäftsleit-ung* schon bald über eine angemessene *Belohn-ung* oder *Vergüt-ung* diskutieren. Und dann sollten auch die Themen *Versetz-ung* und *Beförder-ung* auf der hausinternen *Tagesordn-ung* stehen.

Besonders clever sind Sie aber, wenn Sie das „ung" sogar in der zweiten *Ableit-ung* beherrschen – anschaulich zu erkennen bei der *Zurverfüg-ung-stell-ung von Geldmitteln* oder bei der *Umbuch-ung-sbestätig-ung* im Reisebüro. Und wenn Sie in die Königsklasse der Ungisier-ung einziehen wollen, dann sprechen Sie gar von einer *Umbuch-ungs-bestätig-ung-sbescheinig-ung.*

Zugegeben, das „ung" trägt nicht gerade zu einer *Versachlich-ung* und *Vereinfach-ung* der Sprache bei. Das „ung" substantiviert. Es macht aus einem profanen Verb („regeln") ein Substantiv („Regelung"). Damit bekommen die Sätze mehr Volumen, so wie beim Friseur, wenn er den Gesamtauftritt des Haupthaars ein wenig zurechtfönt.

Sie können nun selbst die linguistische *Schaumspül-ung* einsetzen. Und schon in wenigen Tagen sehen Sie eine phantastische *Verbesser-ung* ihrer semantischen *Außendarstell-ung.* Ihr rhetorischer Gesamtauftritt erfährt eine *Überarbeit-ung,* Ihre Sprache bekommt eine neue *Tön-ung* und ihr verbaler Ausdruck eine neue *Färb-ung.*

Die *Ungisier-ung* bestimmter Aussagen ist immer von Vorteil, wenn es eigentlich nichts Besonderes zu verkünden gibt. *Substantivier-ung* hilft also vor allem dann, wenn es mal gelegentlich an inhaltlicher Substanz fehlen sollte. Oder, wenn dieser Tiefgang zwar theoretisch möglich, aber praktisch nicht gewollt ist.

Aber Vorsicht: Der Umgang mit dem „ung" wird nur zum Erfolg führen, wenn Sie die sprachlichen Nuancen erkennen. Assekuranz-Manager können ein Lied davon singen. Sie wissen, dass eine *Versicher-ung* ein beliebtes Produkt für ängstliche deutsche Kunden ist, aber keine Bezeichnung für Unternehmen, die solche Produkte anbieten. Versicherer verkaufen Policen, so wie Friseure sich um das *Shampooing* und *Styl-ing* iher Kunden kümmern.

Denn wo der Wille zum deutschen „ung" ist, da ist auch ein Weg zum britischen „ing". Wenn wir üben, gehen wir zum *Train-ing*. Wenn wir uns treffen, veranstalten wir ein *Meet-ing*. Und wenn wir andere Menschen informieren, dann ist das ein *Brief-ing*. Das „ing" ist die globalisierte Version des „ung". Es ist die *Bed-ing-ung* für moderne *Sprachentwickl-ung*. Wie würde das auch klingen: Wir bieten unseren Mitarbeitern eine *Train-ung* an, dann gehen wir zur *Meet-ung* mit anschließender *Brief-ung*.

Sie sollten also Sprache in diesem Kontext als kreativen Prozess verstehen. Lassen Sie Neues entstehen, gestalten Sie Wortlandschaften, schaffen Sie faszinierende Zonen der linguistischen Freiheit. Und lassen Sie sich nicht verrückt machen von diesen ahnungslosen Kritikern, die schäbige

Worte verwenden wie *Sprachverhunz-ung* oder *Bürokratisier-ung*.

Machen Sie sich frei davon. *Ung-ebunden*, *ung-eschönt* und *ung-etrübt*.

Wir müssen nicht unbedingt nach London fahren, um die Sprache der Banker zu erforschen. Auch Kontinentaleuropa und hier speziell Frankfurt bieten genügend Möglichkeiten, diesen einzigartigen Sprachkosmos zu entdecken.

Der nachfolgende Dialog führt uns ein in die Welt der Bankentürme. Es unterhalten sich zwei Bekannte. Ihre gepflegte Erscheinung lässt uns auf ein respektables soziales Umfeld schließen. Wir vermuten, dass es Manager aus dem Investmentbanking sind. Das Gespräch haben wir in einem Frankfurter Lokal mitgeschnitten. Daher sind einige Satzteile nur verstümmelt wahrnehmbar. Eines ist aber sicher: Es geht um sehr viel Geld.

Banker A: Wir haben noch einen IPO in der Pipeline.

Banker B: Branche?
Banker A: Multi-Utility.

Banker B: Kennst Du schon den Businessplan?
Banker A: Noch beim Management.

Banker B: Beauty-Contest?
Banker A: Ja.

Banker B: Volumen?
Banker A: 100 Millionen plus Greenshoe.

Banker B: Irgendwelche Financial Sponsors?
Banker A: Eventuell.

Banker B: Lock-up-Period?
Banker A: Zwei Wochen. Toughe Due Dilligence.

Banker B: Wo ist die Equity Story?
Banker A: Starke Forecasts, stabiles Ebit.

Banker B: Initial Covering?
Banker A: Das hoffen wir. Müsste interessant sein für Research Reports.

Banker B: Denkt an die Chinese Walls.
Banker A: Ja. Aber jetzt geht es erst einmal ans Pre-Marketing fürs Bookbuilding.

Banker B: Roadshow?
Banker A: Of course.

Banker B: Designated Sponsors?
Banker A: Wissen wir noch nicht.

Banker B: Geht wohl erst einmal ums IPO-Sentiment?
Banker A: Ja. Erst Sentiment, dann IPO, dann Listing.

Banker B: Und dann ist die Pipeline leer.
Banker A: Jawohl. Prost.

Um den Kern der Aussagen zu verstehen, müssen wir zunächst Übersetzungsarbeit leisten. Wichtig ist vor allem der zentrale Begriff „IPO". Dieser kann stehen für „Intellectual Property Community" oder „Israel Philharmonic Orchestra" oder „Instrumentum Pacis Osnabrugense" – was soviel bedeutet wie „Westfälischer Friede".

Diesen Friedensvertrag haben unsere beiden Freunde aus dem Investmentbanking hier aber wohl nicht besiegelt. Vielmehr sprechen sie über ein „Initial Public Offering". In simplem Deutsch ausgedrückt: Ein Unternehmen will an die Börse gehen.

Bei dem Gespräch geht es um einen Energieversorger, der an der Börse mindestens 100 Millionen Euro für seine Aktien bekommen möchte, gern aber auch mehr. Die beteiligten Bankmanager hoffen, dass der Börsengang erfolgreich ist. Sie wünschen sich, dass möglichst viele Finanzanalysten anderer Banken ein Urteil über die Aktie fällen werden. Alles in allem ist das Unternehmen interessant. Es verdient Geld und kündigt auch für die Zukunft stabile Erträge an.

Wir sehen: Kommunikation unter Gleichgesinnten ist problemlos möglich ohne Rücksicht auf eventuelle Verständnisprobleme – solange alle Beteiligten dieselbe Sprache sprechen. Sollte die Bank allerdings daran interessiert sein, ein größeres Publikum für die Aktie zu begeistern, müssten unsere beiden Investmentbanker ihre linguistische Außendarstellung noch einmal hinterfragen.

Sonst scheitern die meisten Zuhörer an den Chinese Walls der Verständlichkeit. Oder mit anderen Worten: Ein Bookbuilding findet nicht statt, und die Equity Story verharrt ungelesen in einem berühmten Buch mit sieben Siegeln.

Sie sind talentiert und motiviert. Sie wissen, was sie wollen,
und zeigen, was sie können. Die Nachwuchskräfte an den
Management-Hochschulen lernen alle Sprachen dieser
Welt. Sie sind über die Maßen fleißig, und doch wissen sie
nicht, was echte Kärrnerarbeit ist.

Sie können es auch gar nicht wissen, weil sie es nie gelernt
haben. Sprache verändert sich. Wenn ein Jungmanager
heute das Wort *Kärrner* hört, denkt er an einen Fernsehmo-
derator. Er sieht den leibhaftigen Johannes B. vor sich, aber
nicht den Mann, der einen Karren führt. Ein *Kärrner* leistet
sehr schwere Arbeit, *Kärrnerarbeit* eben. Es ist die Arbeit
der einfachen Leute. Eine körperliche, zähe, monotone
Tätigkeit. Manchmal ist es gut, den Nachwuchskräften von
der Kärrnerarbeit zu erzählen. Und dass erfolgreiche Manager nicht nur genial und führungsstark sind, sondern auch
hart und zäh arbeiten müssen.

Ähnlich ist es mit der *Kandare*. Wenn der Chef sagt, „Ich
glaube, den Huber müssen wir mal an die Kandare nehmen",
dann würde der junge, renitente Nachwuchsmanager Huber
davon wahrscheinlich gar nichts mitbekommen. Er kennt
keine Kandare, und wahrscheinlich ist das auch gut so.

Huber weiß nicht, dass die *Kandare* ein Teil des Zaumzeugs
für Pferde ist. Es ist eine Stange, die das Pferd im Gebiss

trägt. Der Reiter kann damit das Pferd gleichsam lenken. Wenn er es also an die *Kandare* nimmt, dann will er es disziplinieren – so wie der Chef vielleicht seinen aufmüpfigen Mitarbeiter.

Es wird wohl so sein, dass ein großer Teil der Missverständnisse im Verhältnis vom Vorgesetzten zum Mitarbeiter auf Unterschiede in der kulturellen Prägung zurückzuführen ist. Sprache entwickelt sich. Neue Wörter entstehen, alte sterben aus. Vor allem die Alltagssprache scheint einem raschen Wandel zu unterliegen.

Wenn der hemdsärmelige Chef seinen Angestellten früher fragte: „Wollen Sie mich verhohnepipeln?", dann lief der Mitarbeiter schon einmal rot an. Vielleicht wollte er seinen Vorgesetzten ja tatsächlich auf den Arm nehmen. Aber dass der Chef diese Art der *Verhohnepipelung* gleich bemerken würde – das war ihm dann doch nicht recht.

Nachwuchsmanager kennen viele dieser Begriffe nicht. Sie *flachsen* auch selten, jedenfalls benutzen sie das Wort nicht, wenn sie einen Spaß machen. Gut allerdings, dass junge Führungskräfte nicht mehr so viel *Humbug* erzählen. Heute nennen sie unsinnige Dinge einfach *Nonsens*, was inhaltlich kaum einen Unterschied ausmacht.

Immerhin treiben sie kein *Schindluder* mehr. Sie sind sich ihrer Verantwortung heute bewusst, so dass auch der Begriff *Schindluder* langsam verschwindet – ebenso wie die

Dinge, die *hanebüchen* und damit eher unverschämt klingen.

Nachwuchsmanager leben heute nicht mehr im *Wolkenku-
ckucksheim*. Im Gegenteil: Sie behalten ihre Bodenhaftung
und lassen sich von nichts und niemandem *bauchpinseln*.

Dass sich Sprache derart weiterentwickelt, ist beileibe nicht
dramatisch. Im Gegenteil: Ein altgedienter Abteilungsleiter kann sich ziemlich sicher sein, dass seine jungen Mitarbeiter gar nicht erst an seinem Stuhl sägen und ein *Revirement* anstreben. Die meisten wissen nämlich gar nicht, dass
ein solcher Wechsel im Amt *Revirement* heißt.

So gesehen bedeutet Veränderung von Sprache auch Veränderung von Machtverhältnissen. Wer die Worte nicht
kennt, kann sie nicht aussprechen. Und wer die Chancen
nicht sieht, kann sie nicht nutzen. Arme Nachwuchsmanager.

Wir kommen nicht umhin, auch die unschönen Dinge im Leben eines Managers zu diskutieren. Listen, Statistiken, Normen, Termine – kurzum das Unwesen der Bürokratie greift gelegentlich auch in den Alltag der agilsten Führungskräfte ein. Mit bleibenden Konsequenzen für die Sprachentwicklung.

Wenn Manager ins Ärmelschoner-Deutsch absinken, kämpfen sie sich durch das Dickicht der linguistischen Grausamkeiten. Dann gehen Sie zur Sekretärin und beginnen schüchtern, ein „Anliegen" zu formulieren, statt mit Inbrunst zu sagen, dass sie etwas wünschen.

Abgesehen davon, dass dies sehr sperrig klingt, signalisiert die Wortfolge „abgesehen davon, dass", dass jetzt etwas kommt, wovon der Gesprächspartner absehen soll. Er kann also auch gleich weghören, was er wohl auch tun wird.

Dies beinhaltet auch die bürokratische Floskel „beinhalten". Über eine Wasserflasche würden wir ja auch nicht sagen, die Flasche beinhaltet Wasser. Und das Märchen von Rotkäppchen und dem bösen Wolf bringen wir nicht auf die Formel: Das Märchen beinhaltet den Vorgang der Nahrungsmittelaufnahme seitens eines Tieres zu Lasten eines minderjährigen Mädchens.

Überhaupt „seitens". Wann immer „seitens" im Spiel ist, wird die Sprache hölzern und ungelenk. „Nichtlieferung der Ware seitens der Lehmann KG." Kein Einkaufsmanager dieser Welt würde an Reputation verlieren, wenn er einfach nur sagte: „Die Lehmann KG hat keine Ware geliefert."

Bezüglich der Sprache wäre dies sicherlich die bessere Lösung, wenngleich auch „bezüglich" einen vorderen Platz auf der Hitliste des Ärmelschoner-Deutsch einnimmt. „Bezüglich Ihrer Anfrage teilen wir Ihnen mit …" Solche Briefe darf eigentlich nur noch der Hauptmann von Köpenick unterschreiben. Ansonsten sollten wir diese Form der Sprachverschachtelung als gelebte und damit abgeschlossene Geschichte betrachten. Vor allem dann, wenn der Verfasser den Unterschied zwischen Dativ und Genitiv nicht kennt: „Bezüglich Ihrem Schreiben …"

Alles hat eben seinen Sinn und Zweck. Vermutlich sogar eine „Änderungskündigung zwecks Lohnsenkung". Oder ein „Ausnahmeantrag zwecks Zulassung". Wenn Menschen aber beginnen nachzufragen „zwecks einer Antwort" oder Arbeitnehmer umziehen „zwecks der neuen Arbeit", dann läuft der Topf über. Dann wird „zwecks" zweckentfremdet und jede Erwähnung damit zwecklos. Denn eigentlich wollte jemand nur „wegen" einer Antwort nachfragen oder „wegen" seiner neuen Arbeit umziehen. Der Einsatz von „zwecks" ist in diesem Falle nicht zweckmäßig. Wie im richtigen Leben heiligt auch hier der Zweck nicht jedes Mittel. „Zwecks" der Sprachästhetik sollten wir „zwecks" also lieber aussparen und auf Alternativangebote aus dem Paradiesgarten der deutschen Sprache zurückgreifen.

In jeder Hinsicht gilt dies auch für das Wort „hinsichtlich". Sehen wir genauer hin, dann stellen wir fest, dass „Modellversuche *hinsichtlich* des Einsatzes digitaler Medien" beeindruckend klingen, aber nichts anderes aussagen als „Modellversuche *zum* Einsatz digitaler Medien".

Es sei denn, wir wollten bewusst bürokratisch sein bzw. wirken. Apropos „bzw.". Wir meinen „beziehungsweise" und schreiben „bzw.". Diese Abkürzung verwenden wir nur in der Schriftsprache, also dort, wo wir uns eigentlich besonders viel Mühe geben wollen mit der Ästhetik. Die Buchstabenkombination „bzw." aber sieht in geschriebener Form aus wie die Kurzvariante von „Bezirkswohnbeamter" oder „Bundeszustellwahlleiter" oder „Brandzusatzwärmer". Schön ist „bzw." nicht. Und „beziehungsweise" ist ebenso hässlich. Was sagt es denn aus? Frau Meier *beziehungsweise* Frau Müller haben Urlaub. Das ist genauso richtig wie Frau Meier *und* Frau Müller haben Urlaub. Oder, je nach Kontext: Frau Meier *oder* Frau Müller haben Urlaub.

Gegebenenfalls können wir an dieser Stelle auch das „ggf." diskutieren. Es steht für „gegebenenfalls" und heißt soviel wie eventuell. „Das könnte ich mir gegebenenfalls vorstellen." Ich sollte es aber besser nicht sagen, allein schon aus Gründen der Sprachökonomie. Denn genauso wie „beziehungsweise" besteht „gegebenenfalls" aus fünf Silben. Dies erklärt den Hang, diese Wörter abzukürzen. Konsequenterweise aber sollte man sie gleich weglassen. Ein Informationsverlust entsteht jedenfalls nicht, wenn wir sagen: „Das könnte ich mir eventuell vorstellen."

Je tiefer wir im Garten der Bürokratensprache graben, desto mehr Stilblüten entdecken wir. Dann „erfolgen Maßnahmen", werden „Initiativen ins Leben gerufen" und die „Gegebenheiten" überprüft. Dann wartet der Verfasser eines Briefs auf „Rückantwort", was wohl das Gegenteil einer „Vorantwort" sein muss.

Nein, die Sprache der Ärmelschoner ist keine angenehme Sprache. Deshalb sollten Manager sich genau überlegen, ob sie wirklich bürokratische „Investitionen tätigen" wollen. Oder ob sie nicht besser einfach nur „investieren". Kurz und knapp und verständlich.

Die deutsche Sprache ist nicht immer frei von Missverständnissen. Manchmal sagen wir etwas scheinbar Eindeutiges und drücken uns doch anscheinend unklar aus. Und hier beginnt schon das Problem.

Es ist ein großer Unterschied, ob ein Mitarbeiter *scheinbar* oder *anscheinend* krank ist. Ob ein Projekt *scheinbar* oder *anscheinend* erfolgreich war. Und ob wir uns *scheinbar* oder *anscheinend* eindeutig ausdrücken.

Denn *scheinbar* ist ein Ausdruck großen Misstrauens. Es ist gar nicht so, wie wir es vorgeben. „Der Firma geht es scheinbar gut." Tatsächlich ist dies aber nur der äußere Eindruck. Denn in Wahrheit hat das Unternehmen einen wichtigen Kunden verloren und befindet sich in einem kritischen Zustand.

Anscheinend hingegen drückt Zutrauen aus. Wir glauben, was wir sagen und was wir sehen. „Der Firma geht es anscheinend gut." Wir vertrauen also darauf, dass das Unternehmen in einer guten Verfassung ist.

Die deutsche Sprache kann *anscheinend* grundsätzliche Verwirrung stiften. Wenn der Sprecher eines Unternehmens sagt: „Das lehnen wir grundsätzlich ab." Dann könnte er meinen: „Das lehnen wir kategorisch ab." Oder: „Das lehnen wir in jedem Fall ab." *Grundsätzlich* bedeutet in einem

solchen Fall ausnahmslos und immer. Komme, was da
wolle. Die Verwirrung entsteht, weil etwas *Grundsätzliches*
eben im *Grundsatz* gilt. Im juristischen Sinne bedeutet dies
aber, dass es bestimmte Richtlinien gibt, die eine Ausnahme zulassen. „Grundsätzlich lehnen wir dies ab. Es sei
denn, …"

Wenn aber *grundsätzlich* heute bedeuten kann, dass es niemals eine Ausnahme gibt, und morgen, dass es selbstverständlich eine Ausnahme gibt, dann haben wir ein *grundsätzliches* Problem. Nun sind Manager angetreten, um Probleme zu lösen. Probleme sind Herausforderungen. Sie sollen Spaß bereiten, nicht Sorge. Es hat keinen Sinn, Wörter
zu verwenden, die in der Juristensprache eine völlig andere
Bedeutung zulassen. Vor allem, wenn sich Manager zu
rechtlichen Zusammenhängen äußern, müssen sie eindeutig und verständlich sprechen. Der Satz, „wir lehnen dies
grundsätzlich ab", sollte also nur eine einzig denkbare
Bedeutung haben: „Wir lehnen dies ab. Wir können uns
aber bestimmte Ausnahmen vorstellen."

Man kann lange darüber streiten, ob es am Ende das Gleiche oder dasselbe ist. Dabei ist die Lage klar. Der Chef der
börsennotierten Schlank und Schön AG kann das gleiche
Auto fahren wie der Inhaber der Metzgerei Sedlacek. Aber
die beiden Herren können nicht denselben Anzug tragen.

Hinter dieser Logik steckt ein einfaches mathematisches
Muster. Wenn die Dinge *gleich* sind, gibt es mindestens

zwei Exemplare dieser Art. Zwei *gleiche* Autos, zwei *gleiche* Aktenkoffer, zwei *gleiche* Kugelschreiber. Wir können also die Autos, die Aktenkoffer und die Kugelschreiber miteinander *vergleichen*. Dies gelingt aber nicht, wenn es jeweils nur ein Exemplar davon gibt. Dann ist es *ein und dasselbe*. Zwei Männer können also nicht *ein und denselben* Anzug tragen. Denn sonst müsste der Chef der Schlank und Schön AG mit dem Metzgermeister Sedlacek gemeinsam in eine Hose und in eine Jacke schlüpfen. Dies wäre zwar ein anrührendes Bild. Würde aber nicht dem entsprechen, was wir eigentlich ausdrücken wollten.

Wir würden also unser Kommunikationsziel nicht erreichen. Oder anders ausgedrückt: Wir würden nicht *effektiv* kommunizieren, obwohl wir ansonsten vielleicht sehr *effizient* sind. Und auch an dieser Stelle entdecken wir erneut Verwirrungspotential. Denn der Unterschied zwischen *Effektivität* und *Effizienz* sorgt gelegentlich für logische Eskapaden. Dabei sagt *Effektivität* eigentlich nur aus, dass jemand bei gegebenen Mitteln sein Ziel erreicht. Es geht also um die Frage, ob er einen bestimmten *Effekt* erzielt.

Effizienz hingegen ist ein Ausdruck von Wirtschaftlichkeit. Was hat es ihn gekostet, eine bestimmte Zahl von Menschen mit einer Werbebotschaft zu erreichen? Ein Eishockeyspieler, der *effektiv* ist, schießt viele Tore. Spielt er dagegen *effizient*, dann teilt er sich seine Kräfte gut ein. Der sprachlichen Logik liegen also betriebswirtschaftliche

Grundmuster zugrunde, die sehr genau festlegen, ob jemand *effektiv* war oder eben *effizient*.

Wir sehen, Sprache kann manchmal verwirrend sein. Würden wir einen Zeitungsartikel zu diesem Thema schreiben, könnte die Überschrift lauten: „Die Verwirrung hält an." Genauso wie: „Die Talfahrt an den Börsen hält an." Oder: „Der Aufschwung am Arbeitsmarkt hält an."

Hält also die Verwirrung wirklich *an*? Hört sie auf oder geht sie weiter? Anhalten bedeutet stehenbleiben, nicht weitermachen. Wenn aber die Talfahrt an den Börsen anhält, dann fallen die Aktien trotzdem. Und auch der Aufschwung am Arbeitsmarkt hört nicht auf, wenn er anhält. Im Gegenteil, er setzt sich fort. So gesehen hält also die Verwirrung tatsächlich an. Anhaltende Regenfälle über der deutschen Sprachlandschaft.

Wir können aus diesen Beispielen allgemeiner Sprachverwirrung vor allem eines lernen: Grundsätzliche Missverständnisse lassen sich anscheinend auf sehr effektive Weise verhindern. Wer scheinbar gleich klingende Begriffe verwendet, glaubt vielleicht, effizient gehandelt zu haben. Es ist aber nicht dasselbe, ob ein Vorstandschef oder ein Metzgermeister öffentlich ihren feinen Zwirn präsentieren. Möglicherweise fahren sie zwei gleiche Autos. Aber auch damit halten sie irgendwann einmal an.

Einmal im Jahr trifft sich die Gemeinde der Aktionäre und hält das Hochamt der Aktienkultur. Zu den Höhepunkten einer Hauptversammlung zählen die Reden der Vorstandsvorsitzenden. Dort werben sie um die Gunst der Aktionäre. Sie präsentieren das Unternehmen, dem sie vorstehen. Sie verkörpern Geist und Anspruch dieser Aktiengesellschaft.

Kein Wunder also, dass die herausragenden Führungskräfte des Landes gerade die Hauptversammlungen nutzen, um das gesamte Repertoire ihrer sprachlichen Kreativität unter Beweis zu stellen. Fairerweise dürfen wir an dieser Stelle aber auch nicht die Redenschreiber außen vor lassen. Jene, die oft im Verborgenen arbeiten, gleichwohl aber einen maßgeblichen Anteil am Gesamterfolg einer Rede haben. Ohne ihre gestalterische Kraft, ohne ihr hintergründiges Wirken wäre jede Hauptversammlung eine seelenlose Kundgebung.

Die nachfolgenden Zitate stammen aus Manuskripten von Reden, die in den vergangenen Jahren tatsächlich auf Hauptversammlungen gehalten wurden. Der Zusammenschnitt ist völlig willkürlich. Aber das Potpourri zeigt, was die real gesprochene Sprache der Manager so einzigartig macht. Die schönsten Stilblüten wachsen in den Blumentöpfen der Vorstandsbüros.

Eine Hauptversammlung ist eine Veranstaltung von enormer Relevanz. Wer dort eine Rede hält, muss feinsinnig an

die semantischen Herausforderungen herangehen. Dieser
Feinsinn kann sich in gesprochener Hauptversammlungs-
sprache zur Feinkörnigkeit auswachsen, oder übersetzt: Er
kann zu einer völligen „Granularität" führen. In unserem
konkreten Fall betrachtet der Redner auf besonders feinsin-
nige Art diesen finanzwirtschaftlich anscheinend bedeutsamen Teil unternehmerischen Handelns: „Das Ergebnis
hiervon ist eine hohe *Granularität* des Portfolios sowie eine
Steigerung der Erträge." Wir könnten also auch von hinter-
sinniger Feinkörnigkeit sprechen oder gar von einer granu-
laren Sprachinterpretation. Ob die Aktionäre wohl gespürt
haben, dass Sie Teilnehmer eines literarischen Happenings
waren?

Der Phantasie, so scheint es, sind jedenfalls keine Grenzen
gesetzt. Aber bei allem Enthusiasmus sollten Redner auf
einer Hauptversammlung niemals die Zeit außer Acht lassen. Der Wille zu Tempo und Schnelligkeit muss in jeder
Rede spürbar sein. Der Auftritt bei einer Hauptversammlung ist ein dynamischer Vorgang. Jeder Vortrag muss die
Zuhörer mitreißen. Ein derart dynamischer Prozess muss
folglich seinen Niederschlag in der Sprache finden. Mindestens drei Mal pro Satz, gern auch häufiger, sollte das
Wort „Prozess" auftauchen. So wie es dieser Redner muster-
gültig umgesetzt hat: „Über die *Kernprozessbetreuung* stellen
wir die Effizienz der Abläufe im Wege einer kontinuier-
lichen *Prozessanalyse* und *Prozessoptimierung* sicher." Wer derart temperamentvoll auftritt, kann seine Zuhörer begeistern und eine überzeugende Strategie vermitteln.

Wichtig ist aber, dass er sich zu dieser Strategie auch öffentlich bekennt, und zwar klar und deutlich. Jedes klare Bekenntnis ist Ausdruck persönlicher Leidenschaft und Empathie. „Das Ergebnis", sagt dieser Redner, „ist ein klares *Bekenntnis* zu einer *Zwei-Segmente-Strategie*." Kann man es offener, kann man es ehrlicher ausdrücken?

Ein Vorstandschef sollte sich eben niemals mit Durchschnitt zufrieden geben. Mittelmaß ist anderswo. Wir aber bieten das Nonplusultra aller Kundenträume. Wer zu den Besten gehören will, muss zu uns kommen. Nur unsere Leistungen sind erstklassig, oder wie dieser Redner es vorbildlich ausdrückt, „von Anspruch und Know-how eindeutig dem *High-End-Bereich* zuzuordnen". Und dies sollte der wichtigste Redner auf der Hauptversammlung auf keinen Fall verschweigen.

Aber damit nicht genug. Mögen die anderen doch unprofessionell vor sich hin arbeiten. Wir verkaufen anspruchsvolle Dienstleistungen. Dies drückt der CEO des 21. Jahrhunderts aber möglichst in englischer Sprache aus: „Ergänzt und ausgebaut wird dieser High-End-Bereich von Dienstleistungen durch *Professional Services*." Was genau sich dahinter verbirgt, muss niemand erklären. Ein Vorstandschef ist kein Lehrer. Und eine Hauptversammlung ist keine Unterrichtsstunde. Daher verrät dieser Redner auch nur so viel: „Dies sind Consulting-Leistungen sowie die Integration und Implementierung unserer Lösungen beim Kunden." Basta.

Bei allem hintergründigen Humor, mit dem wir den öffentlichen Auftritt von Vorstandschefs kommentieren können, bleibt aber ein sehr ernster Kern. Denn natürlich sind die tatsächlichen Inhalte der Reden ausgesprochen wichtig und folgenreich. Vor allem wirken sich die Wortwahl und die Art, wie die Verantwortlichen ihre Sätze formulieren, direkt auf die Wahrnehmung des Publikums aus. Für die Vorstandschefs und ihre Redenschreiber ist damit die wichtigste Aufgabe definiert: Sie müssen so kommunizieren, dass Anleger und Kunden das Unternehmen positiv wahrnehmen.

Wie aber setzt man dies um? Gibt es eine Bedienungsanleitung für glaubwürdige Öffentlichkeitsarbeit? Der Sprachwissenschaftler Marcus Reinmuth ist dieser Frage nachgegangen. In seiner Doktorarbeit zeigt er am Beispiel von Geschäftsberichten, dass der richtige Umgang mit Sprache alles andere als banal ist. Vielmehr lässt sich ein Zusammenhang herstellen zwischen der Art und Weise, wie Texte geschrieben sind und wie diese Texte auf Leser wirken.

Um dies zu verdeutlichen, hat Reinmuth zwei fiktive Briefe an die Aktionäre verfasst – einen handwerklich gelungenen Text sowie ein missratenes Werk. Er hat diese Briefe einer Gruppe von Probanden vorgelegt, die Urteile auf Grund sogenannter Glaubwürdigkeitsindikatoren abgeben sollten. Der missratene Text wirkte extrem abschreckend, erinnerte dabei aber stark an die Beispiele aus der Praxis:

„Sehr geehrte Aktionäre, durch eine Optimierung der Abläufe der Marketing- und Vertriebsanstrengungen konnte, nachdem ein sich ändernder" und so weiter und so weiter. Ein Text mit langen Sätzen, Verschachtelungen, Passivkonstruktionen und weiteren Schwachpunkten, die sich negativ auf die Glaubwürdigkeit auswirken.

Ein gut geschriebener Text hingegen ist „verständlich, sympathisch, vertrauenswürdig und kompetent", wie es der Wissenschaftler ausdrückt. Die Probanden konnten die Texte jedenfalls eindeutig zuordnen und mit sogenannten Glaubwürdigkeitsindikatoren versehen. So fanden etwa die meisten Befragten, bei dem schlecht geschriebenen Text sei der Urheber unsympathisch – eine Katastrophe für jede Form der Kommunikation und eine Katastrophe für den Vorstandsvorsitzenden einer Aktiengesellschaft.

Versetzen wir uns nun in die Lage eines Aktionärs bei einer Hauptversammlung. Wie viele andere Investoren ist er zu Gast in einer großen Halle und lauscht den Worten des Redners. Er hört Sätze wie diese, die tatsächlich aus realen Manuskripten für Hauptversammlungsreden stammen: „Entscheidend für den Erfolg eines Konglomerats ist die zielgerichtete Führung und Steuerung aller Aktivitäten. Im Mittelpunkt unserer Strategie steht eine klare und einheitliche Wertorientierung. Das ist die Grundlage für eine systematische und kontinuierliche Steigerung des Unternehmenswertes. Es kommt also nicht auf die Anzahl der Geschäfte an, sondern auf deren Führung."

Wird der Aktionär in diesem Fall persönlich angesprochen?
Erfährt er etwas über den Vorstandsvorsitzenden oder dessen Führungsmannschaft? Welches Urteil hätte er wohl gefällt, wenn man ihn nach der Kompetenz oder der Glaubwürdigkeit des Redners gefragt hätte?

Die gleichen Fragen können wir uns auch bei dem folgenden Redeausschnitt stellen: „Das integrierte Modell schafft aufgrund des sich gegenseitig stärkenden Zusammenspiels seiner Elemente nicht nur die Basis für Wachstum. Es erfüllt auch eine wichtige Nebenbedingung unserer Gruppenstrategie: die des Wachstums bei gleichzeitiger Wahrung der operationellen Effizienz. Denn effizient ist das integrierte Modell aus mehreren Gründen: Wir erzeugen Synergieeffekte, weil wir ähnliche Technologien und Systemkomponenten für verschiedene Märkte und Wertpapierklassen verwenden können. Dies unterstützt den Ablauf von Prozessen, nutzt Innovationseffizienzen und ist natürlich sehr kosteneffizient. Vor allem bei der wichtigen Weiterentwicklung unserer elektronischen Plattformen können wir so Skaleneffekte nutzen. Das bedeutet Leistungssteigerungen bei sinkenden Stückkosten."

Eine abstrakte Rechtfertigung voller betriebswirtschaftlicher und technischer Standardbegriffe: Systemkomponenten, Innovationseffizienzen, Skaleneffekte. Nein, als vertrauensbildende Maßnahme wird dieser Redebeitrag wohl nicht dienen können.

Nicht jeder Manager ist ein großer Redner. Der eine ist eher Techniker, der andere eher Kaufmann. Manager führen Unternehmen. Sie entwickeln Strategien, krempeln die Ärmel hoch, motivieren ihre Belegschaften.

Führungskräfte sind Optimisten. Und doch mischt sich häufig eine Spur von Resignation in die Sprache der Vorstände und Geschäftsführer. Dort, wo sie eigentlich ihre Zuhörer begeistern sollten, halten sie Grabreden. Oder anders formuliert: Sie sprechen die letzten Worte. „Im letzten Jahr waren wir erfolgreich." Oder: „Das letzte Jahr war das beste in der Firmengeschichte."

Das letzte Jahr? Wie viele Jahre hat das Unternehmen denn noch? Offensichtlich gar keins mehr, denn sonst würde es der Mann am Rednerpult doch sagen. Dem letzten Jahr müsste der ökonomische Exitus folgen. Auflösung, Verkauf, Insolvenz. Auf das Letzte folgt nichts mehr. Der Letzte macht das Licht aus. Hinter dem Prellbock ist Schluss. Sackgasse, Ausweglosigkeit.

Nur der Gedanke an die Unendlichkeit zeigt an dieser Stelle einen Ausweg. Aber dies ist entweder die Welt der Mathematik oder die Welt der Religion. All dies kann ein Vorstandschef nicht ernsthaft meinen, wenn er vom „letzten Jahr" spricht.

Der verbale Hang zu den letzten Dingen ist auf einen stilistischen Lapsus zurückzuführen. Wenn die Führungskraft vom „letzten" spricht, meint sie tatsächlich das „vergangene". Das „letzte Jahr" ist also das „vergangene Jahr". Dieser Begriff wäre korrekt, aber das „vergangene" ist eben Ausdruck von Vergänglichkeit. Wer möchte schon zugeben, dass sein Unternehmen vergänglich ist. Dass es vergeht, verweht, versinkt? Vergangenheit ist eine welke Blume, deren Blütezeit wunderschön war, aber nun unwiederbringlich vorüber ist.

Niemand möchte sein Unternehmen mit einer welken Blume vergleichen. Nichts ist unmöglich, aber alles ist vergänglich. Manager suchen nach der ewigen Jugend. Mit aller Macht wollen sie den Lebenszyklus ihrer Produkte und Unternehmen verlängern. Jeder Gedanke an Vergänglichkeit kann in diesem Lichte nur kontraproduktiv sein.

Außerdem ist das „vergangene Jahr" länger als das „letzte". Nicht in Tagen oder Wochen, aber in Silben. Es spricht sich nicht so schön. „Das vergangene Jahr" klingt unmelodisch. Denn Kaufmann hin und Techniker her, einen Sinn für Musik und Rhythmus haben die meisten Vorstände und Geschäftsführer.

Überhaupt gibt es kaum eine Alternative für die letzten Worte. „Das vorige Jahr"? Nein, das ist unästhetisch. „Das abgelaufene Jahr"? Klingt nach überschrittenem Mindesthaltbarkeitsdatum. Wenn die Uhr abläuft, ist es vorbei.

Bleibt nur die nackte Zeitangabe. Das Jahr 2010, 2020 oder 2030. Dies könnte die Rettung sein. Eine Rettung, die gleichwohl die verbale Insolvenz nach sich ziehen würde. Wenn nur noch Zahlen weiterhelfen, ist dies der Bankrott der Sprache. Dann können wir auch beim „letzten Jahr" bleiben, das ja streng logisch mindestens das vorletzte Jahr ist.

Dies wiederum würde ein Manager nicht zugeben. Bevor er seine vorletzten Worte spricht, sagt er lieber gar nichts. Sollen doch andere für ihn reden.

Die Zeit des Abschieds ist die Zeit der Wehmut. Manager kennen das. Wie oft sagt man ihnen nach, gefühlskalt zu sein? Ohne eine Antenne für die Empfindungen der anderen. Frostige, harte Macher. Scheinbar ohne jede Schwäche.

Irgendwann, *am Ende des Tages* aber zeigen sie ihre zarte Seite. Dann werden sie weich. *Am Ende des Tages* endet auch der Sprachhorizont. *Am Ende des Tages* wollen sie es geschafft haben. Dann wollen sie angekommen sein. Sagen sie zumindest immer.

Viele deutsche Manager sprechen exzellent Englisch. Häufig verwenden sie sogar in ihrer Muttersprache Begriffe, die der Wortwahl nach deutsch, dem Ursprung nach aber englisch sind.

Dies macht nicht immer Sinn, auch wenn es im Englischen „to make sense" heißt. Viele erinnern gar nicht mehr, dass es einmal „to remember" hieß. Vor allem in Norddeutschland ist diese Art der Vergangenheitsbewältigung inzwischen sehr verbreitet. Und nur noch altmodische Führungskräfte sagen, dass sie sich „an" etwas erinnern. Aber das war gestern.

Heute meint Sprache häufig etwas anderes, meistens im Sinne von „to mean". Der schnelle Manager bekommt den Auftrag, der frühe Vogel fängt den Wurm – wenn auch nur bis zum *Ende des Tages*. Denn dort, wo heute Würmer gefangen werden, haben einst die ersten Manager der Nahrungsmittelindustrie ihre Produktionsstätten betrieben. „Wer zuerst kommt, mahlt zuerst", sagten sie dann. Aber da klapperte auch noch die Mühle am rauschenden deutschen Bach, während die Kollegen aus England schon fleißig Würmer fingen: „The early bird catches the worm." Und das offenbar derart erfolgreich, dass wir es inzwischen auch mit Inbrunst tun.

Würmer statt Mehl. Nicht nur die Nahrungsmittelindustrie ist von diesem Sprachtransfer betroffen. „Am Ende des Tages wollen wir doch alle unsere Ziele erreichen." Und dann? „At the end of the day" ist der Tag schließlich noch lange nicht vorbei – auch wenn uns das manch einer glauben machen will.

Wann immer Manager englische Begriffe in die deutsche Sprache übernehmen, leisten sie nicht nur einen Beitrag zum interkulturellen Dialog. Sie müssen sich auch massiver Kritik unterziehen. Oft zu Recht, denn der Grat zwischen Sprachpanscherei und intellektueller Bereicherung ist sehr schmal.

Durch diese hohle Gasse wollen wir nun gemeinsam gehen. Manager suchen die Herausforderung. High risk, high return. Wer nichts wagt, der gewinnt auch nichts. Deshalb will dieses Buch wichtige Denkanstöße liefern. Es will ein Signal an die globalisierte Sprachwelt senden und fragen:

Sind Sie bereit, weitere gewinnbringende Redewendungen aus der englischen Sprache in den deutschen Wortschatz aufzunehmen? Werden Sie den Kulturtransfer über den Ärmelkanal und den Atlantik mitbegleiten? Wollen Sie die neuen Würmer entdecken und heute schon dort sein, wo Ihre Korn mahlenden Kollegen vielleicht in zehn Jahren sein werden?

Wenn ja, dann lesen Sie bitte die folgenden Zeilen. Die darin vorkommenden Begriffe machen Sie zum Market-Leader unter den Sprach-Performern. Fokussieren Sie sich auf die Stilblüten der Zukunft. Am Ende des Tages und am Ende des Textes lesen Sie, was die Begriffe bedeuten.

„Wenn dieser Name bei Ihnen eine Glocke läutet, sollten Sie dies in eine Nussschale legen. Zerhacken Sie es, seien Sie mit uns. Es ist doch in einer Nussschale, ist es nicht? Ihre Regenschirmgruppe ist für uns wie Schrauben und Muttern. Und seien wir ehrlich: Was ist schon in einem Namen?"

Anglizismen, die es noch gar nicht gibt. Aber das muss ja nicht so bleiben. Um das Verständnis für diese Art von Kulturtransfer zu fördern, hier einige Begriffserklärungen.

Dieser Name läutet eine Glocke:
Englisch: „That name rings a bell." Im Sinne von: Dieser Name kommt mir bekannt vor.

Es in eine Nussschale legen:
Ursprünglich: „To put it in a nutshell." Heißt: Der langen
Rede kurzer Sinn.

Es zerhacken:
Englisch: „To hack it." Ursprungsbedeutung: Es bringen.

Ich bin mit Dir:
Heißt im Original „I am with you" und bedeutet: Ich verstehe, was Du meinst.

In einer Nussschale:
„In a nutshell." Schönes Sprachbild. Bedeutet: In aller Kürze.

Ist es nicht?
Wörtliche Übersetzung von „Isn't it?". Heißt eigentlich:
Nicht wahr?

Regenschirmgruppe:
Von „Umbrella group". Bezeichnung für eine Dachorgani-
sation.

Schrauben und Muttern:
Englisch: „Nuts and Bolts". Im übertragenen Sinne: Die
Grundlagen, das A und O.

Was ist in einem Namen?
Im englischen Original: „What's in a name?" Heißt
eigentlich: Namen sind Schall und Rauch.

Sollten Sie diesen kleinen Text aus Versehen zerhackt
haben, machen Sie sich nichts draus. Die Glocken werden
bei Ihnen noch lange läuten. Und was hat es schon groß auf
sich mit Schrauben und Muttern?

An dieser Stelle schließt sich der Kreis. Wir können nun
dort anknüpfen, wo wir begonnen haben: bei der fokussierten Awareness für die eigene Sprach-Performance. Ein sehr
gutes Ergebnis, am Ende des Tages.

Zu: Sprunghafte Vorstände
Axel Meyer: Quantensprung – Kleine Schritte für die Wissenschaft, in: Handelsblatt Nr. 228 vom 24.11.05, Seite 9

Zu: Ein Stück weit betroffen
Andreas Grosse-Halbuer: Neuer Schub, in: Wirtschaftwoche Nr. 23 vom 2.6.2008, S. 46ff.

Zu: Lug und Trug
Off the record, Sicher abkürzen, in: Handelsblatt vom 16.11.06, Seite 22

Zu: Mal Pause machen
Amanda Onion: Psychologists Say ‚Um' and ‚Uh' Have Meaning, in:
http://abcnews.go.com/Technology/story?id=97983&page=1, abgerufen am 6.6.2008

Zu: Meine Bank versteht mich
Til Knipper: Beratung mit Hand und Fuß, in: Handelsblatt Nr. 169 vom 3.9.2007, Seite 28

Zu: Des Managers Tagebuch
Beitrag über Jonathan Schwartz auf:
http://www.holtzbrinck-elab.de/blog/web-20-expo-suns-ceo-jonathan-schwartz-uber-kommunikation-per-blog/, abgerufen am 28.06.2008

Christoph Moss: Sprachliche Merkmale von Weblogs, International School of Management, Discussion Paper No. 5, Dortmund 2008

Internet-Adressen der zitierten Weblogs
Daimler-Blog: http://blog.daimler.de/
Jonathan's Blog: http://blogs.sun.com/jonathan/
Shopblogger: http://www.shopblogger.de/blog/
Law Blog: http://www.lawblog.de/

Zu: Kann nichts verstehen
Pressemitteilung Endmark: Englische Werbung und böhmische Dörfer – Warum viele Marketingbotschaften nicht so gut ankommen, vom 28.11.2006

Zu: Neulich auf der Hauptversammlung
Marcus Reinmuth: Vertrauen schaffen durch glaubwürdige Unternehmenskommunikation – Von Geschäftsberichten und den Möglichkeiten und Grenzen einer angemessenen Sprache, Düsseldorf 2006

DER AUTOR

Christoph Moss ist Professor für Unternehmenskommunikation an der International School of Management in Dortmund und Frankfurt. Zwölf Jahre lang arbeitete er als Wirtschaftsredakteur bei verschiedenen Zeitungen (u. a. Handelsblatt). Zuletzt leitete er die renommierte Georg-von-Holtzbrinckschule für Wirtschaftsjournalisten. Christoph Moss ist Gründer der Kommunikationsagentur mediamoss. In Sprachseminaren bildet er heute Manager und Journalisten aus.

Weitere Informationen unter: www.christoph-moss.de

MARCO POLO

W0066071

ZÜRICH

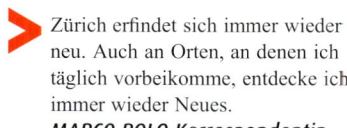

> Zürich erfindet sich immer wieder
> neu. Auch an Orten, an denen ich
> täglich vorbeikomme, entdecke ich
> immer wieder Neues.
> *MARCO POLO Korrespondentin*
> *Gabrielle Attinger*
> (siehe S. 130)

Reisen mit Insider Tipps

Weitere Titel:
Schweiz, Tessin, Berner Oberland/Bern

Spezielle News, Lesermeinungen und Angebote zu Zürich:
www.marcopolo.de/zuerich

ZÜRICH

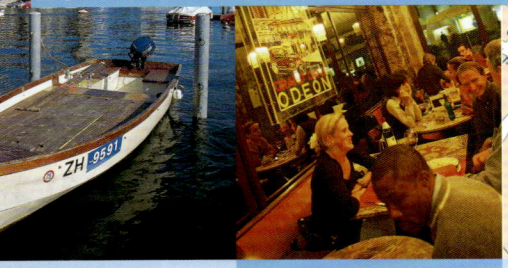

Zürich-

see

> SYMBOLE

 MARCO POLO
INSIDER-TIPPS
Von unseren Autoren
für Sie entdeckt

 MARCO POLO
HIGHLIGHTS
Alles, was Sie in Zürich
kennen sollten

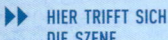 SCHÖNE AUSSICHT

🔊 WLAN-HOTSPOT

▶▶ HIER TRIFFT SICH
DIE SZENE

> PREISKATEGORIEN

HOTELS
€€€ über 150 Euro
€€ 100–150 Euro
€ unter 100 Euro
Die Preise gelten für zwei
Personen im Doppelzimmer
mit Frühstück pro Nacht

RESTAURANTS
€€€ über 26 Euro
€€ 14–26 Euro
€ unter 14 Euro
Die Preise gelten für ein
durchschnittliches Hauptgericht

> KARTEN

[112 A1] Seitenzahlen und
Koordinaten für den
Cityatlas Zürich

Übersichtskarte Zürich mit
Umland auf Seite 122/123.
Liniennetzplan im hinteren
Umschlag
Zu Ihrer Orientierung sind
auch die Objekte mit Koordi-
naten versehen, die nicht im
Cityatlas eingetragen sind

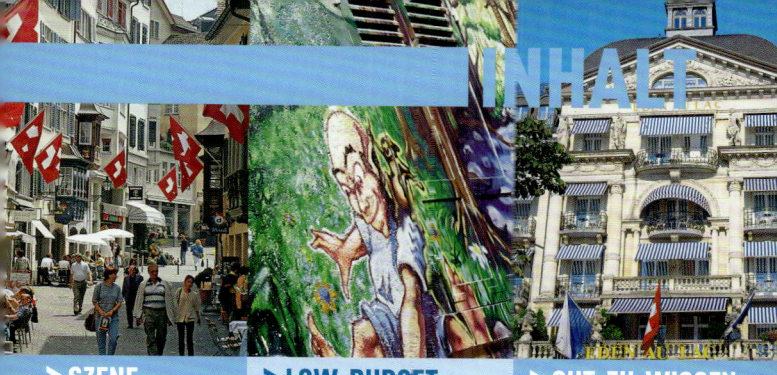

INHALT

ENTDECKEN SIE ZÜRICH!

Unsere Top 15 führen Sie an die traumhaftesten Orte und zu den spannendsten Sehenswürdigkeiten

Die Highlights sind in der Karte auf dem hinteren Umschlag eingetragen

 Sechseläuten
Im April ziehen die Zünfte in prächtigen historischen Kostümen durch die Stadt und demonstrieren eindrucksvoll, wem Zürich einst seinen Wohlstand zu verdanken hatte (Seite 20)

 Streetparade
Zur großen, bunten und ziemlich lauten Straßenparty im August haben die schrill und phantasievoll herausgeputzten Technojünger die Stadt fest im Griff (Seite 21)

 Grossmünster
Die doppeltürmige Kirche ist das Wahrzeichen der Stadt; hier setzte der Reformator Huldrych Zwingli einst die Kirchenrevolution in Gang (Seite 25)

 Kunsthaus
1909 wurde die heute gewaltige Sammlung alter Meister bis neuzeitlicher Könner begonnen (Seite 26)

 Neumarkt/Rindermarkt
Der idyllische Teil der kleinen Altstadt mit seinen Geschäften und Handwerksbetrieben ist eine Entdeckungsreise wert (Seite 29)

 Bahnhofstrasse
Die „Mutter aller Shoppingmeilen" garantiert den Schaufensterbummel auf höchstem Niveau (Seite 34)

 Fraumünster
Marc Chagalls berühmte Glasfenster muss man einfach gesehen haben (Seite 37)

> DIE BESTEN MARCO POLO HIGHLIGHTS

WAS FÜR EINE STADT!

Blick auf den Zürichsee

> ❯ Zürich ist eine Großstadt im Kleinformat. Auf engstem Raum und fast immer zu Fuß können Sie die Sehenswürdigkeiten ebenso erkunden wie den Charme einer lebendigen Stadtkultur. Sie können in Altstadtgassen bummeln, durch Ladenmeilen flanieren oder am Seeufer tief Luft holen. Selbst ein Wochenende reicht schon, um die Stadt kennenzulernen. All das, wofür die Schweiz bekannt ist – Uhren, Banken, die Schokoladenfabrik Lindt & Sprüngli: Zürich hat es. Die Schneeberge sind vom Seeufer aus zu sehen und nur einen Tagesausflug entfernt. Und das moderne Zürich pulsiert: Von seinem Nachtleben schwärmen Gäste aus ganz Europa.

> Zürich bietet beste Lebensqualität. Das behaupten nicht die Zürcher selbst – das geht aus einer Studie von Mercer hervor, des größten Consultingunternehmens der Welt, das jedes Jahr Ranglisten erstellt. Seit Jahren liegt Zürich hier auf einem der vordersten Ränge. Was Zürich so lebens- und erlebenswert macht, sind das große Freizeitangebot und die privilegierte Lage am herrlichen Zürichsee, eingebettet in grüne Hügel. Es sind die ausgedehnten Fußgängerzonen und Grünflächen, die Straßencafés, die Altstadtgassen, die vielen jungen Designerläden, die Boutiquen der großen Modelabels.

Viele internationale Großkonzerne haben sich in oder um Zürich niedergelassen. Und nicht nur deren Mitarbeiter, auch die vielen ausländischen Fachkräfte in Schweizer Unternehmen machen Zürichs Bevölkerung zu einer polyglotten Gesellschaft. Fast jeder dritte Einwohner stammt heute aus dem Ausland. Brasilianische Bars, englische Clubs und japanische Spitzenrestaurants sind deshalb ebenso selbstverständlich wie die traditionellen Schweizer Kulturgüter: die Banken, die Uhren und die gute Schokolade.

> *Eine Stadt, in der Kunst und Kultur zu Hause sind*

In der Vergangenheit wurde Zürich vor allem der Politik der umliegenden Länder wegen häufig zur Wahlheimat großer Persönlichkeiten. Thomas Mann wohnte hier (bzw. im nahen Kilchberg), Bertolt Brecht und Richard Wagner, James Joyce, C.G. Jung, Georg Büchner sowie Wladimir Iljitsch Uljanow, besser bekannt unter dem Namen Lenin. Zürichs Liste von weltbekannten, brillanten Köpfen Schweizer Provenienz ist ebenfalls beeindruckend. Dazu gehören z.B. Gottfried Keller und Max Frisch oder die konstruktiven Künstler Max Bill und Richard Paul Lohse. Auch heute leben in und um Zürich viele Künstler, Showgrößen und sonstige VIPs, die man eher in Paris oder New York

Zürcher Gastlichkeit: Bistro-Atmosphäre im Restaurant X-tra

erwarten würde, so etwa die Rock-
legende Tina Turner und der spanische Stararchitekt Santiago Calatrava.

Zürich ist Kunst- und Kulturmetro-
pole: Auf knapp 370 000 Einwohner
kommen über 60 Kinosäle, 14 per-
manente Theater und über 40 Museen. Dazu hat sich eine überaus
lebendige und kreative Design- und
Modeszene etabliert, was dazu führt,
dass viele Jungtalente nicht in die
Metropolen im Ausland abwandern,
sondern ihre Kreativität in ihrer Hei-
mat umsetzen. Heimische Labels wie
Rossi und Ida Gut sind nur zwei
Beispiele von vielen.

Historische Kulturdenkmäler gibt es
ebenfalls in Hülle und Fülle. Die
Glasfenster von Marc Chagall im
Fraumünster gehören dazu, die Plastik von Max Bill an der Bahnhofstrasse, das Grossmünster, das Wahrzeichen der Stadt, oder die Kirche St.
Peter mit dem größten Zifferblatt
Europas. Auch der Zoo mit seiner

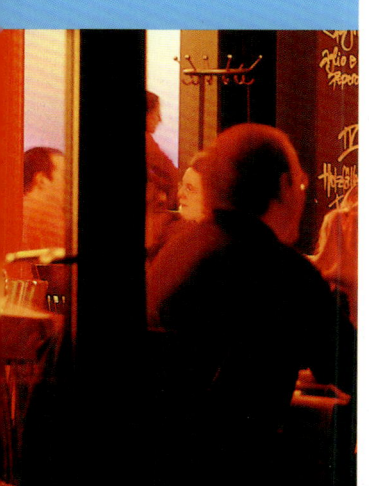

Masoala-Halle, einem gigantischen
Regenwaldreservat, ist einen Besuch
wert. Moderne Architektur boomt in
den Industriequartieren Zürich-West
und Zürich-Nord. Und was es wirklich mit der Schweizer Uhrenindustrie
auf sich hat, sieht man auf einem
Schaufensterbummel entlang der
Bahnhofstrasse.

> **Großstadt in zauberhafter
Seelage**

Zürich ist überschaubar. Die Stadt
liegt am nördlichen Ende des Zürichsees zwischen zwei Hügelketten. Die
Limmat fließt aus dem See mitten
durch die Stadt und vereint sich am
Platzspitz hinter dem Landesmuseum
mit der Sihl, die aus einem Seitental
kommt. Der einstige Wehrgraben, der
Schanzengraben, verläuft im Zick-
zack vom See bis zum Hauptbahnhof.
Ein lauschiger Spazierweg führt am
Kanal entlang. So kann man sich
immer an fließendem Wasser oder
an Hügeln orientieren. Ein dicht aus-
gebautes Straßenbahnsystem bringt
einen bequem von einem Punkt zum
andern. Abends lockt ein vielfältiges
Gastronomie- und Unterhaltungsan-
gebot, das allerdings seinen Preis hat.
Taxifahrten, Eintritte, Essen und Getränke sind meist markant teurer als
anderswo. Auf der Mercer-Rangliste
der teuersten Städte der Welt liegt
Zürich denn auch auf Platz neun.
Günstig ist nur das Nach-Hause-
Kommen. Ein gutes Netz von Nacht-
bussen wartet auf nächtliche Ausflüg-
ler. Dank der hippen Club- und Loun-
geszene in den neuen Stadtvierteln
sowie der jährlichen Streetparade gilt

Zürich für viele als Europas Party-stadt schlechthin. Seit die Gastwirt-schaftsgesetze Ende der 1990er-Jahre gelockert wurden, ist eine junge, ste-tig wechselnde Gastroszene mit Res-taurants, Bars und Clubs entstanden.

> **Zwischen Seeufer und Gebirgspanorama**

Zürich ist eine Ganzjahresdestination. Der lang anhaltende Hochnebel schlägt im Winter zwar vielen aufs Gemüt, doch mit dem Uetliberg, dem 871 m hohen Zürcher Hausberg, liegt der nächste Strahl Sonne für Müßig-gänger sehr nah. „Uetliberg hell" vermelden dann die Anzeigetafeln auf den Frontseiten der Trams. In schneereichen Wintern zieht die Schlittelbahn vom Uetliberg hinunter in die Stadt Jung und Alt an. Im Sommer herrscht in Zürich oft Föhn: Warmer, trockener, von den Alpen kommender Fallwind sorgt für eine fast unwirklich scheinende Fernsicht. Vor allem vom Seebecken aus sieht man dann die fernen, schneebedeck-ten Gipfel zum Greifen nah in der Sonne glitzern.

Zürich genießt auch als Bildungsstadt einen internationalen Ruf. Die Uni-versität zählt über 20 000 Studierende. Dazu kommen rund 12 000 an der Eidgenössischen Technischen Hoch-schule ETH; über die Hälfte davon kommt aus dem Ausland, um von der Fachkompetenz der ETH zu profitie-ren. Denn die Hochschule hat bis heute nicht weniger als 21 Nobel-preisträger hervorgebracht, darunter Wilhelm Konrad Röntgen und Albert

Einstein. Die jüngste Auszeichnung erhielt 2002 der Biophysiker Kurt Wüthrich. Zudem genießt Zürich als Kongressstadt einen guten Ruf. Den Besuchern stehen in 163 Hotelbe-trieben annähernd 18 000 Betten zur Verfügung, der Flughafen liegt nur 11 km von der Stadt entfernt, in Kloten.

Die verkehrsgünstige Lage spielte schon immer eine wichtige Rolle. Ab 3000 v. Chr. siedelten Pfahlbauer am unteren Ende des schiffbaren Sees. Um 15 v. Chr. errichteten die Römer auf dem Lindenhof die Zoll-station Turicum. Die Siedlung wurde 929 erstmals urkundlich erwähnt. Die an Stelle der Zollstation erbaute Pfalz nutzten deutsche Könige und Kaiser. 1218 wurde Zürich freie Reichsstadt, die Pfalz wurde geschleift und als Steinbruch für den Bau von Wohn-türmen verwendet. An der Napfgasse 26 und am Grimmenturm am Neu-markt (Kirchgasse 23) sind die Steine noch zu sehen. 1336 übernahmen unter der Führung von Rudolf Brun Handwerker die Macht. In Zünften organisiert, bestimmten sie 500 Jahre lang das politische Leben der Stadt. Die Zunfthäuser prägen noch heute als zumeist noble Restaurants die Altstadt, und im April markiert das Sechseläuten mit dem Umzug der Zünfte in historischen Kostümen und der Verbrennung des Schnee-manns am Bellevue den Frühlings-beginn.

Wachsende Bedeutung gewann Zü-rich Ende des 15. Jhs. unter Bürger-meister Hans Waldmann, der sich in den Burgunderkriegen als Truppenführer einen Namen gemacht hatte. 1519 predigte der Reformator Huldrych Zwingli erstmals im Grossmünster und löste nicht nur in Religionsfragen, sondern auch auf politischer und moralischer Ebene Erdbeben aus. Um 1780 hatte Zürich 10000 Einwohner. Im 19. Jh. wuchs die Stadt dank florierender Maschinen- und Textilindustrie, dank der Banken und Versicherungen sowie eines regen Tourismus zu einem der Verkehrs- und Wirtschaftszentren der Schweiz heran. 1848 wurde der Schweizerische Bundesstaat gegründet. Im Zuge der deutschen Revolution zogen viele Künstler und Denker als Flüchtlinge nach Zürich und hinterließen der Stadt ein reiches kulturelles und geistiges Erbe. Das Heer der Industriearbeiter verhalf Zürich Ende der 1920er-Jahre zu einer politisch „roten" Phase. Sie dauerte bis 1949 und schlug sich in immer noch präsenten Genossenschaftssiedlungen nieder.

> **Boomtown mit dörflichem Charakter**

Zürich besitzt bis heute keine breiten Boulevards und nur wenige Hochhäuser und hat sich deshalb vielerorts den – je nach Blickwinkel – biederen oder charmanten Kleinstadtcharakter bewahrt. In den neuen Stadtvierteln Zürich-West und Zürich-Nord bilden jedoch umgenutzte Industriebauten eine überraschende Kulisse für urbanes, freches und oft lautes Leben. Vielleicht ist es gerade dieser Mix, der die kleine Weltstadt so unwiderstehlich macht.

Der Kirchturm von St. Peter überragt die Häuser am Wühre-Ufer

▶▶ TREND GUIDE ZÜRICH

Die heißesten Entdeckungen und Hotspots!
Unser Szene-Scout zeigt Ihnen, was angesagt ist

Florian Dullinger

Der Szenegänger lebt seit drei Jahren in Zürich und ist fasziniert vom multikulturellen Flair der Stadt und der kreativen Kunst- und Design-szene. Wenn er nicht gerade neue Funsport-arten für sich entdeckt, trifft man ihn beim Wakeboarden auf dem Zürichsee. Abends ist unser Szene-Scout am liebsten in den „Badis„ (Badeanstalten) unterwegs, die sich bei Däm-merung in coole Strandbars verwandeln.

▶▶ DIGIKUNST

Audiovisueller Medienmix

Klanginstallationen, Kunstwerke aus Licht oder kreative Kombinationen audiovisueller Kunst – Zürichs Kunstszene überzeugt durch digitale Neuheiten und Medienmix. Pius Portmann z.B. erschafft in seinen Performances 3D-Zeichnungen mit farbigem Licht (*www.piusportmann.ch*). Erstmals präsentierte er seine Show auf dem *tweakfest*. Das *Digital Culture & Lifestyle Festival* bietet digitalen Künstlern eine Plattform, um ihre neuesten Projekte vorzustellen (*www.tweakfest.ch*, Foto). Wegen ihrer außergewöhn-lichen Akustik ist die *Alte Börse* insbesondere als Location für Klangkünstler und ihre Performances beliebt (*Bleicherweg 5, www.alteboerse.com*). Der *Kunstraum Walche-turm* setzt sich für Digikunst ein und bringt junge Designer, Filmemacher, Autoren und Musiker für gemeinsame Projekte zusammen (*Kanonengasse 20, www.walcheturm.ch*).

SZENE

▶▶ INVIERTEL IDAPLATZ

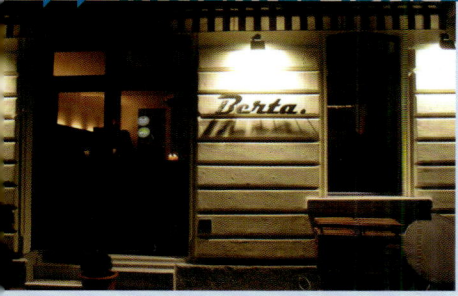

Neues Flair im Kreis 3

Früher als öder Kiesplatz bei den Szenegängern fast vergessen, kommt der Idaplatz jetzt wieder in Mode. Immer mehr neue Bars und Restaurants bringen Leben ins Viertel. Die Cafeteria *Piazza* wurde gerade runderneuert und will jetzt das sommerliche Flair am Idaplatz mitbestimmen *(Idaplatz 2)*. Als Juwel von Kreis 3 wird die *Berta Bar* bezeichnet, die mit ihrem schicken Design und leckerem Latte macchiato zum Hotspot avanciert *(Bertastr. 26, www.berta bar.ch, Foto)*. Auch die *Bari Bar* hat vor Kurzem den Besitzer gewechselt und glänzt jetzt mit freundlichem Ambiente und dem typischen Quartierbarflair, wo man sich gern auf einem der originellen Barhocker auf einen Vino niederlässt *(Idaplatz 4)*.

▶▶ NUDELN & SUPPEN

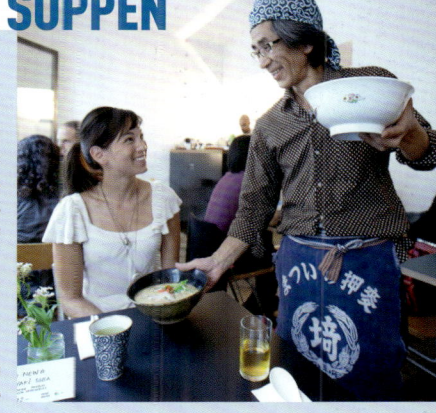

Virtuosen am Kochtopf

Auswahl ist out – Spezialisierung in. Zürichs Restaurants konzentrieren sich auf nur eine Speise, bereiten diese aber virtuos zu. Suppenfans zieht es neuerdings ins *Ooki*, wo nur japanische Nudelsuppen, sogenannte Ramen, auf den Tisch kommen *(Bäckerstr. 39, www.ooki.ch, Foto)*. Um die Nudel dreht sich alles im *Pastawerk*. Highlight sind die *Sunny Crockets Favorite*, eine exotische Kreation mit frischen Limetten, Parmesan, Zitronenmelisse und Shrimps *(Stauffacherstr. 101, www.pastawerk.ch)*. Die Nummer 1 in Sachen Fondue ist das *Fribourger Fonduestübli (Rotwandstr. 38, www.fribourger-fondue-stuebli.ch)*.

▶▶ FRISCHER WIND

Lifestyle in alten Fabriken

Locations vergangener Tage sind die neuen Hotspots für stylische Partys und Vernissagen. Das alte Industrieviertel *Löwenbräu-Areal* ist mittlerweile Magnet für die Kunstszene. Die Galerie *Hauser & Wirth* zeigt in hellen Hallen Kunst von morgen *(Limmatstr. 270, www.hauserwirth.com, Foto)*. In der *Crystal Lounge* finden sich Partypeople unter riesigen Heizungsrohren zu *Zürich's Finest*, der heißesten Party der Stadt, ein *(Förrlibuckstr. 110, www.crystallounge.ch)*. Auch *Sihlcity*, das Areal der alten Papierfabrik, dient heute als Location für Lifestyle-Events *(Kalanderplatz 1, www.sihlcity.ch)*.

▶▶ RETRO-VELOS

Zürcher Trend-Bikes

Alte Rennräder aus den 70er- und 80er-Jahren sind in Zürich der letzte Schrei. Die Velos sind robust und frei von kompliziertem Schnickschnack. Am besten besorgt man sich die Kultbikes über die Velo-Börsen der *Pro Velo Kanton Zürich* (z. B. am Helvetiaplatz, Termine unter *www.prove lozuerich.ch/veloboersen. html)*. Das Team von *Fahrradbau Stolz* macht alte Drahtesel durch Secondhand-Teile wieder fit. Außerdem werden in der kleinen Werkstatt Unikate nach Wunsch gefertigt *(Hofwiesenstr. 200, www.fahrradbaustolz.ch, Foto)*. Auch in der *Velorei* kümmert man sich rührend um die Retro-Bikes. Andreas Michel verkauft aber auch coole Post- oder Bäckervelos und andere Raritäten *(Predigergasse 20, www.velorei.ch)*.

>> LIVE & LAUT

Rockclubs geben Gas

Die Zürcher Rockszene brodelt, und immer mehr Clubs setzen auf Livemusik. Mit kunterbuntem Programm glänzt z. B. der neu aufgestellte Club *Superzero* (*Zähringerstr. 39, www.superzero.tv*). Für unkompliziertes Rock'n'Roll-Feeling steht der *Helsinkiklub*. Fast täglich rocken Livebands die kleine, zum Greifen nahe

Bühne mitten im Club (*Geroldstr. 35, www.helsinkiklub.ch*). Ein weiterer Live-Hotspot ist das *Dynamo* (*Wasserwerkstr. 21, www.dynamo.ch*, Foto).

>> SPASS BEIM WELLNESS

Außergewöhnliche Spa-Events

Neue Wellnesskonzepte erobern Zürich. In der *Schminkbar* vereint Maskenbildnerin Bea Petri Beautyanwendungen und Café (*Beatengasse 9, www.schminkbar.ch*). Einfach mal abhängen nimmt Matthias Bretscher wörtlich. In der *Bodyworks Naturheilpraxis*

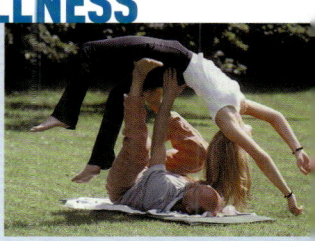

stärkt er seinen Kunden bei einer Hängemassage nicht nur Rücken und Co., sondern versucht ihnen auch einen anderen Blick auf ihre Umwelt zu geben (*Rennweg 22, www.bodyworks.ch*, Foto). Themenabende wie die Nacht der Lichter stehen im *Asia Spa* auf dem Programm (*Kalandargasse 1, www.asia-spa.com*).

>> ZÜRICH STYLE

Verspielt & kreativ

Knallige Farben und Mustermix haben es den Zürchern angetan. Christa Michel überzeugt mit neuen Ideen in Sachen Knitwear (*www.christamichel.com*). Ihre gestrickten Poster und Dessous gibt's zum Beispiel im *Erbudak* (*Engelstr. 62, www.erbudak.com*). Auch Tina Grässli setzt auf Strick. Die grafisch gemusterten Kuscheloutfits des Labels *xess+baba* sind beidseitig tragbar und das Highlight der Schweizer Modeszene (*Stauffacherstr. 178, www.xessbaba.ch*). Immer am Puls der Zeit ist die coole Streetwear von *Tide* (*z.B. bei Fizzen, Preyergasse 6, www.tide.ch*, Foto).

> MAMMON UND KULTUR

Von provinzieller Enge keine Spur: Die Wirtschaft und die Kultur, aber auch die Probleme Zürichs haben großstädtischen Zuschnitt

ALTERNATIV-KULTUR

In Lagerräumen unter Eisenbahnviadukten und in stillgelegten Fabrikhallen blühte einst die städtische Subkultur, die alternative Techno-, Hip-Hop- und Punkszene, bei deren nicht genehmigten Partys das Bier billiger als anderswo ausgeschenkt wurde. Durch den Bauboom in den

Bild: Museum Shedhalle in der Roten Fabrik

Industriequartieren sind diese Freiräume fast gänzlich verschwunden. 2003 schlossen sich die verschiedenen Gruppen deshalb mit der Polit-Hausbesetzerszene zusammen, um unter dem Motto „Reclaim the Streets – Erobert die Straßen zurück" mit Demos und Straßenpartys für erschwinglichen Wohn- und Kulturraum zu kämpfen. Der einzige große Freiraum für alternative Kultur in der Stadt ist heute die *Rote Fabrik* am

STICH WORTE

Seeufer in Wollishofen. Deren Galerie *Shedhalle* und das Restaurant *Ziegel oh Lac* finden auch beim nicht alternativen Publikum großen Anklang.

BANKEN

Die Gründung der Zürcher Börse legte 1877 den Grundstein für den Aufstieg der Stadt zur Finanz-, Wirtschafts- und Handelsmetropole. Die Börse ist mit einem Jahresumsatz von fast einer Milliarde US-Dollar die sechstgrößte in Europa und die zehntgrößte der Welt. Zürich bietet heute rund 360 000 Arbeitsplätze, wovon 80 Prozent auf den Dienstleistungssektor entfallen. Zürich ist schweizweit gesehen die Stadt der Banken und Versicherungen und nimmt als solche auch weltweit eine einzigartige Stellung ein. Denn der Finanzplatz Schweiz hat sich auf den Handel mit

Privatvermögen spezialisiert, und in diesem Bereich kontrollieren die hiesigen Banken 80 Prozent des europä-

ischen und 35 bis 45 Prozent des weltweiten Handels. Das bedeutet, dass fast die Hälfte aller privaten Vermögen in oder über die Schweiz und die Bankenstadt Zürich verwaltet werden. Diese „guten Dienste" der Banken fügen dem Image des Landes aber auch immer wieder Schaden zu. Vor allem in Zusammenhang mit Steuerfluchtgeldern und Erlösen aus dubiosen Geschäften kommen die Geldinstitute in schöner Regelmäßigkeit immer wieder mal in die Schlagzeilen.

IMMIGRANTEN-KULTUR

Der Strom von Immigranten während des Ersten und Zweiten Weltkriegs gab dem kulturellen Leben Zürichs großen Auftrieb. Um 1916 gründete der Pazifist Hugo Ball zusammen mit Tristan Tzara, Hans Arp und anderen das *Cabaret Voltaire* an der Spiegelgasse im Niederdorf, wodurch Zürich zum Zentrum des Dadaismus wurde.

Auch Lenin, der in der Schweiz die Russische Revolution sozusagen plante, und Albert Einstein, der der ETH zu bedeutendem Ansehen verhalf, gehörten zeitweise zu den geduldeten Ausländern. Sie übten jedoch keinen direkten kulturellen oder politischen Einfluss auf das Stadtleben aus. Vor und während des Zweiten Weltkriegs, als viele Intellektuelle, Künstler und Schauspieler auf der Flucht vor dem deutschen Nationalsozialismus in Zürich strandeten, erlebte vor allem das Schauspielhaus eine Hochblüte, von deren Glanz es zum Teil heute noch zehrt.

INDUSTRIEKULTUR

Zürichs städtebauliche Entwicklung vollzieht sich in den Industriegebieten. Stillgelegte Fabrikareale bilden den Grundstoff für neues urbanes Leben. Den Anfang machte 1996 die Umnutzung der Seifenfabrik Steinfels in einen Kinokomplex mit schicken Loftwohnungen. 1999 folgte auf dem Areal einer Textilfabrik die große Wohnsiedlung Limmat-West, 2001 die Verwandlung der Schiffbauhalle in ein Theater-, Konzert- und Gastronomiezentrum. Heute ist Zürich-West der trendigste Stadtteil mit dem dichtesten Angebot an angesagten Bars und Lounges – so dicht, dass die erste Generation der seinerzeit hergezogenen Trendsetter sich schon nach einem ruhigeren Stadtteil umsieht. In Oerlikon ist auf dem Areal der Maschinenfabrik der Stadtteil *Zürich-Nord* mit einem ungewöhnlichen Park und Wohnsiedlungen entstanden, und an der Sihl steht auf dem Gelände der Papierfabrik der Kultur-, Einkaufs- und Hotelkomplex *Sihlcity*.

ZWINGLI

Zürich heißt auch Zwingli-Stadt, benannt nach dem Reformator Ulrich (Huldrych) Zwingli (1484–1531), der hier im 16. Jh. wirkte. Gleichzeitig mit Luther bemühte sich Zwingli um die Reformation der Kirche, allerdings um einiges radikaler als der Deutsche. 1519 wurde Zwingli Priester am Zürcher Grossmünster, wo er kompromisslos gegen alles vorging, was sich nicht aus der Bibel ableiten ließ: Bilder wurden abgenommen, Gesang und Orgelspiel abgeschafft. Vor allem säuberte Zwingli den Kirchenraum von jeglichem Schmuck. Da sich Zwingli auch als Politiker mit großem Einfluss betätigte, zeitigten seine Lehren weitreichende Wirkung. Mit dem zwinglianischen Geist ist das Strenge gemeint, das Zürich lange Zeit anhaftete und sich z.B. in einer strengen Bewilligungspolitik für Bauvorhaben oder Gastronomiebetriebe äußerte. Auch das sogenannte Tanzverbot war lange Zeuge dieses Geistes. Heute ist das Verbot abgeschafft, und Diskos und Clubs dürfen auch an hohen Feiertagen geöffnet haben. *Zwinglianisch* blieb aber als Schimpfwort für „engstirnig" erhalten.

> DAS KLIMA IM BLICK

Handeln statt reden

Reisen bereichert und verbindet Menschen und Kulturen. Jedoch: Wer reist, erzeugt auch CO$_2$. Dabei trägt der Flugverkehr mit bis zu 10 % zur globalen Erwärmung bei. Wer das Klima schützen will, sollte sich somit nach Möglichkeit für die schonendere Reiseform (wie z.B. die Bahn) entscheiden. Wenn keine Alternative zum Fliegen besteht, so kann man mit *atmosfair* handeln und klimafördernde Projekte unterstützen.

atmosfair ist eine gemeinnützige Klimaschutzorganisation.

Die Idee: Flugpassagiere spenden einen kilometerabhängigen Beitrag für die von ihnen verursachten Emissionen und finanzieren damit Projekte in Entwicklungsländern, die dort helfen, den Ausstoß von Klimagasen zu verringern. Dazu berechnet man mit dem Emissionsrechner auf *www.atmosfair.de*, wie viel CO$_2$ der Flug produziert und was es kostet, eine vergleichbare Menge Klimagase einzusparen (z.B. Berlin–London–Berlin: ca. 13 Euro). *atmosfair* garantiert, unter der Schirmherrschaft von Klaus Töpfer, die sorgfältige Verwendung Ihres Beitrags. Auch der MairDumont Verlag fliegt mit *atmosfair*.

Unterstützen auch Sie den Klimaschutz: *www.atmosfair.de*

VON TRADITIONELL BIS SCHRILL

Umzug der Zünfte, Knabenschießen,
Streetparade und ein Theaterspektakel

> Die größten Feste Zürichs könnten unterschiedlicher nicht sein. Da ist zum einen das *Sechseläuten* im Frühling, das zurückgeht auf die mächtigen Handwerkerzünfte im 14. Jh., und zum anderen die *Streetparade* im Sommer, einer der weltweit größten Technoumzüge schrill kostümierter Raver. Freies Theaterschaffen wird beim *Theater Spektakel* auf der Landiwiese präsentiert, und beim traditionellen *Knabenschiessen*, an dem – ganz zeitgemäß – nun auch Mädchen teilnehmen dürfen, interessiert vor allem die gigantische *Chilbi*, ein Rummelplatz mit den neuesten Attraktionen.

FEIERTAGE

1. Jan. *Neujahr* **2. Jan.** *Berchtoldstag Karfreitag Ostermontag* **1. Mai** *Tag der Arbeit Himmelfahrt Pfingstmontag* **1. Aug.** *Nationalfeiertag* **25./26. Dez.** *Weihnachts- und Stephanstag.* Beim *Sechseläuten* (3. Mo im April) und beim *Knabenschiessen* (2. Wochenende und folgender Montag im Sept.) schließen die Geschäfte um 12 Uhr mittags.

FESTE UND VERANSTALTUNGEN

Januar
Art on Ice: Show mit tollen Eiskunstläufern im Hallenstadion. *www.artonice.ch*

Februar
Zürcher Fasnacht: „Guggenmusiken", Maskenbälle und ein Umzug.

April
⭐ *Sechseläuten* (am 3. Mo): Fest der Zünfte in historischen Kostümen. Zum Schluss wird am Bellevue der „Böögg", ein Papp-Schneemann, verbrannt.

Mai
Zirkus Knie: Den ganzen Monat gastiert der Schweizer Nationalzirkus auf der Sechseläuten-Wiese. *Vorverkauf unter 08 48 80 08 00*

Juni
Festival Tropical Caliente: Das wichtigste Festival für südamerikanische Musik in Europa. Info: *www.caliente.ch*

Aktuelle Events weltweit auf www.marcopolo.de/events

> EVENTS
FESTE & MEHR

Juli

⭐ *Züri-Fäscht:* Alle drei Jahre (das nächste Mal 2010) findet ein gigantisches, drei Tage dauerndes Fest mit riesigem Feuerwerk statt.

Juli/August

Kino am See, am Fluss, am Berg: Leinwände stehen am Zürichhorn im Wasser, an der Limmat in der Badeanlage, auf dem Uetliberg hoch über der Stadt – Openairkino überall.

August

⭐ *Streetparade:* Der schillernde Technoumzug zieht jedes Jahr mehr als eine halbe Million Raver an. Info: *www. streetparade.ch*
*Weltklasse Zürich:*Leichtathletik-Meeting im Stadion Letzigrund mit internationalen Stars. *www.weltklassezuerich.ch*
⭐ *Zürcher Theater Spektakel:* großes internationales Treffen freier Theatergruppen und vieler Straßenkünstler auf der Landiwiese am Seeufer. Info: *www. theaterspektakel.ch*

September

Knabenschiessen: der älteste Zürcher Brauch, bei dem sich 12- bis 16-jährige Knaben und Mädchen im Wettschießen mit dem Gewehr messen.
freestyle.ch: internationaler Snowboard-, Skateboard- und BMX-Event, mit Show-Offs der Szenestars.

Oktober

Oktoberfest. Im Biergarten *Bauschänzli,* der Insel in der Limmat, findet weithin s cht- und hörbar das Zürcher Oktoberfest statt. *www.bauschaenzli.ch*

November

Expovina: Weinausstellung mit Degustationen auf am Bürkliplatz vertäuten Zürichsee-Schiffen.

Dezember

Circus Conelli: Der poetische Winterzirkus gastiert jedes Jahr auf dem Bauschänzli.
Silvester: An den See- und Limmatufern wird das neue Jahr begrüßt; großes Feuerwerk im Seebecken.

> **KLEINE METROPOLE AM SEE**

Geschichtsträchtige Bauten, ein vielfältiges Kulturleben und die besondere Lage machen Zürich zur abwechslungsreichen kleinen Großstadt

> **Zürich zu entdecken ist aus zwei Gründen besonders angenehm: Die Stadt ist im Vergleich zu anderen europäischen Metropolen klein und überschaubar, ihr Zentrum kann durchweg zu Fuß erkundet werden. Der zweite Grund ist die wunderbare Lage am Seebecken zwischen den Hügeln.**
Am Ufer der Limmat oder des Sees entlangzubummeln oder von der Höhe auf die Stadt hinunterzuschauen wäre auch ohne all die Sehenswürdigkeiten ein Genuss. In Zürich gibt

es dank staatlicher Subventionen und Spenden aus der Wirtschaft über 40 Museen. Fast alle entstanden erst im letzten Jahrhundert, denn große Teile des beweglichen Kulturguts aus Kirchen und anderen Baudenkmälern waren den reformatorischen Bilderstürmen im 15. und 16. Jh. zum Opfer gefallen. Erst gegen Mitte des 19. Jhs. hatte das künstlerische Leben unter dem Einfluss politischer Flüchtlinge aus Russland

Bild: Türme des Grossmünsters mit Hans-Waldmann-Denkmal

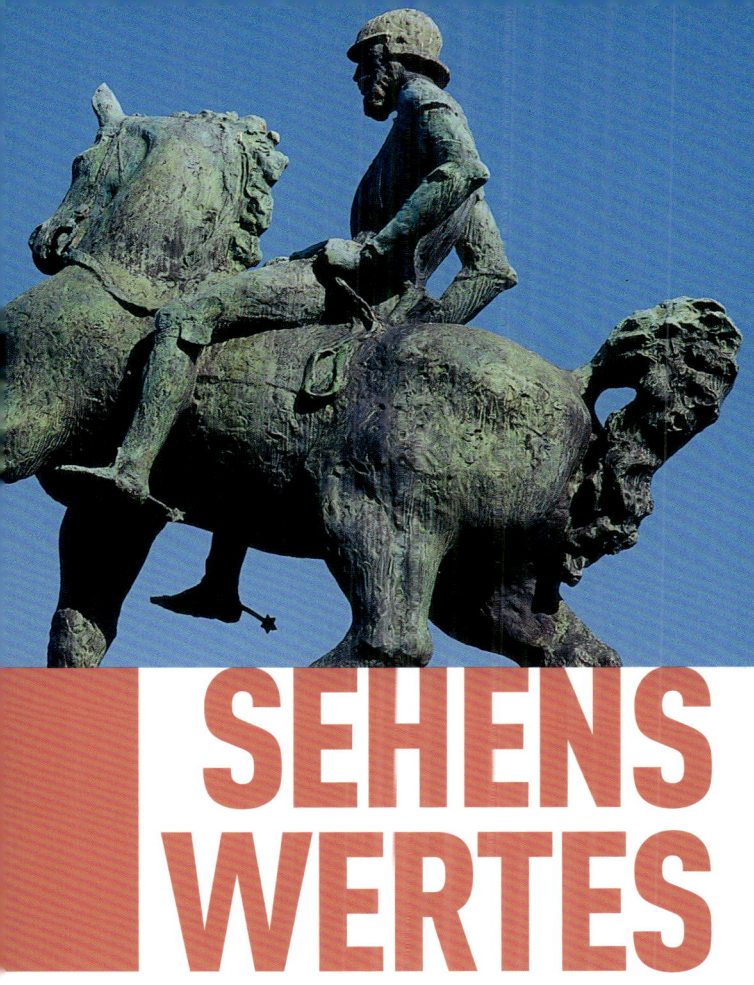

SEHENS WERTES

und Deutschland wieder aufzublühen begonnen. Eine wichtige Kunstströmung ging in den 1930er-Jahren von der Kunstgewerbeschule, der heutigen Zürcher Hochschule der Künste, aus. Leute wie Johannes Itten, Max Bill und Richard P. Lohse schufen hier Grafik von Weltrang. Und sie begründeten die Zürcher Schule der Konkreten Malerei, die von Zürich aus weltweit schulbildend wirkte.

ZENTRUM RECHTS DER LIMMAT

> Die Altstadt ist das Herz der Stadt. In den verwinkelten Gassen zwischen den Kirchen und noblen Zunfthäusern pulsiert vor allem rechts der Limmat das Leben. Tagsüber locken Kleingewerbe und zahllose Boutiquen Kundschaft an,

ZENTRUM RECHTS DER LIMMAT

Die Karte zeigt die Einteilung der interessantesten Stadtviertel. Bei jedem Viertel finden Sie eine Detailkarte, in der alle beschriebenen Sehenswürdigkeiten mit einer Nummer verzeichnet sind

abends flaniert man an den vielen Restaurants, Bars und Cafés vorbei – das ganze Viertel inklusive Limmatquai ist autofreie Zone. „Dörfli" nennen die Einheimischen liebevoll das Quartier, das sich aus dem ruhigeren Oberdorf und dem quirligen Niederdorf mit viel Nachtleben zusammensetzt. Am Rande des Zentrums liegen die großen Gebäude der Kulturinstitute, das Kunsthaus, die Zentralbibliothek sowie die Universität und die Eidgenössische Technische Hochschule ETH.

1 BAHNHOF STADELHOFEN ⭐ [113 F6]
Der spanische Architekt Santiago Calatrava schuf mit dem Ausbau des

Bahnhofs ein Aufsehen erregendes Bauwerk. Es zeichnet sich aus durch bogenförmig-geschwungene Elemente, die sich vom größten Deckenträger bis ins kleinste Geländerdetail fortsetzen. Unter den Gleisen entstand in einem kathedralenähnlichen Spannbetongewölbe eine *Ladenpassage*. Ein Besuch empfiehlt sich vor allem, wenn man nicht zum Zug hetzen muss. *Tram 11,15: Stadelhofen, 2, 4: Opernhaus*

2 BELLEVUE [113 E6]
Als rechtsufriger Kopf der Quaibrücke gehört der Bellevueplatz ganz dem Verkehr. Nahebei sind das Literatencafé *Odéon* und die berühmte

Kronenhalle. Auf der angrenzenden *Sechseläutenwiese* gastiert der Nationalzirkus Knie, und am „Sechseläuten" wird der „Böögg" verbrannt *(s. Feste, Events und mehr).*

3 **GROSSMÜNSTER** ⭐ [113 E5]

Das Wahrzeichen Zürichs beherrscht mit der mächtigen Doppelturmfassade den oberen Limmatraum. Der Legende nach stiftete Karl der Große eine erste Kirche da, wo die Stadtheiligen Felix und Regula, nachdem sie unten an der Limmat enthauptet wurden, mit dem Kopf unter dem Arm noch hingewandert sein sollen. Ein steinernes Andenken an den Stifter ist in einer Nische des Südturms untergebracht. Zur Zeit der Reformation war das Grossmünster die Wirkungsstätte Zwinglis, auf den auch die Kargheit im Inneren der Kirche zurückzuführen ist. Die frühesten Teile stammen aus dem späten 11. Jh., zeigen also romanische Züge wie die rein romanische Krypta oder der großartige Kreuzgang. Als einziges der sieben Klöster innerhalb der damaligen Stadtmauer fiel das Grossmünsterkloster nicht reformatorischem Eifer zum Opfer, sondern wurde zur theologischen Schule.

Die lange Bauzeit des monumentalen Sakralbaus ist an den Türmen abzusehen, deren Stil sich von unten nach oben verändert: romanisch bis

MARCO POLO HIGHLIGHTS

⭐ **Bahnhof Stadelhofen**
Bahnhofsneubau als Leckerbissen für Architekturliebhaber (Seite 24)

⭐ **Grossmünster**
Die doppeltürmige Kirche an der Limmat wurde Zürichs Wahrzeichen (Seite 25)

⭐ **Kunsthaus**
Meditieren mit Monets Seerosenbildern (Seite 26)

⭐ **Neumarkt/Rindermarkt**
Idyllischer Teil des Niederdorfs mit viel Charme (Seite 29)

⭐ **Bahnhofstrasse**
Elegante Einkaufsstraße mit Weltformat (Seite 34)

⭐ **Fraumünster**
Die Glasmalereien Marc Chagalls gehören ins Pflichtprogramm (Seite 37)

⭐ **Haus Konstruktiv**
Am Geburtsort des Konstruktivismus ein Muss (Seite 37)

⭐ **Quaianlagen**
Der Blick von der Quaibrücke ist umwerfend (Seite 44)

⭐ **Städtische Sukkulentensammlung**
Mit 25000 Exemplaren die weltweit größte Sammlung ihrer Art (Seite 46)

⭐ **Museum für Gestaltung**
Mehr als 200000 Plakate, hervorragende Ausstellungen (Seite 49)

⭐ **Schiffbau**
Umgenutzte Industriearchitektur, die Maßstäbe setzt (Seite 50)

⭐ **Zoo**
Schön gelegen, mit toller Regenwaldhalle (Seite 57)

zur Firsthöhe, gotisch bis zur Galerie, abgeschlossen auf Betreiben des damaligen Bürgermeisters Hans Waldmann mit hohen Spitzhelmen, die nach einem Turmbrand und längerer Diskussion Ende des 18. Jhs. durch neogotische Hauben ersetzt und vom Schriftsteller Victor Hugo als „hässliche Pfefferbüchsen" bezeichnet wurden. ✸ **Die Türme können bestiegen werden**. *März bis Okt. tgl. 9–18, Nov.–Feb. 10–17 Uhr | Tram 4, 15: Helmhaus*

Insider Tipp

4 HELMHAUS [113 D5]

Wie das Rathaus stand auch das Helmhaus zusammen mit der angebauten Wasserkirche auf einer Insel in der Limmat. Die offene Halle des Helmhauses, dessen Name von helmen (schützen) herrührt, war der rechtsufrige Brückenkopf der „Oberen Brugg", der auch als Gerichtsort und Leinwandmarkt diente. Im Gebäude aus der Epoche des spätbarocken Klassizismus Ende des 18. Jhs.

ist heute eine städtische Galerie für Schweizer Kunst einquartiert. *Limmatquai 31 | Tram 4, 15: Helmhaus*

5 HIRSCHENPLATZ [113 E4]

Mitten im Niederdorf tut sich sozusagen als Herz des Vergnügungsviertels die autofreie Hirschenplatz auf, umgeben von Kneipen, Boutiquen, Kinos. Lassen Sie sich an einem warmen Abend von den vielen Menschen mitziehen, die auf der den Hirschenplatz überquerenden Niederdorfstrasse auf und ab flanieren, und nehmen Sie teil am Openairschauspiel der Gaukler und Straßenmusikanten.

6 KUNSTHAUS ⭐ [113 E-F5]

Das 1910 eröffnete Kunsthaus erfreut sich dank einer Reihe hervorragender Ausstellungen zeitgenössischer Kunst eines sehr guten internationalen Rufes. Es beherbergt derart viele Kunstschätze, dass man ziemlich genau wissen muss, was

Kunst liegt in der Luft: Straßencafé vor dem Kunsthaus

ZENTRUM RECHTS DER LIMMAT

1	Bahnhof Stadelhofen	8	Napfplatz	15	Rosenhof
2	Bellevue	9	Neumarkt/Findermarkt	16	Spiegelgasse
3	Grossmünster	10	Oberdorf	17	Thomas-Mann-Archiv
4	Helmhaus	11	Opernhaus	18	Wasserkirche
5	Hirschenplatz	12	Polyterrasse	19	Zunfthaus zum Rüden
6	Kunsthaus	13	Predigerkirche	20	Zwingli-Denkmal
7	Limmatquai	14	Rathaus		

man sehen will, und sich am besten für eine der verschiedenen Sammlungen entscheidet: Alte Meister gehören mit mittelalterlicher Plastik und Tafelmalerei sowie Gemälden des niederländischen und italienischen Barock zum Kunsthaus-Schatz. Schweizer Kunst des 18. und 19. Jhs. ist zu sehen, und die „Zürcher Konkreten" des 20. Jhs. sind mit Bill, Lohse, Glarner, Graeser und Loewensberg vertreten. Mit gut hundert Werken Ferdinand Hodlers kann das Kunsthaus auftrumpfen, ein Bestand, der eigentlich für ein separates Hodler-Museum ausreichte. Die Kunst des 20. Jhs. dominieren aber Werke von Vallotton, Amiet oder den Vettern Augusto und Giovanni Giacometti. Die Internationale Moderne

seit dem Impressionismus wird von wichtigen Werkgruppen von Monet, der Nabis-Gruppe, Munch über Kokoschka, Picasso, Chagall bis Rodin und Giacometti repräsentiert. Ein Seerosen-triptychon Monets im „Seerosensaal" ist allein den Besuch wert.

Das *Graphische Kabinett* beherbergt ein bedeutendes Dada-Archiv, und durch die Stiftung für Fotografie erhält man einen guten Einblick in das Schaffen inländischer Fotografen wie Bischof, Staub oder Burri. Führungen siehe Tagespresse. Sonderführungen nach Vereinbarung. *Sa/So, Di 10–18, Mi–Fr 10–20 Uhr, Mo geschl. | je nach Ausstellung 6–20 CHF | Heimplatz 1 | Tel. 04 42 53 84 84 | www.kunsthaus.ch | Tram/Bus: Kunsthaus*

> BÜCHER & FILME
Zur Einstimmung sehen und lesen

> **Fremde Hände** – Der Roman von Petra Ivanov spielt im Zürcher Rotlichtmilieu und vermittelt viel Lokalkolorit.

> **Zürich bei Nacht** – Der Krimi des bekannten Zürcher Autors Roger Graf ist nicht nur spannend und unterhaltsam, sondern zeigt auch einen Ausschnitt aus der jüngeren Geschichte der Stadt.

> **Business Class** – Die gesammelten Kolumnen des Schriftstellers Martin Suter sowie seine Romane „Small World", „Die dunkle Seite des Mondes" und „Lila, Lila" bieten einen ironischen Blick auf den Charakter der Zürcher.

> **Zürich by Mike** – Mehr als zehn Jahre lang näherte sich auch der Comic-

zeichner Mike van Audenhove in seinen wöchentlichen Bildergeschichten im „Züritipp" mit einem Augenzwinkern den Zürchern an. Insgesamt sind 13 Bände von „Zürich by Mike" erschienen, aber die humorvollen Alltagsausschnitte haben nichts von ihrer Gültigkeit verloren.

> **Happy New Year** – Preisgekrönter Kinofilm (2008) von Christoph Schaub und mit Nils Althaus über Begegnungen in der Sylvesternacht mit viel Stadtatmosphäre.

> **Das Fräulein** – Neuere Stadtansichten zeigt z.B. dieser preisgekrönte Kinofilm von Andrea Staka (2006), der auch die winterliche Schweizer Bergwelt ins Bild rückt.

7 LIMMATQUAI 〽️ [113 D–E3–5]

Ursprünglich stand die unterste Häuserzeile des Niederdorfes direkt an der Limmat. Gestiegene Verkehrsbe-

3 NAPFPLATZ [113 E4] *Insider Tipp*

Enge Gassen führen zu diesem autofreien Plätzchen, das einen guten Eindruck davon vermittelt, wie Zü-

Fast schon italienisches Flair: Straßencafé am Limmatquai

dürfnisse waren die Ursache für den Ausbau der Uferstraße als Einkaufsstraße. Bis 1949 standen diverse Häuser – alte Handwerksbetriebe, Korn-, Pulver- und Papiermühlen – an und sogar in der Limmat. Heute zeugen noch die eindrucksvollen Zunfthäuser von der einstigen Bedeutung des Handwerks für die Stadt. Um vom Bahnhof aus die neue Einkaufsstraße schon erblicken zu können, wurden die interessanten Bauten im Fluss zum Teil leider abgerissen. Einzig das Rathaus, das Helmhaus und die Wasserkirche blieben verschont.

rich im Mittelalter gestaltet war. Beherrscht wird der Platz vom *Brunnenturm*, einem mittelalterlichen Wohnturm von stattlicher Höhe, der im 19. Jh. als Armenschule diente, die auch der Zürcher Schriftsteller Gottfried Keller besuchte. Wie das damals zugegangen sein mag, davon kann man sich auf der Terrasse des *Restaurants Turm* vielleicht ein Bild machen. *Tram 3, 31/Bus: Neumarkt*

9 NEUMARKT/ RINDERMARKT ⭐ [113 E4]

Dieser Straßenzug ist ein schöner Einstieg in das Niederdorf und zeichnet sich aus durch eine Vielzahl mittelalterlicher Häuser, die viele kleine Läden, Boutiquen, Secondhandshops, Restaurants wie die

Mit der Polybahn rauf zur Polyterrasse

Bauernschänke oder das *Zunfthaus zum Neumarkt* beherbergen. Ebenfalls hier zu Hause ist das experimentierfreudige *Theater am Neumarkt*. Zu den idyllischsten Altstadtgassen mit Handwerksbetrieben und kleinen Geschäften gehören die von Neu- oder Rindermarkt wegführenden *Prediger-* und *Froschaugassen*.

🔟 OBERDORF [113 E5]
Hinter dem Grossmünster liegt ein verträumter Teil der Altstadt: das Oberdorf mit Trittli-, Franken-, Schlosser- und Neustadtgasse. Hier reihen sich verwinkelte Häuser, oft

aus dem 16. Jh., mit kleinen Terrassen und Gärtchen aneinander, man hört Vogelgezwitscher und das Plätschern der Brunnen. In dieser biedermeierlichen Atmosphäre haben sich Architekten, Geigenbauer, Uhrmacher, aber auch Galerien und andere Kleinbetriebe niedergelassen.

1️⃣1️⃣ OPERNHAUS [113 E6]
Nach einem Brand in der für Opernaufführungen umgebauten Barfüsser-Klosterkirche im Niederdorf beschloss man, beim Bellevue ein neues Haus zu bauen. Man beauftragte die Wiener Architekten Fellner und Helmer, die dafür Pläne eines eigentlich für Krakau geplanten Baus aus der Schublade zogen. Nach 20-monatiger Bauzeit wurde 1891 das neubarocke, Elemente des traditionellen Schlossbaus aufweisende, stattliche Theater eröffnet. In den 1980er-Jahren wurde das Haus mit einem Anbau versehen, der im Volksmund seiner rosa Farbe und eckigen Form wegen „Fleischkäse" genannt wird. *Falkenstr. 1 | Tram 2, 4: Opernhaus*

1️⃣2️⃣ POLYTERRASSE ☀ [113 E2]
Die Terrasse vor der früheren Polytechnischen Hochschule, der ETH (Eidgenössisch Technische Hochschule), erreicht man vom Central-Platz aus bequem mit dem schnuckeligen Polybähnli. Diese kleine Standseilbahn wurde 1889 erbaut, hat heute dank ihrer Eisenkonstruktionen eher kunsthistorischen und nostalgischen Wert und fährt alle 3 Min. vom Central-Platz auf die Polyterrasse, die einen schönen Stadtblick freigibt. *Mo–Fr 6.45–19.15, Sa 7.30–14 Uhr | Sa 7.30–14 Uhr*

SEHENSWERTES

13 PREDIGERKIRCHE [113 E3]

Auch diese Kirche diente früher klösterlicher Einkehr. Sie wurde im 13. Jh. in gotischem Stil erbaut, der Chor im 16. Jh. als Kornschütte genutzt. Nach dem Einbau von Betonböden war 1917–82 das Staatsarchiv im Chor untergebracht. Der mit 97 m höchste Turm der Stadt kam erst 1900 dazu. An die Kirche schmiegt sich das mit einem sehenswerten Neubau ergänzte Jugendstilgebäude der Zentralbibliothek. *Tram 4, 15: Rudolf-Brun-Brücke*

14 RATHAUS [113 D4]

Der barocke Bau aus dem späten 17. Jh. ist neben Helmhaus und Wasserkirche als einziges der vielen in die Limmat gebauten Häuser – Mühlen und Handwerksbetriebe – stehen geblieben. Hinter den fein gegliederten, mit Büsten und anderen dekorativen Elementen geschmückten Fassaden tagen die Legislativen sowohl der Stadt als auch des Kantons Zürich. Im Innern sind prunkvolle Stuckaturen und Turmöfen aus dem 17. Jh. erhalten, der barocke Festsaal wird von der Stadt für Veranstaltungen genutzt. Besichtigung *Di, Do, Fr 10–11.30 Uhr | Tram 4, 15: Rathaus*

15 ROSENHOF [113 D4]

Wie ein Innenhof öffnet sich etwas unterhalb des Hirschenplatzes der Rosenhof, der durch Auskernung des alten Häuserbestands entstanden und nur durch enge Gässchen und Tordurchfahrten erreichbar ist. Donnerstags und samstags nimmt er den *Kuriositätenmarkt* auf, an den übrigen Tagen ist er – vor allem im Sommer und am Abend – von Jungvolk in Beschlag genommen. Auf allen Seiten des Platzes sorgen Restaurants, Cafés und Bars für das leibliche Wohl. *Tram 4, 15: Rudolf-Brun-Brücke*

Kuriositätenmarkt im Rosenhof: Wie wär's mit Schuhen aus Kamelleder?

Schmucke Hausfassade in der Augustinergasse

mer, seine Bibliothek, Dokumente und Literatur über Leben und Werk sind in diesem kleinen Museum erhalten geblieben. Schöne Lage am Abhang unterhalb der Universität. *Mi, Sa 14–16 Uhr | Eintritt frei | Führungen nach Vereinbarung | Tel. 04 46 32 40 45 | www.tma.ethz.ch | Schönberggasse 15 | Tram 6, 9, 10: ETH/Universitätsspital*

18 WASSERKIRCHE [113 D5]

Die Entstehung der Wasserkirche liegt mindestens 1000 Jahre zurück. Die Legende besagt sogar, dass der erste Sakralbau an der Stelle errichtet worden sei, wo die beiden Stadtheiligen Felix und Regula wegen ihres christlichen Glaubens enthauptet worden sind. Ursprünglich stand die Kirche auf einer Insel inmitten der Limmat, daher auch ihr Name, und war nur durch einen hölzernen Pilgersteg mit den Ufern verbunden. Während eines trockenen Sommers im 16. Jh. soll auf der Insel eine Quelle mit Heilkraft zutage getreten sein.

Der heutige Bau entstand im späten 15. Jh., gilt als einheitlichstes Werk der Spätgotik und zeichnet sich aus durch ein schönes Netzgewölbe und die hohen Spitzbogenfenster, die erst 1932/33 entstanden und das christliche Leben früher und heute zeigen. Dabei ist im rechten Fenster oben sogar ein **roter Rennwagen** zu entdecken. Die Krypta ist zu einem kleinen Museum ausgebaut worden, in dem u.a. der Märtyrerstein von Felix und Regula zu sehen ist. *Tgl. 9–18, Krypta Mi 14–17, Sa 12–17 Uhr | Limmatquai 31 | Tram 4, 15: Helmhaus*

Insider Tipp

16 SPIEGELGASSE [113 E4]

Diese enge Altstadtgasse, die durch den Napfplatz und einen weiteren, idyllischen Platz erweitert wird, birgt literarische und geschichtliche Trouvaillen. Im *Haus Nr. 1* gründete 1916 der Pazifist Hugo Ball das „Cabaret Voltaire", das zum Zentrum des Dadaismus wurde. In *Nr. 12* verstarb 1837 der Dichter Georg Büchner im Alter von nur 23 Jahren, und im Haus nebenan wohnte 1916/17 Wladimir Iljitsch Uljanow, der wenige Monate später unter seinem Beinamen Lenin an der Spitze der Russischen Revolution die Machtverhältnisse umkehren sollte. *Tram 4, 15: Rathaus*

17 THOMAS-MANN-ARCHIV [113 F3]

Vor und nach dem Zweiten Weltkrieg bis zu seinem Tod 1955 lebte der Schriftsteller Thomas Mann in Zürich. Sein Kilchberger Arbeitszim-

Insider Tipp

19 ZUNFTHAUS ZUM RÜDEN [113 D4]

Eins nach dem anderen reihen sich die Zunfthäuser am Limmatquai, wovon der Rüden das eindrücklichste ist. Bis zum Ausbau des Limmatquais stand dieses spätgotische, auf Arkaden gebaute Gesellschaftshaus, das den Patriziern als Lokal diente (Haus der Constaffel, der Adligen), direkt an der Limmat und machte damit dem Rathaus gegenüber als damaligem Regierungssitz Konkurrenz: eine Konstellation mit politischer Brisanz. Der Speisesaal, eine gotische Stube mit geschnitzter Holzdecke, ist sehenswert. Er gehört heute zu dem *Restaurant* in der ersten Etage. *Limmatquai 42 | Tram 4, 15: Rathaus*

20 ZWINGLI-DENKMAL [113 D5]

Gleichzeitig mit Luther in Deutschland reformierte der ans Grossmünster berufene Priester Huldrych Zwingli die Kirche und hatte als gestrenger und überzeugter Reformator großen Einfluss auf das gesellschaftliche und politische Leben der Stadt. Er fiel auf dem Schlachtfeld in einem Bürgerkrieg gegen Katholiken. Sein eisernes, schwertbestücktes und strenges Ebenbild wacht vor der Wasserkirche. *Tram 4, 15: Helmhaus*

ZENTRUM LINKS DER LIMMAT

> Die Altstadt links der Limmat besteht wie ihr Gegenüber aus verwinkelten, meist autofreien Gassen. Die großen Kirchen stehen hier, alte Zunfthäuser und die Verwaltungsgebäude der Stadt.

Begrenzt wird die Altstadt durch die Bahnhofstrasse, Zürichs Prachtmeile und das wirtschaftliche Herz der Stadt. Groß- und Privatbanken, Nobelkanzleien und Warenhäuser haben hier ihren Hauptsitz.

1 AUGUSTINERGASSE [112 C4]

Von der Bahnhofstrasse führt die malerische Gasse via Münzplatz zur idyllischen *St. Peterhofstatt*. Im Haus *Zur Reblaube*, heute ein gutes Restaurant, wohnte im 18. Jh. der Philosoph, Theologe und Physiognomiker Johann Kaspar Lavater (1741–1801), der dort auch von seinem Freund

Goethe besucht wurde. Die Augustinergasse zeichnet sich aus durch etliche geschnitzte Erker an renovierten Häusern aus dem 17. und 18. Jh.

2 BAHNHOFSTRASSE ⭐ [113 D2–6]

Als Fröschengraben war dieser Straßenzug zwischen Paradeplatz und Bahnhof einst Teil der mittelalterlichen Wehranlagen. Nach Schleifung derselben baute 1868 der Fotograf Ganz an der noch öden Straße das erste Wohn- und Geschäftshaus und wurde prompt für verrückt gehalten. Die Bebauung in Richtung Bahnhof schritt jedoch rasch voran. Die Bahnhofstrasse ist 1,2 km lang, nach dem Vorbild französischer Boulevards gestaltet und mit 200 Linden bepflanzt. Anziehend wirken nicht nur die 180 Geschäfte und die 2500 Laufmeter Schaufensterauslagen, sondern auch die architektonische Eleganz als Folge eines strengen Baugesetzes, das zusammenhängende Häuserreihen mit einer einheitlichen Höhe von 18 m vorschrieb. Die Bahnhofstrasse ist eines der teuersten Pflaster Europas mit Mietpreisen bis zu 4000 CHF pro Quadratmeter und Jahr. Auf der Goldmeile verkehrt – von zwei kleinen Straßenabschnitten abgesehen – nur die Tram.

Vom Bahnhof her kommend, stößt man nach dem eleganten *St.-Gotthard-Hotel* rechter Hand auf das *Warenhaus Globus* und die *Pestalozziwiese*. Weil hier früher Schwerverbrecher hingerichtet wurden, konnte sie nie verkauft werden, und so beschloss die Stadt, sie als Anlage für die Bürger mit dem Standbild des berühmten Pädagogen ansonsten unbebaut zu lassen.

Etwas weiter aufwärts trifft man auf einen prächtigen Jugendstilbau, heute das *Kaufhaus Manor*. Leicht zurückversetzt steht das *Warenhaus Jelmoli*, ursprünglich Zürichs erster Eisen-und-Glas-Palast, eine Pionierleistung. Ein weiteres Jugendstilgeviert folgt rechter Hand mit dem

Auf der Bahnhofstrasse geht's immer geschäftig zu

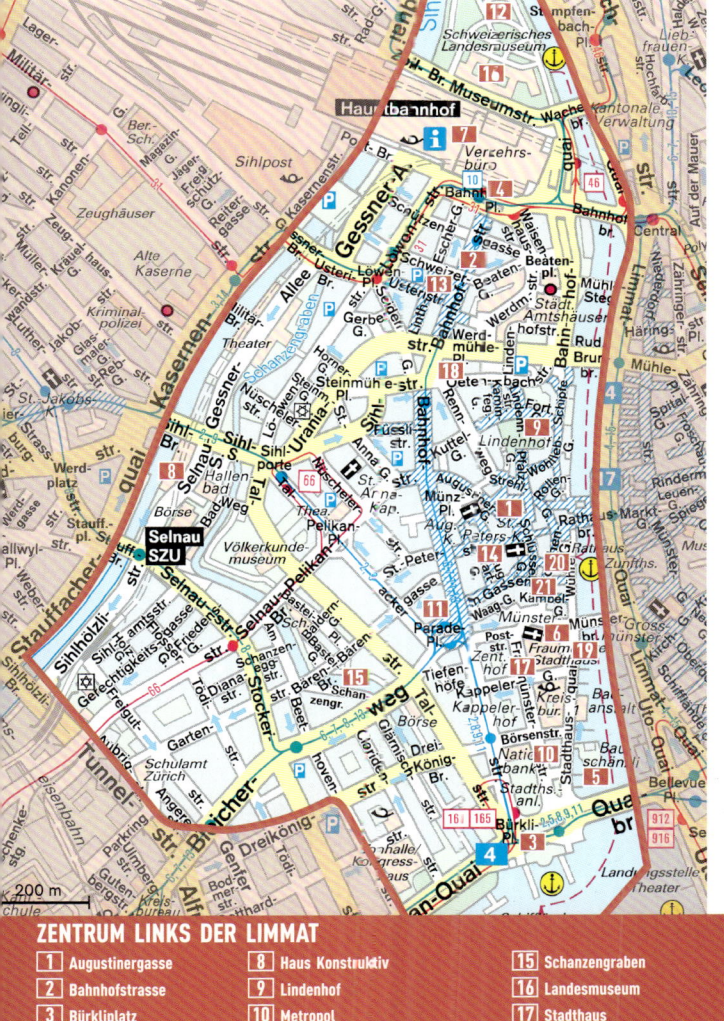

ZENTRUM LINKS DER LIMMAT

1 Augustinergasse	**8** Haus Konstruktiv	**15** Schanzengraben
2 Bahnhofstrasse	**9** Lindenhof	**16** Landesmuseum
3 Bürkliplatz	**10** Metropol	**17** Stadthaus
4 Escher-Denkmal	**11** Museum der Zeitmessung Beyer	**18** Urania-Sternwarte
5 Flussbad Stadthausquai	**12** Platzspitz	**19** Waldmann-Denkmal
6 Fraumünster	**13** Pestalozzi-Denkmal	**20** Wühre und Schipfe
7 Hauptbahnhof	**14** St. Peter	**21** Zunfthaus zur Meisen

Eines der fünf von Marc Chagall entworfenen Glasfenster im Fraumünster

Warenhaus St. Annahof. Zu Anfang der *Pelikanstrasse* dann die aus Marmorquadern bestehende Rauminstallation des Konstruktivisten Max Bill. Am *Paradeplatz* selbst, dem Herzstück der Bahnhofstrasse, haben die Schweizer Großbanken ihren Hauptsitz. Die feingliedrige, aber monumentale Fassade der *Crédit Suisse*, in deren Erdgeschoss eine prunkvolle Ladenpassage mit Lichthof, Designerboutiquen und einem Restaurant liegt, beherrscht den Platz. Östlich wird der Paradeplatz begrenzt vom Hotel *Savoy*, südlich die berühmte *Confiserie Sprüngli.* Weiter Richtung See linker Hand der **Zentralhof**, der **Inside Tipp** über einen ruhigen Innenhof mit plätscherndem Brunnen und Bestuhlung vor dem **Café Strozzi's** verfügt. Im **Inside Tipp** Anschluss nochmals ein schöner Hof, der *Kappelerhof.* Gegenüber der Neubau der *Zürcher Kantonalbank* mit dem eisernen Rhinozeros vor dem Eingang. Den Abschluss machen linker Hand der mächtige, zum See ausgerichtete Komplex der *Schweizerischen Nationalbank* und schließlich der *Bürkliplatz.*

3 BÜRKLIPLATZ 🔊   [113 D6]

Benannt nach seinem Erbauer, dem Stadtingenieur Arnold Bürkli, stellt dieser Platz das Zentrum der Quaianlagen dar. Gemeinsam mit der zurückversetzten, der Nationalbank vorgelagerten Stadthausanlage bildete er ursprünglich eine Einheit und gleichzeitig den Abschluss der Bahnhofstrasse. Heute trennt der Individualverkehr den Platz von der Stadthausanlage, auf der samstags im Sommer ein *Floh- und Antiquitätenmarkt* stattfindet. Di und Fr *Markt.*

Beim Bürkliplatz starten die Seerundfahrten.

4 ESCHER-DENKMAL [113 D2]

Als eines der wenigen Denkmäler ist es einer Zürcher Persönlichkeit gewidmet. Alfred Escher (1819–82), der ideelle Vater und Förderer der Gotthardbahn sowie Gründer der Schweizerischen Kreditanstalt (1856), schaut vom Bahnhof aus die Bahnhofstrasse hinauf zu den Alpen. *Tram 3, 10, 14, Bus 31: Bahnhofplatz*

5 FLUSSBAD STADTHAUSQUAI [113 D5]

Nostalgisches Holzbad nur für Frauen, abends bis 24 Uhr Barfußbar für alle (Musik und Tanz). *Juni–Sept. | Stadthausquai | Tram: Bürkliplatz*

6 FRAUMÜNSTER ⭐ [113 D5]

Ursprünglich war das Fraumünster die Kirche des adligen Damenstifts, das 853 von Ludwig dem Deutschen, einem Enkel Karls des Großen, für seine Töchter gestiftet wurde. Die jeweilige Äbtissin amtete bis ins Hochmittelalter hinein als Stadtregentin. Die Reformation beendete deren Regentschaft, und vom Kloster blieben nur noch die Kirche und der Kreuzgang übrig, der das Fraumünster mit dem Stadthaus verbindet. Sehenswert sind im spätromanischen Chor der ansonsten spätgotischen Kirche die fünf 1970 realisierten hohen Glasfenster des Künstlers Marc Chagall und eine 1978 von ihm geschaffene Rosette. Die Fenster des nördlichen Querhauses schuf zwischen 1930 und 1945 Augusto Giacometti, ein Verwandter des Bildhauers Alberto Giacometti. *Tram 4, 15: Helmhaus und Paradeplatz*

7 HAUPTBAHNHOF 🔊 [112 B-C1]

Der 1871 eingeweihte Bahnhof erfuhr im Lauf der Zeit einschneidende Veränderungen. 1976–80 renoviert, erlebte der Bahnhof in den 1980er-Jahren im Hinblick auf die Einführung der S-Bahn erneut eine Invasion der Baumaschinen: Auf der Südseite wurde eine bis heute nicht gebrauchte U-Bahnstation zur neuen Endstation der verlängerten Uetlibergbahn, auf der Nordseite entstand tief unter den Flüssen Limmat und Sihl der Bahnhof Museumstrasse, der den Kopf- mit einem Durchgangsbahnhof ergänzte. Im Zuge dieser Umbauarbeiten kamen zwei Untergeschosse hinzu, und nach und nach entstand ein riesiges *Einkaufszentrum*. Mit den laufenden, noch bis 2013 dauernden Bauarbeiten entsteht ein weiterer unterirdischer Durchgangsbahnhof. Die Halle stellt in Zürich den größten überdachten Platz dar und ist schlicht eine Augenweide. Es lohnt sich, im oder vor dem stilvollen *Café Les Arcades* sitzend, den großzügigen Raum zu genießen. Die Halle wird allerdings häufig für verschiedene Anlässe genutzt, was dem prächtigen Raum nicht immer zuträglich ist.

8 HAUS KONSTRUKTIV ⭐ [112 B4]

Zürichs Pendant zu Tate Modern in London: Das Haus Konstruktiv befindet sich in einem ehemaligen Elektrizitätswerk an der Sihl. Als einzige Institution der Schweiz konzentriert sich das Museum auf strukturelle, konkrete und konzeptuelle Kunst und Gestaltung. Neben wechselnden Ausstellungen (auch Führungen) gibt es Kulturveranstaltungen

Kostbare Chronometer präsentiert das Museum der Zeitmessung Beyer

Was er nicht wissen konnte: Das zweite Heer waren Zürichs mutige Frauen, die sich in der Not in Rüstungen geschmissen hatten. Der List gedenkt ein *Brunnen* auf dem Lindenhofplatz. *Tram 4,15: Rathaus, 6, 7, 11, 13: Rennweg*

10 METROPOL [112 B5]

Zwischen Fraumünsterstrasse und Stadthausquai, dem Renaissancepalais der Fraumünster-Post angegliedert, steht das 1803 erbaute Geschäftshaus Metropol. In dessen pompös gestalteten damaligen *Grand Café* schwänzte Albert Einstein als Student der ETH Zürich seinerzeit mit Vorliebe den Unterricht. 2007 wurde das Café als *Restaurant Metropol* wieder eröffnet. *Tram 2, 5, 8, 9, 11: Bürkliplatz*

11 MUSEUM DER ZEITMESSUNG BEYER [113 D5]

Die einzigartige Sammlung von Zeitmessinstrumenten seit vorchristlichen Epochen ist dem Uhren- und Bijouteriegeschäft Beyer zu verdanken. Zu sehen sind Schattenstäbe, Sonnen-, Öl-, Sand- und Wasseruhren, Eisen- und Schweizer Holzräderuhren, Uhren aus der Zeit Ludwigs XIV. bis zum Empire, Marineuhren, Navigationsinstrumente. *Mo–Fr 14–18 Uhr | 5 CHF | im Tiefparterre des Uhrengeschäfts Beyer | Bahnhofstr. 31 | www.beyer-chronometrie.ch | Tram: Paradeplatz*

und Workshops. *Di, Do/Fr 12–18, Mi 12–20, Sa–So 11–18 Uhr | 14 CHF | Selnaustr. 25 | www.hauskonstruktiv.ch | Tram 8: Bahnhof Selnau*

Insider Tipp

9 LINDENHOF [113 D4]

Ein Platz für romantische Momente. Auf dieser Kuppe eines Moränenhügels errichteten die Römer eine Zollstation, die als Ursprung Zürichs gilt. Sie bietet eine tolle Aussicht auf die Stadt. Die schönste Geschichte rund um den Lindenhof schrieben 1291 Zürichs Frauen: Ein österreichischer Herzog hatte das zürcherische Heer in die Gegend von Winterthur gelockt und glaubte, die Stadt ohne Widerstand einnehmen zu können. Doch als er sich auf dem Lindenhof überraschend einem zweiten Zürcher Heer gegenübersah, gab er auf und zog ab.

12 PLATZSPITZ [113 D1]

Hinter dem Landesmuseum tut sich der Platzspitz auf, begrenzt durch den Zusammenfluss von Limmat und Sihl. Berühmt wurde die Halbinsel als sogenannter „Needle Park", weil hier – in der Nähe des Hauptbahnhofs – bis 1992 die größte offene Drogenszene Europas bestand. Die Schönheit des Platzes beruht auf der teilweise barocken Anlage, dem mächtigen Baumbestand, einem Musikpavillon und dem Wegenetz, das anlässlich der ersten Landesausstellung angelegt wurde. *Tram: Bahnhofplatz/Bahnhofquai*

13 PESTALOZZI-DENKMAL [112 C3]

Der Pädagoge Johann Heinrich Pestalozzi wurde 1746 in Zürich geboren, schuf außerhalb Zürichs Armen- und Waisenhäuser und eine erste Waisenschule. Er gilt als geistiger Vater der modernen Volksschule. Auf der Grünanlage an der Bahnhofstrasse, die seinen Namen trägt, erinnert ein Standbild an den einflussreichen Denker. *Tram 6, 7, 11, 13: Bahnhofstrasse*

14 ST. PETER [113 D4]

Die Kirche bildet den südlichen Abschluss der idyllischen St. Peterhofstatt und ist der älteste Sakralbau der Stadt. Der romanische Turm, der auch bestiegen werden kann, erhielt

1534 die mit 8,7 m Durchmesser größten Zifferblätter Europas. Das barocke Langhaus kontrastiert den Turm und wartet im Innern mit kräftigem Stuckdekor auf. *Tram: Paradeplatz*

15 SCHANZENGRABEN [112 C2–6]

Der Schanzengraben, ein ehemaliger Wehrgraben, führt als Kanal vom See rund um die Innenstadt bis zum Bahnhof. Er wird von einem durchgängigen Steg gesäumt, an verschiedenen Orten führen Treppen von der Straße hinunter. Der Schanzengraben bildet so eine lauschige Promenade unterhalb der Hektik der Stadt, mit Tafeln, die über die Geschichte der Stadt informieren.

16 SCHWEIZERISCHES LANDESMUSEUM [113 D1]

Auf der Nordseite des Hauptbahnhofs prangt der imposante, historisierende Repräsentationsbau des Landesmuseums, dessen Zweck sich seit seiner Eröffnung 1889 nicht verändert hat: Es hat das Aufzeigen der kulturellen Vielfalt des Landes und die Dokumentation der Schweizer Geschichte von der Altsteinzeit bis zur letzten

> DURCHS TRENDQUARTIER

Sightseeing auf zwei Rädern

Zürich-West, Kreis 5, Industriequartier – all diese Namen bezeichnen das Trendviertel Zürichs im Westen der Stadt. Hier gibt's besonders viele Szenelokale – und die Szene wechselt besonders schnell. Einen aktuellen Überblick gibt allen, die ein wenig körperliche Anstrengung nicht scheuen, die *Velo-*

Nachttour: Unter kundiger Führung geht es im Juli und August jeden Samstag um 20 Uhr auf dem Mietfahrrad zu den wichtigsten Hotspots in Zürich-West und im Zentrum. Dauer 2,5 Std. | CHF 25 | Anmeldung: Tel. 07 63 08 70 16 | *www.zuerichbybike.ch* | Treffpunkt: *Velostation Nord, Hauptbahnhof*

Jahrhundertwende zur Aufgabe. Das Museum übt die Funktion eines Nationalmuseums aus und gehört der Schweizerischen Eidgenossenschaft. Die Schwerpunkte der umfangreichen Sammlung sind die Ur- und Frühgeschichte der Schweiz, vorromanische und romanische kirchliche Kunst, Glasmalerei, Mobiliar des 15.–18. Jhs., Keramik, Waffen, zahlreiche Textilien. Reichhaltige, in den derzeit verfügbaren Räumen nicht zu zeigende Spezialsammlungen sowie auf Voranmeldung zugängliche Kataloge und Fotosammlungen machen den guten Ruf des Museums aus. *Di–So 10–17, Do bis 19 Uhr | 5 CHF | Führungen nach Vereinbarung | behindertengerecht | Tel. 04 42 18 65 11 | Museumstr. 2 | www.musee-suisse. com | Tram 4, 11, 13, 14: Bahnhofquai*

🟥 17 STADTHAUS [113 D5]

Der Sitz der städtischen Exekutive wurde um 1900 in neugotischen Formen anstelle des ehemaligen adeligen Damenstiftes St. Felix und Regula erstellt. Der stattliche Lichthof und die Wandelgänge werden vom Kulturamt für Ausstellungen genutzt. *Mo–Fr 8–18 Uhr | Stadthausquai 17 | Tram: Paradeplatz*

🟥 18 URANIA-STERNWARTE ✸ [113 D3]

Das Haus Urania beherbergt zuoberst in seinem 48 m hohen Turm ein öffentlich zugängliches Observatorium *(Do/Fr 21–23 Uhr | Führung 1,5 Std. | Eintritt 15 CHF)*. Ein Stock tiefer die *Jules-Verne-Bar:* Bei einem Drink mit Blick auf Dächer und Türme lassen sich wunderbar die nächsten Spaziergänge planen *(Mo–Sa ab 11, So ab 15 Uhr). Uraniastr. 9 | Tram 6, 7, 11, 13: Rennweg*

Shoppen am Flussufer mit Spiegeleffekt: Boutique an der Wühre

19 WALDMANN-DENKMAL [113 D5]

Am Brückenkopf der Münsterbrücke thront das Waldmann-Denkmal, das zusammen mit der Silhouette des Grossmünsters ein Wahrzeichen Zürichs ist. Im 15. Jh. schuf sich Hans Waldmann als Kriegsherr einen Namen, wurde Zürcher Bürgermeister und machte sich durch sein despotisches Regime unbeliebt. Schließlich erzwang das Volk seine Enthauptung. *Tram 4, 15: Helmhaus*

20 WÜHRE UND SCHIPFE 🌸 [113 D3–4]

Zusammen bilden die beiden Uferwege links der Limmat eine enge, teils unter tiefen Arkaden geführte Verbindung vom Fraumünster bis zur Uraniastrasse. An guten Cafés, kleinen Läden und traditionellen Handwerksbetrieben vorbeikommend, erhält man nicht nur einen Eindruck

mittelalterlicher Enge, sondern der Weg gewährt auch Ausblicke auf das Niederdorf. An der Wühre stehen barocke Bauten, enge Gässchen schaffen Verbindungen zur Storchengasse. Die Schipfe, ein ehemaliger Umschlagplatz zwischen See- und Flussschifffahrt, ist geprägt durch hohe Gebäude, meist aus dem 16. Jh.

21 ZUNFTHAUS ZUR MEISEN [113 E4]

Im Stil eines barocken Stadtpalais' mit kleinem Ehrenhof wurde das stattliche Haus 1757 nach französischem Vorbild gebaut. Dieses Zunfthaus verfügt ausnahmsweise über kein Restaurant. Dafür repräsentiert es die kulturelle Hochblüte der Stadt zu jener Zeit. Das Innere des Zunfthauses der Weinbauern, ausgestattet mit feinstem Zürcher Rokoko, wartet mit herrlichen Stuckaturen und Öfen auf. Hier ist die *Porzellansammlung des Schweizerischen Landesmuseums (Di–So 10.30–17 Uhr)* untergebracht. Auf der Seite des Münsterhofs, den es östlich begrenzt, hielt Winston Churchill 1946 auf dem Balkon seine berühmte Europa-Rede. Daran erinnert eine eingelassene Gedenktafel im Boden vor dem schmiedeeisernen Tor. *Münsterhof 20 | Tram 4, 15: Rathaus*

ENGE

> Der Stadtkreis 2, der sich vom Zentrum aus am linken Seeufer entlang zieht, ist geprägt von weitläufigen Quai- und Parkanlagen. In einer der schönsten liegt das prächtige Museum Rietberg. Die Landiwiese verwandelt sich bei gutem Wetter in einen großen Sport- und Freizeitpark. Drei Seebäder sind hier

zu finden und in den Straßen hinter den großen Firmenpalästen manch gute Shoppinggelegenheit sowie eine vielseitige Gastroszene.

▣1 BELVOIRPARK   [119 F5–6]

Die Lage – nur durch Straße, Eisenbahn und Seeaufschüttungen vom See getrennt –, der freie Blick auf die Alpen und der durch ihren Begründer Heinrich Escher angelegte, exotische Baumbestand machen aus dieser Grünanlage einen prächtigen Erholungsraum. 1901 wurde er in einer spektakulären Rettungsaktion – unter anderem verkaufte man 11 000 m ^{2} zwecks Mittelbeschaffung – vor der Überbauung gerettet, später mit dem benachbarten Schneeligut und dem Iris- und Tagliliengarten vereinigt. In der *Escher-Villa* ist heute die *Hotelfachschule* mit Restaurant und wunderbarer ⚜ *Terrasse* untergebracht. *Tram 7: Brunaustrasse*

▣2 KELLER-DENKMAL   [119 F5]

Gottfried Keller, 1819 in Zürich geboren und 1890 auch dort gestorben, setzte sich in seinen Romanen („Der grüne Heinrich", „Die Leute von Seldwyla") und Gedichten intensiv mit seiner Heimatstadt und den politischen Strömungen des 19. Jhs. auseinander. 1861–76 war er erster Stadtschreiber von Zürich. Ein überdimensionierter Keller-Kopf in Stein steht auf einem kleinen Plätzchen neben dem Hafen Enge. *Tram 5, 161, 165: Rentenanstalt*

▣3 KIRCHE ENGE   [119 E4]

Auf einer Moränenkuppe thront weithin sichtbar die Kirche Enge mit ihrer mächtigen Kuppel im Stile der italienischen Frührenaissance. ⚜ Im Treppenaufgang stehend, genießt man einen herrlichen Rundblick über See und Stadt. *Grütlistr. 8 | Tram 5, 6, 7: Bahnhof Enge*

▣4 MUSEUM RIETBERG   [119 E5]

Im prachtvollen *Rieterpark* liegt die *Villa Wesendonck*, das Haupthaus des Museums Rietberg. Mitte des 19. Jhs. für den deutschen Kaufmann Otto Wesendonck erbaut, war die Villa

Museum Rietberg: Die Villa Wesendonck zeigt außereuropäische Kunst

SEHENSWERTES

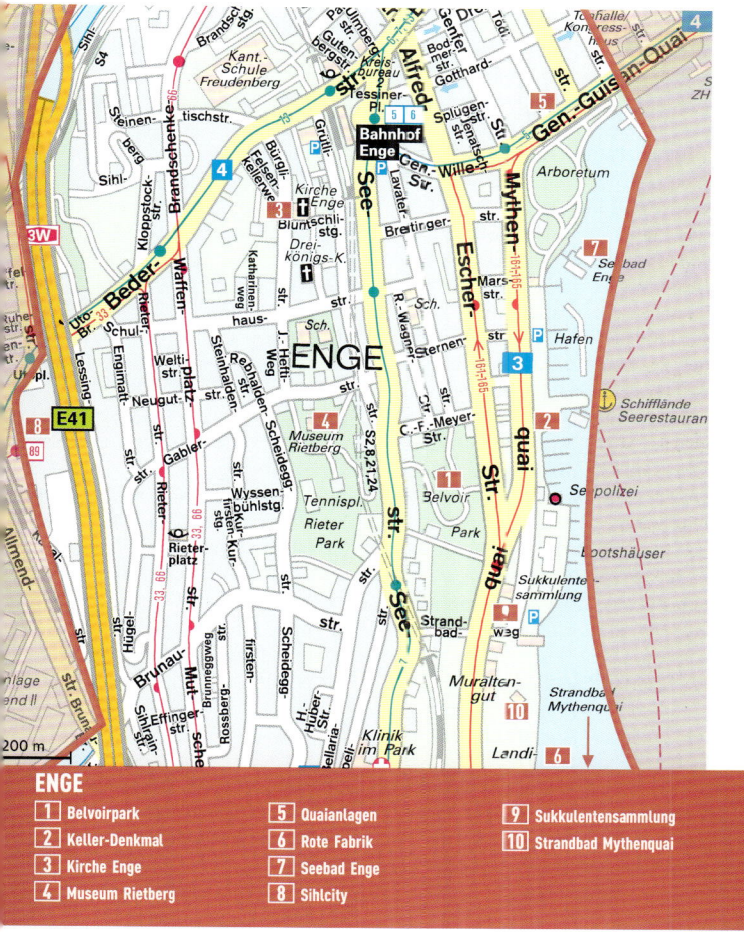

ENGE

ein kultureller Treffpunkt der Stadt.
Auch Richard Wagner verbrachte hier
als Gast der Familie einige kreative
Jahre. 1871 gingen Park und Villa in
den Besitz der Familie Rieter über
und wurden durch die *Park-Villa
Rieter* ergänzt. 1945 kaufte die Stadt
Zürich das Anwesen und machte

daraus ein einzigartiges Museum für
außereuropäische Kunst. Grundstock
dafür bildete die Sammlung chinesi-
scher, indischer und afrikanischer
Kunst von Baron Eduard von der
Heydt. Heute ist auch Kunst aus
Japan, Ozeanien, Alt-Amerika und
dem alten Orient zu sehen. Die

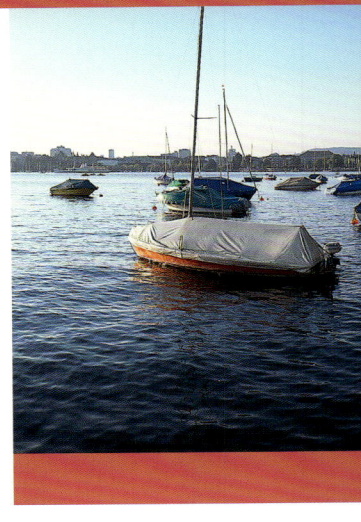

Wechselausstellungen zeigen jeweils Meisterwerke von Weltrang. 2007 wurde das Museum durch einen gläsernen Eingangspavillon und zwei unterirdische Hallen erweitert und bietet jetzt auch ein Schaudepot mit über 4000 Objekten. *Di–So 10–17, Mi/Do 10–20 Uhr | CHF 16/12 | Tel. 04 42 06 31 31 | www.rietberg.ch | Gablerstr. 15 | Tram 7: Museum Rietberg*

5 QUAIANLAGEN ⭐

In der ersten Hälfte des 19. Jhs. drängte die sich vergrößernde Stadt vehement über die Befestigungsanlagen hinaus. Der Stadtrat trug sich schon bald mit dem Gedanken, das Gebiet in Richtung See besser zu nutzen und eine Quaistraße zu erstellen. Nach heftigen Debatten wurde schließlich 1882 unter der Leitung des früheren Stadtingenieurs Arnold Bürkli der Bau der Quaianlagen vom *Hafen Enge* [119 F5] bis zum schräg gegenüberliegenden *Hafen Riesbach* [120 C6] in Angriff genommen. Der vom Abriss der Befestigungsanlagen

> BLOGS & PODCASTS
Gute Tagebücher und Files im Internet

> *www.blogwiese.ch* – Ein Deutscher schildert Erlebnisse und Sprachbeobachtungen in der Schweiz.

> *www.hochparterre-schweiz.ch* – Blog der Architektur- und Designzeitschrift mit Videoclips des Stadtwanderers.

> *http://aeschbacher.blog.sf.tv/* – Der Fernsehmoderator Kurt Aeschbacher, Gastgeber des Late Night Talks „Aeschbacher", über das Leben neben dem Fernsehen.

> *www.cityblog-zuerich.kaywa.ch* – Der Cityblog des „Tages-Anzeigers", der größten Tageszeitung von Stadt und Region Zürich. Mit persönlichen Tipps und Hinweisen der Blogger auf gute oder weniger gute Kulturangebote.

> *www.obron.ch/podcast.php* – Regelmäßig aktualisierte Sammlung von Podcasts.

> *www.nzz.ch* – Die „Neue Zürcher Zeitung", das Intelligenzblatt von Zürich, liefert nach Ressorts geordnet Podcasts als RSS, besonders interessant für Zürich-Besucher: das Ressort „Zürich".

Für den Inhalt der Blogs & Podcasts übernimmt die MARCO POLO Redaktion keine Verantwortung.

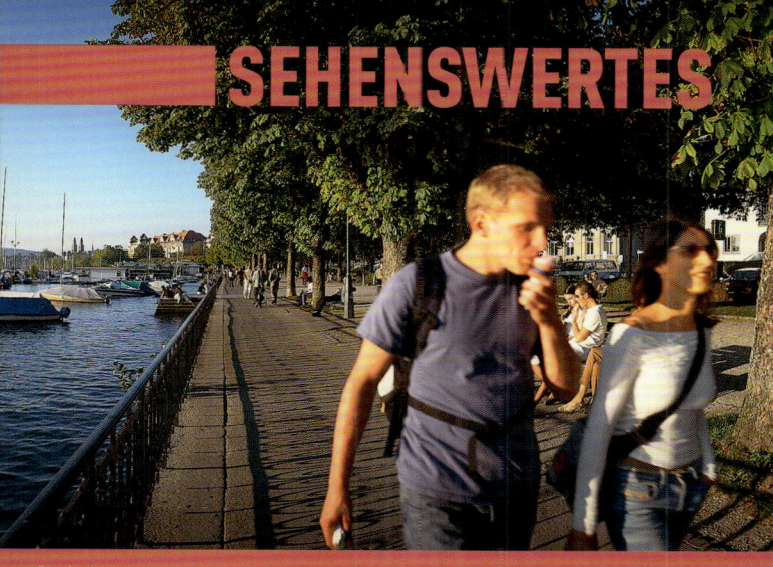

Die Quaianlagen sind Zürichs Sonnenterrassen für alle

anfallende Bauschutt wurde dazu verwendet, das Seebecken aufzuschütten. Das monumentale Unterfangen verschlang das städtische Steuereinkommen eines ganzen Jahres und konnte 1887 abgeschlossen werden. Praktisch das gesamte Ufergelände des Sees mit Ausnahme der beiden Restaurants – *Acqua* und *Fischerstube* - ist auch heute noch unverbaut und frei zugänglich, bewachsen mit riesigen Bäumen oder blühendem Rhododendron. An schönen Tagen im Sommer und an sonnigen auch im Winter tummelt sich halb Zürich in diesen Anlagen.

6 ROTE FABRIK ▶▶ [0]

In einem ehemaligen Fabrikgebäude aus rotem Backstein hat sich nach einer aufreibenden Entstehungsgeschichte in der Achtzigerjahren ein lebendiges und kreatives Zentrum nichtetablierter Kultur entwickelt: Es gibt Konzerte und Theater, die *Shedhalle* zeigt zeitgenössische Kunst, in über 100 Ateliers wird solche produziert, und das Restaurant *Ziegel oh lac* ist bekannt für seine gute und preisgünstige Küche, laute Musik und ein Publikum voller kritischer Geister. *Seestr. 395 | www.rotefabrik.ch | Tram 7: Post Wollishofen | Bus: Rote Fabrik, oder mit dem Schiff bis Wollishofen*

7 SEEBAD ENGE [119 F5]

Zwei als Floß auf dem Wasser schwimmende Liegestätten (eine davon nur für Frauen) mit Sicht auf die Alpen. Abends gibt's Kultur, sommerleichte Kost auch schon tagsüber. *Mai-Mitte Sept. | Mythenquai | Tram 5, 161, 165: Rentenanstalt*

8 SIHLCITY [119 D5]

Neben der Autobahnhochstraße über der Sihl ist auf dem Areal der ehemaligen Papierfabrik Sihl ein Kultur- und Einkaufszentrum gebaut worden, das sich die kleinste Großstadt der Welt nennt. Wahrzeichen ist der denkmalgeschützte Fabrikschornstein. In der alten Papierrüsterei ist jetzt ein Restaurant gleichen Namens untergebracht, der Papiersaal im Obergeschoss wird für kulturelle Veranstaltungen genutzt. Die anderen Gebäude sind mehrheitlich neu. Die Anlage besitzt den größten Kinokomplex der Stadt, ein gestyltes Hotel, ein Fitnesszentrum und einen Nachtclub sowie diverse Restaurants und Bars. *Utoplatz | Tram 5, 13: Utobrücke*

9 STÄDTISCHE SUKKULENTENSAMMLUNG ⭐ [119 F6]

Fährt man auf der Seestrasse stadtauswärts, fällt linker Hand, kurz vor der Badeanstalt Mythenquai, eine Gruppe übergroßer Kakteen aus Eisen – still vor sich hin rostend – ins Auge. Dahinter befindet sich in zwei Gewächshäusern eine weltweit einzigartige Sammlung sukkulenter, das heißt saftspeichernder Pflanzen aus den Trockengebieten der ganzen Welt. Rund 25 000 Kakteen, Agaven, Aloe vera, so genannte „lebende Steine", Wolfsmilchgewächse und Sukkulenten aus vielen anderen Pflanzenfamilien können hier besichtigt werden. Zur Sammlung gehören auch ein Herbarium, eine Sammlung dauerhaft konservierter Pflanzen, und eine mehr als 10 000 Muster umfassende Samensammlung. Sprechstunde für Sukkulentenfans: *Tgl. 9–16.30 Uhr | Eintritt frei | Mythenquai 88 | www.sukkulenten.ch | Tram 7: Brunaustrasse, Bus: Landiwiese*

10 STRANDBAD MYTHENQUAI ✿ [119 F6]

Das Strandbad lockt mit großen Bäumen, tollem Alpenblick und Sandstrand. Restaurant mit guten Verpflegungsmöglichkeiten. *Mitte Mai bis Mitte Sept. | Mythenquai 95 | Tram 7: Brunaustrasse*

Beeindruckende Artenvielfalt in der Städtischen Sukkulentensammlung

Yucca filifera

SEHENSWERTES

AUSSERSIHL/INDUSTRIE-QUARTIERE

> In diesem Stadtteil werden die Trends gesetzt. Der Kreis 4, das einstige Arbeiterwohnquartier mit alten Mietskasernen, war lange Zeit der obligate Wohn- und Arbeitsort für Kreative. Hier hat der Seidenkönig Andy Stutz sein Stammhaus, die Designerin Ida Gut ihr Atelier. Mit der Entwicklung des Quartiers Zürich West im Kreis 5 zu einem kulturellen Hotspot mit Schauspielhaus, Kinos und Museen verlegte sich die Szene teilweise zwischen die Bahngeleise und die Limmat in die umgenutzten Industriebauten und die neuen Glaskomplexe für urbanes Wohnen. Jetzt ist eine Gegenbewegung entstanden. Im Rotlichtviertel an der Langstrasse ergänzen neue Szenebars und Restaurants die Striplokale, und ein dichter werdendes Netz von Spezialitätenläden, Ateliers und gemütlichen Lokalen zieht sich bis in den angrenzenden Stadtkreis 3 nach Wiedikon, in dem auch kleinere, günstige Hotels zu finden sind. Für Mode- und Designbewusste sowie für Nachtschwärmer ist ein ausgedehnter Rundgang beiderseits der Gleise ein Muss.

🔳 1 FLUSSBAD UNTERER LETTEN ▶▶ [116 A5]

Verspielte Holzbadeanstalt mit stark strömender Limmat. Jeden Di bis 24 Uhr Barbetrieb mit Kunstperformance; Juli/Aug. Openairkino *Film im Fluss*. *Juni–Mitte Sept. | Wasserwerkstr. 141 | Tram 4, 13: Dammweg*

🔳 2 FRIEDHOF SIHLFELD [118 A-B 1–2]

Der Friedhof Sihlfeld, eine der größten zusammenhängenden Grünflächen der Stadt, wird von vielen Anwohnern als Naherholungsgebiet genutzt. Auf dem ehemaligen Zentralfriedhof, der nach streng geometrischen Grundsätzen parkähnlich angelegt wurde, liegen viele berühmte Persönlichkeiten begraben, darunter der Schriftsteller Walter Mehring, der Zürcher Dichter Gottfried Keller, die „Heidi"-Autorin Johanna Spyri, der Sozialist August Bebel. *Aemtlerstr. 151 | Tram 3, Bus 33, 72: Krematorium Sihlfeld*

🔳 3 JOSEFSTRASSE ▶▶ [114–115 C4-E5]

Nirgends ist Zürich auf kleinstem Raum so multikulturell wie an der schmalen Straße zwischen der Bahntrasse und der Tramlinie: Neben dem mexikanischen Spezialitätenladen bietet ein indisches Geschäft bunten Nippes feil, daneben lockt das thailändische Warenhaus. Dazwischen verkaufen junge Schweizerinnen Eigenkreationen von Mode und Accessoires, hält das Designgeschäft Schöres und Nützliches bereit, trinkt man im italienischen Take-out Espresso. Die Josefstrasse führt zur Langstrasse – und ist der beste Weg, um sich auf das Viertel einzustimmen. *Tram 4, 13· Sihlquai*

🔳 4 KUNSTHALLE [115 D3]

Seit 1996 befindet sich die Kunsthalle zusammen mit dem Museum für Gegenwartskunst, einer Kunstbuchhandlung und anderen Galerien in einer ehemaligen Brauerei, dem Löwenbräu-Areal, das sich als Teil des westlichen Industriequartiers

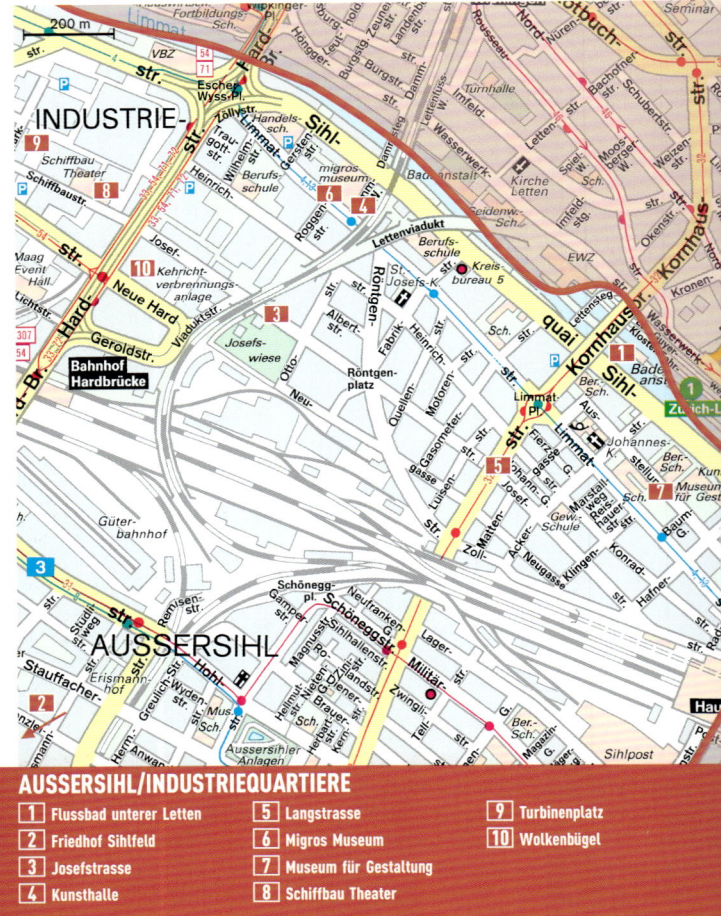

AUSSERSIHL/INDUSTRIEQUARTIERE

1 Flussbad unterer Letten
2 Friedhof Sihlfeld
3 Josefstrasse
4 Kunsthalle

5 Langstrasse
6 Migros Museum
7 Museum für Gestaltung
8 Schiffbau Theater

9 Turbinenplatz
10 Wolkenbügel

langsam, aber sicher zu einem Zentrum für Dienstleistungen, Technoparks und Kultur(-konsum) wandelt. Allein der Lokalität wegen lohnt sich ein Besuch, doch auch die Arbeit der Kunsthalle-Kuratoren ist sehenswert. Das Wirtschaftsmagazin „Capital" zählt das Kunstinstitut zu den hundert wichtigsten der Welt. Gezeigt werden in den schönen, durch Oberlicht erhellten Fabrikräumen vor allem Schweizer Premieren internationaler Gegenwartskunst mit dem Schwerpunkt auf Einzelpräsentationen. *Di, Mi, Fr 12–18, Do 12–20, Sa/So 11–17 Uhr | 8 CHF (Do 17–20 Uhr*

> *www.marcopolo.de/zuerich*

SEHENSWERTES

| *(Eintritt frei)* | *Limmatstr. 270* | *www.kunsthallezurich.ch* | *Tram 4, 13: Dammweg*

5 LANGSTRASSE [115 D6-E4]

Sie war einmal als Sündenpfuhl Zürichs, als das Rotlichtmilieu schlechthin bekannt. Die Bordelle sind noch da und auch der Drogenhandel. Doch neben den Striplokalen gibt es jetzt auch kleine, multikulturelle Läden und neuerdings sogar Szenelokale und vor allem viel mediterrane Atmosphäre. Die schnurgerade Straße verbindet die Kreise 5 und 4. Vom Limmatplatz führt sie auf die Bahngleise zu und unter ihnen hindurch bis an die Badenerstrasse beim Bezirksgericht.

6 MIGROS MUSEUM FÜR GEGENWARTSKUNST [115 D3]

Zusammen mit der Kunsthalle befindet sich das Museum für Gegenwartskunst auf dem Gelände der Brauerei Löwenbräu. Eingerichtet hat es Migros, der größte Schweizer Einzelhandelskonzern. Schwerpunkt ist moderne, „junge" Kunst von internationaler Bedeutung. Die Ankaufspolitik setzt vor allem auf moderne Kunstformen wie z. B. Installation und Video. Das Museum beschäftigt sich insbesondere mit dem Verhältnis von Kunst und Gesellschaft und bietet zu diesem Thema immer wieder überraschende Einsichten. *Di, Mi, Fr 12–18, Do 12–20, Sa/So 11–17 Uhr | 8 CHF (mit Kunsthaus 12 CHF), Do 17–20 Uhr Eintritt frei | Limmatstr. 270 | www.migrosmuseum.ch | Tram 4, 13: Dammweg*

7 MUSEUM FÜR GESTALTUNG ⭐ [115 E5]

Das Museum, 1930 eröffnet und architektonisches Denkmal dieser Zeit, zeigt interessante, sehr gut präsentierte Ausstellungen zu den Bereichen Umweltgestaltung, Design, visuelle Kommunikation und ästhetische Erziehung. Es verfügt über umfangreiche Sammlungen von Plaka-

Originelles Design führt das Museum für Gestaltung vor

ten, grafischen Arbeiten und Design. *Di–Do 10–20, Fr–So 11–17 Uhr | 7–12 CHF | Tel. 04 44 46 67 67 | Ausstellungsstr. 60 | Tram 4, 13: Museum für Gestaltung*

Centre Le Corbusier am Zürichhorn-Park

🔲 SCHIFFBAU ⭐ ▶▶ [114 C3]

Mit dem Schiffbau hat der neue Stadtteil 5 seit 2001 seinen Tempel. Peter Kern baute die Schiffbauhalle zu einem Zentrum für Theater, Musik und Gastronomie um. Das ehemalige Industriegebäude beherbergt das verglaste Nobelrestaurant *La Salle*, die Trendbar und Lounge *Nietturm*, vier Probebüh-

nen sowie in zwei Betonkuben ein Studiotheater und einen Jazzclub. Herzstück des Ganzen ist das *Hallentheater*, das durch seine großzügigen Dimensionen beeindruckt. *Schiffbaustr. 4 | S-Bahn: Hardbrücke*

🔲 TURBINENPLATZ [114 C3]

Der quadratische Platz ist der größte der Stadt. An die industrielle Vergangenheit des Quartiers erinnern der Bodenbelag aus Beton und die Schienen aus Gusseisen, die den Platz unterteilen. Begrenzt wird er vom Technopark, einem Hotelkomplex und dem Laden- und Wohnkomplex Puls 5. Nachts ist der Platz farbig beleuchtet und verbreitet mit seinen orangenen und violetten Lichtkegeln zwischen den kalten, kubischen Fassaden eine ganz eigene, fröhliche Atmosphäre. *Giessereistrasse | Bus 34: | Technopark*

🔲 WOLKENBÜGEL [115 D4]

Auf dem Areal der einstigen Seifenfabrik Steinfels in Zürich-West realisierten die Architekten Andreas Herzog und Ernst Hubeli die Wohnsiedlung *West-Side*. Sie besteht aus drei Bautypen: einem Langhaus, sechs Punkthäusern, die im Innern der Überbauung liegen, und einer dreischiffigen Basilika. Über die gesamte Siedlung spannt sich auf 160 m der so genannte Wolkenbügel, eine Art horizontales Hochhaus aus Stahl und Glas, das nur durch eine Trägerkonstruktion mit den Gebäuden darunter verbunden ist und so über allen zu schweben scheint. In den heterogenen Gebäuden liegen offen gestaltete Privaträume in ummittelbarer Nachbarschaft zu öffentlichem Raum – urban

❯ *www.marcopolo.de/zuerich*

wohnen heißt hier, fast gänzlich auf Intimsphäre zu verzichten. *Heinrichstrasse | Tram: Escher-Wyss-Platz*

SEEFELD

> **Das Seefeld, im 19. Jh. eine noble Vorstadt, war in den 80er- und 90er-Jahren des 20. Jhs. das Trendquartier der Stadt und ist heute noch eine sehr begehrte und teure Wohngegend.** Denn noch immer gibt's hier gute Szenelokale sowie ungewöhnliche Läden und Boutiquen. Und jenseits der breiten Seestrasse lockt die Uferpromenade mit großen Grünflächen, Freibädern, Restaurants und Imbissbuden, die an schönen Tagen von Tausenden von Personen bevölkert wird. Mit Sehenswürdigkeiten und Museen mitten in der Grünzone ist das Seefeld der ideale Ort, um einen Spaziergang am See entlang mit Kultur anzureichern.

1 BOTANISCHER GARTEN [121 D5]

Auf einem Moränenhügel oberhalb des Seefeldquartiers befindet sich der 5 ha große Botanische Garten der Universität mit drei Glaskuppeln, die als Schauhäuser für heimische und exotische Pflanzen dienen. Das *Botanische Museum* mit seinen rund 1,5 Mio. Pflanzen aus aller Welt kann dort ebenfalls besucht werden. *Parkanlagen März–Sept. Mo–Fr 7–19, Sa/So 8–18; Okt.–Feb. Mo–Fr 8–18, Sa/So 8–17 Uhr. Schauhäuser tgl. 9.30–16 Uhr (im Sommer Sa/So 9.30–17 Uhr) | Zollikerstr. 107 | Tram 2, 4: Höschgasse | Bus 33, 77: Botanischer Garten*

2 CENTRE LE CORBUSIER [120 C5]

Am Rande des Zürichhorn-Parks steht das *Heidi-Weber-Haus*, benannt nach der Galeriebesitzerin und Bauherrin. Erbaut wurde es 1967 nach Plänen des Schweizer Architekten, Malers und Bildhauers Le Corbusier, der es als Wohnhaus konzipiert hatte. Heute dient es als Ausstellungspavillon für moderne Kunst. Das Haus mit seinem charakteristischen, aus zwei Stahlschirmen bestehenden Dach, ist ein untypisches Beispiel von Le Corbusiers Baukunst – es besteht vor allem aus Stahl und emaillierten Stahlplatten. Es ist jedoch das einzige Bauwerk des Meisters in Zürich. *Nur*

> ENTSPANNEN & GENIESSEN

Schwitzen und rubbeln

Orientalische Bäderkultur ist in Zürich groß in Mode, das Angebot entsprechend attraktiv. Gleich drei Migros-Fitnessparks mit prachtvollen Bäderlandschaften stehen auch Tagesgästen offen: der *Fitnesspark Münstergasse* mit Hamam (*Blaufahnenstr. 3 | Tram 4, 15: Rathaus*), der *Fitnesspark Stockerhof* mit Dampfbad (*Dreikönigsstr. 31 | Tram 6, 7, 8, 13: Stockerstrasse*) und der *Fitnesspark Puls 5* mit Wellnessbad (*Giessereistr. 18 | Tram: Escher-Wyss-Platz*) im Trendquartier Zürich-West. *Eintritt ins Hamam inkl. Bademantel und Massagehandschuh CHF 45, ins Dampf- und Wellnessbad CHF 35 | Mo–Fr 8–22, Sa/So 9–20 Uhr | www.fitnesspark.ch*

SEEFELD

Juli–Sept Sa/So 14–17 Uhr | 12 CHF | Höschgasse 8 | Tram 2, 4, Bus 33: Höschgasse

3 CHINA-GARTEN [120 C6]

Der 1994 eröffnete, fast quadratische Chinagarten ist ein Geschenk der chinesischen Schwesterstadt Kunming und erfreut sich mit seinen exotischen Pavillons und Brücken sowie dem chinesischen Take-Away großer Beliebtheit. *März–Okt. tgl. 11–19 Uhr | 4 CHF | Bellerivestrasse | Tram 2, 4, Bus 33: Fröhlichstrasse*

4 JOHANN-JACOBS-MUSEUM [120 B5]

Der Konzernherr, dessen Firmensitz gleich nebenan liegt, stiftete seine private Sammlung, um damit ein Museum zu gründen, das den Beitrag des Kaffees zur europäischen Kulturgeschichte zeigt. In einer Villa am Seefeldquai machen Porzellan, Silber, Grafiken und Gemälde den Einfluss des Kaffeegenusses auf das kulturelle und gesellschaftliche Leben des 17./18. Jhs. deutlich. *Fr 14–19, Sa 14–17, So 10–17 Uhr | 5 CHF | Seefeldquai 17 | www.johann-jacobs-museum.ch | Tram 2, 4: Feldeggstrasse*

5 MÜHLE TIEFENBRUNNEN ▶▶ [121 D6]

Die am Stadtrand gelegene ehemalige Mühle Tiefenbrunnen, 1890 als Brauerei im Schlösschenstil und als typischer Industriebau der Belle Epoque erbaut, ist Kulturzentrum, Ladenpassage, Werkstatt und schicker Treffpunkt in einem. In den Gewerberäumen haben sich Galerien, Werbeagenturen und Modeateliers eingemietet. Ein großer Laden bietet Designermöbel, das Restaurant *Blaue Ente* ist eine beliebte Adresse für Gourmets, und wer etwas für seine Bildung tun will, verfolgt im *Mühlerama* auf vier Etagen den Weg vom Korn zum Mehl. *Di–Sa 14–17, So 10–17 Uhr, Juli/Aug. 3 Wochen geschl. | 7 CHF | Seefeldstr. 231 | www.muehlerama.ch | Tram 2, 4, Bus 33, S7: Tiefenbrunnen*

Der Chinagarten bringt Schwung in Zürichs Architektur

SEEFELD

1 Botanischer Garten
2 Centre Le Corbusier
3 China-Garten
4 Johann-Jacobs-Museum
5 Mühle Tiefenbrunnen
6 Seebad Utoquai
7 Sammlung E.G. Bührle
8 Villa Patumbah
9 Zürichhorn

6 **SEEBAD UTOQUAI** ▶▶ [120 B4]

Diese am Ostufer in den See gebaute schöne Anlage hat eine gemischte sowie nach Geschlecht getrennte Abteilungen zu bieten. Beliebter Gay-Treffpunkt mit abendlichem Barbetrieb ist das Restaurant *Blaue Lagune*. *Mitte Mai–Mitte Sept. | Utoquai | Tram 2, 4: Kreuzstrasse*

7 **STIFTUNG SAMMLUNG E.G. BÜHRLE** [121 D6]

Insider Tipp

Der Bührle-Konzern wurde in der Schweiz gerne als Waffenschmiede beschimpft. Der 1956 verstorbene Patron Emil G. Bührle investierte aber auch in Kunst und hat seit den 1930er-Jahren eine gut 200 Werke umfassende Sammlung europäischer

Kunst zusammengetragen, deren Pflege 1960 einer Stiftung übertragen wurde. Das Gewicht liegt auf der französischen Malerei, insbesondere auf den Impressionisten. Gezeigt werden Werkgruppen von Delacroix, Courbet, Manet, Degas, Renoir, Cézanne, Toulouse-Lautrec, Gauguin und van Gogh. Nach dem spektakulären Raub von mehreren Meisterwerken im Jahr 2008 ist die Sammlung leider nur noch auf Anmeldung zu besichtigen. *Keine regulären Öffnungszeiten, Führungen jeden 1. Mi und 3. So im Monat | Tel. 044 3 83 70 77 | 9 CHF | Zollikerstr. 172 | www.buehrle.ch | Tram 2, 4, Bus 33: Wildbachstrasse*

8 VILLA PATUMBAH   [121 D5]

Ein aus Sumatra zurückgekehrter Tabakpflanzer setzte sich mit dieser pompösen, alle Stile vermischenden Villa ein Denkmal. Die Hälfte des öffentlichen Gartens ist ein Vorzeigeobjekt der städtischen Gartendenkmalpflege. *Zollikerstr. 128 | Tram 11, 31, 33/S18/Bus: Hegibachplatz*

9 ZÜRICHHORN   [120 C6]

Die rechtsufrige Quaianlage vom Bellevue-Platz bis zu der augenfällig in den See ragenden Landzunge, dem Zürichhorn, wird auch als *Kunstmeile* [120 B–C 3–6] bezeichnet. Diverse Skulpturen und Reliefs sind auf einem Spaziergang zu entdecken: u.a. das berühmte „Sheep Piece" von Henry Moore, eine Bronzeplastik beim Hafen Riesbach, und die sich zweimal pro Tag ratternd und quietschend bewegende Eisenplastik „Heureka" von Jean Tinguely. Auf dem Weg zum Zürichhorn kommt man auch an Aufsehen erregenden Bauwerken vorbei: Das auffälligste ist die *Alupyramide* des Architekten Dahinden, in der heute eine Privatklinik untergebracht ist. Kurz hinter dem Hafen Riesbach stehen die *Villa Egli* und die neoklassizistische *Villa Bloch*, die heute das *Museum Bellerive* beherbergt. Die Mauer daneben schmückt der „Bacchantenzug", ein freizügiges Marmorfries, das vor der Zerstörung an seinem Ursprungsort gerettet werden konnte. Anschließend

> HIER GEHT'S LANG

Stadttouren zu Fuß oder mit Tram und Trolley

Der Tourist-Service im Hauptbahnhof bietet diverse Touren an, z.B einen *Spaziergang durch die Altstadt (2 Std. | 20 CHF)*, *Zürich mit dem Trolley* durch das Geschäftszentrum, die Altstadt und am See entlang *(2 Std. | 32 CHF)* oder *Zürich und Umgebung* inklusive einer Seilbahnfahrt auf die Felsenegg und der Rückfahrt mit dem Schiff *(3 Std. | 45 CHF)*. Es gibt auch Tagesausflüge in die Berge sowie neuerdings geführte Stadt-rundfahrten mit dem trendigen Elektro-roller Segway, als reguläre Tour und ab vier Personen auch individuell nach Vereinbarung. Detailinfos und Ticket-verkauf im Tourist Service im Hauptbahnhof. Interessante thematische Rundgänge durch bekannte, verkannte und neue Stadtteile bietet auch der *Verein Stattreisen Zürich. Mai–Okt. Sa | Tel. 04 43 64 12 12 | www.statt reisen.ch*

folgt die große *Blatterwiese*, an deren Rand das *Centre Le Corbusier* im Heidi-Weber-Haus und der *China-Garten* zu finden sind.

kreten Kunst, dessen Arbeiten im öffentlichen Raum rund um die Welt zu sehen sind. *Tram: Milchbuck oder Irchel*

Multifunktional: Henry Moores Plastik „Sheep Piece" am Zürichhorn

AUSSERHALB DER CITY

BLAUER PLATZ [116 C2]

Der dem in Zürich gestorbenen deutschen Dichter Georg Büchner gewidmete Platz auf dem Universitätsgelände spielt mit dem Raum: Anstelle eines konventionellen Monuments überrascht er mit einem blauen, weichen Bodenbelag, schrägen Wänden und einer leuchtend gelben Stele – ein Werk des Zürcher Malers und Bildhauers Gottfried Honegger, Urgestein der Konstruktiven und Kon-

FRIEDHOF FLUNTERN [117 F5]

Für literarisch Interessierte auf den Spuren von James Joyce ist der Friedhof eine wichtige Station: Dort sind das Grab und eine bekannte Statue des in Gedanken versunkenen irischen Schriftstellers zu finden. *Zürichbergstr. 189 | Tram 6, 39: Zoo*

IRCHELPARK [116 B2]

Der Landschaftspark verbindet die große Tramhaltestelle Milchbuck mit der Universität Irchel und besticht durch seine künstlich angelegten Bächlein, Weiher und Seen zwischen Hügeln und viel Grün. Bewohner des

Stadtteils kommen hierher, um zu joggen und sich zu sonnen – ein lockerer und freundlicher Ort der Begegnung. *Tram: Milchbuck oder Irchel*

MFO-PARK [0]

Benannt nach der Maschinenfabrik Oerlikon, die die Wirtschaft Zürichs lange geprägt hat, ist der MFO-Park der auffälligste der vier neu angelegten Grünanlagen von Neu-Oerlikon. Er besteht im Wesentlichen aus einer überdimensionierten Gartenlaube: ein 100 m langes, 30 m breites und 17 m hohes Metallgerüst, das bepflanzt ist. Im Gerüst sind Rankseile, Pflanzschalen und Fußwege eingehängt, gedeckt wird es von einem Sonnendach. Im Innern finden zuweilen Kulturveranstaltungen statt. Besonders schön ist die Konstruktion nachts, wenn sie beleuchtet wird. *James-Joyce-Strasse | Tram: Bahnhof Oerlikon*

OERLIKER PARK [0]

Ein 35 m hoher Betonturm, der über eine stählerne Außentreppe erklommen werden kann, prägt den Oerliker Platz an der Birchstrasse. Das Grün der durch die Straße zweigeteilten Anlage steht in Reih und Glied. Über 1000 Bäume sollen hier dereinst eine kompakte Baumhalle bilden. Bis es so weit ist, vertreibt man sich mit dem Wasserbalken, einem endlos langen Brunnen, die Zeit und findet im kubischen, roten Pavillon Unterschlupf, der als Veranstaltungsbühne dient. *Ecke Birchstrasse/Emil-Rüti-Weg | Bus 64: Bullingerweg*

RIGIBLICK [116 C4]

Mit der Seilbahn erreicht man vom *Rigiplatz* [116 B-C5] in wenigen Minuten die **Aussichtsterrasse** des *Restaurants Rigiblick* und die vielen Spazierwege in den Wäldern des *Zürichbergs* Richtung Zoo. *Insider Tip*

> ZÜRICH IST DADA
Die Geburtsstätte des Dadaismus

Im Febuar 1916 gründeten die Pazifisten Hugo Ball, Emmy Hennings, Hans Arp, Sophie Taeuber, Marcel Janco und Tristan Tzara die Künstlerkneipe *Cabaret Voltaire* an der Spiegelgasse 1 im Niederdorf. Später stieß der Berliner Medizinstudent Richard Huelsenbeck dazu. Die Bewegung, die radikal mit den gängigen Kunst- und Literaturbegriffen brach, breitete sich schnell nach Paris, Berlin, Hannover, Köln, Spanien und New York aus. Der Wahnsinn der Zeit führte zu einem immer rigoroseren Auftreten mit wilden Gebärden, hämmernder Musik, einer zersäbelten Sprache, Bildern und Collagen. Nach nur fünf Monaten machte das Voltaire damals wieder dicht, doch Dada war geboren. Heute ist das *Cabaret Voltaire* wieder geöffnet: Nach langem Tauziehen um die Nutzung des Hauses wurde 2004 mit finanzieller Hilfe der Uhrenfirma Swatch ein künstlerisches Begegnungszentrum eingerichtet. Das *Cabaret Voltaire* besteht aus Ausstellungsraum, Bibliothek, Veranstaltungsbühne, Shop und einer Cafébar. *Café Di–Sa 12–24, So 12.30–18.30, Ausstellung Di–Fr und So 12.30–18.30 Uhr | www.cabaretvoltaire.ch | Tram: Neumarkt*

UETLIBERG/FELSENEGG ☀ [122 A-B3]

Der Hausberg Zürichs erhebt sich über die Stadt und bietet mit seinen 871 m Höhe einen großartigen Blick auf Zürich. Malerisch zu seinen Füßen liegt der Zürichsee, und bei klarer Sicht genießt man einen herrlichen Blick auf die schneebedeckten Alpengipfel. Sehr reizvoll ist der Uetliberg im Herbst und Winter, wenn garstige und lang dauernde Hochnebel-Wetterlagen die Stadt unter einem grauen Deckel halten, der Hausberg jedoch aus dem Nebelmeer ragt.

Nach einer kleinen Stärkung in einem der beiden Restaurants auf dem Uetliberg kann man Richtung *Felsenegg* entlang des interessanten *Planetenweges*, einer Nachbildung unseres Sonnensystems im Maßstab eins zu einer Milliarde, weiter spazieren gehen. Auf der Felsenegg erwarten einen ein weiteres Restaurant und eine Seilbahn, die in den Zürcher Vorort *Adliswil* hinunterführt. Von dort fährt die S-Bahn (S 4, alle 20 oder 30 Min.) direkt zum Hauptbahnhof. *Alle 30 Min. fährt die S 10, eine der steilsten Bahnen der Welt ohne Zahnradantrieb, in 20 Min. auf den Uetliberg (Fahrkartencode *131).*

WELLENBAD DOLDER [121 F1]

Freibad mit künstlich erzeugten Wellen; große Spielwiese, Restaurant. *Mitte Mai–Mitte Sept. | Adlisbergstr. 36 | Tram 6, Bus 39: Zoo*

WERKBUNDSIEDLUNG NEUBÜHL [0]

insider Tipp

Ein Schweizerisches Architekturdenkmal von großem internationalem Wert ist diese Einfamilienhaussiedlung, die als typisches Beispiel des so genannten „Neuen Bauens" in den 1930er-Jahren von einem Architektenkollektiv geplant wurde. *Nidelbadstr. 79 | Tram 7: Wollishofen*

Das Pantherchamäleon lebt in der Masoala-Regenwaldhalle des Zoos

ZOO ⭐ [117 F4–5]

Der Zürcher Zoo ist für seine artgerechten Großgehege weltbekannt. Bären, Leoparden und andere Tiere leben in einer exakt ihrer natürlichen Heimat nachempfundenen Umgebung. Der 2003 eröffnete *Masoala-Regenwald* ist die originalgetreue Kopie des Ökosystems von Madagaskar in einer gigantischen Halle. *Tgl. 9–18, im Winter 9–17 Uhr (Masoala-Regenwaldhalle ab 10 Uhr) | Eintritt 22 CHF | Zürichbergstr. 221 | www.zoo.ch | Tram 6, Bus 39: Zoo*

> GUT ESSEN – RUND UM DIE WELT

Über 1500 Restaurants, ein hohes Niveau an Esskultur, Schweizer Spitzenköche und eine vielgestaltige internationale Küche

> **Die fleißigen Schweizer stehen früh auf, deshalb nimmt das Frühstück („Zmorge") nicht nur am Sonntag viel Raum ein. Viele Cafés bieten Frühstück an, und im Trend sind Kaffeebars nach italienischem Vorbild, wo man den Tag mit Latte Macchiato und Gebäck beginnt.**

Die traditionelle Schweizer Küche wird zwar noch angeboten, doch vor allem im Zentrum ist die Restaurantszene äußerst vielfältig. Neben dem globalen Menüangebot steht auch vegetarische oder biologische Kost hoch im Kurs. Die bekannteste Zürcher Spezialität ist das Zürcher Geschnetzelte. Am edelsten genießt man es in der Kronenhalle. Ganz auf *währschafte*, also deftig-schmackhafte Kost setzt auch die Bierhalle Kropf. Und natürlich der Käse: Einmal Fondue oder Raclette sollte es schon sein. In Zürich genießt man hervorragende einheimische Kost, man kann sich aber auch sozusagen rund um den

Bild: Zeughauskeller

ESSEN & TRINKEN

Erdball zu Tisch setzen – und dies auf höchstem Niveau.

Frühstück gibt's in Hotels und Restaurants bis 11 Uhr, in Szenecafés auch darüber hinaus. Das Mittagessen wird 12–13, spätestens aber bis 14 Uhr serviert. Abends sind die Küchen 18–22, mancherorts bis 23 Uhr geöffnet. Einige Lokale im Zentrum und im Kreis 5 und 4 haben auch später noch warmes Essen, am Wochenende ist das Angebot am größten.

◼ CAFÉS ◼◼◼◼◼◼

FELIX CAFÉ AM BELLEVUE   [113 E5]

Opulent dekorierter Cafépalast mit 500 Plätzen inklusive Boulevardcafé und elf Frühstücksvarianten. *Tgl. | Bellevueplatz 5 | Tram: Bellevue*

SCHOBER   [113 E4]

Nach einer Komplettüberholung ist die berühmte Konditorei edler, aber immer noch zuckersüß. Neu wird französische Patisserie angeboten,

Französische Küche: Brasserie Lipp

und abends wird der rote Salon zur Weinbar. *Mo–Sa 9–23, So bis 22 Uhr | Napfgasse 4 | Tram 4, 15: Rathaus*

SCHWARZENBACH [120 B2]

Kleines, sehr spezielles Tee-Café neben einem mehr als 100 Jahre alten Kolonialwarenladen. Herrliches Kaffee- und Teeangebot. *So/Mo geschl. | Münstergasse 19 | www.schwarzenbach.ch | Tram 4, 15: Rathaus*

SPRÜNGLI [112 C5]

Im Café der berühmten Confiserie am Paradeplatz trifft man sich vor oder nach dem Shopping an der Nobelmeile. Ein Muss ist der Konditorzmorge mit exzellenter Schokolade und feinsten Backwaren. *Tgl. | Paradeplatz | Tram: Paradeplatz*

WÜHRE [113 D4]

An schönen Sommertagen ist ein freier Tisch an dem nur für Fußgänger

zugänglichen Ort mit der tollen Sicht aufs Niederdorf Mangelware. Guter Cappuccino. *Tgl. | Wühre 11 | Tram 4, 15: Rathaus*

ZÄHRINGER [113 E3]

Eines der wenigen Kollektive, die sich aus den 1980er-Jahren hinübergerettet haben. Kein Verzehrzwang, am Wochenende kommen die Nachtschwärmer zum Katerfrühstück. *Tgl. | Zähringerplatz 11 | Tram 4, 15: Rudolf-Brun-Brücke*

■ AMERIKANISCHE KÜCHE ■

IROQUOIS ▶▶ 📶 [120 C5]

Texmex im Outfit und bei den Speisen, aber europäisch präsentiert. In-Lokal mit Terrasse im Seefeldquartier, einem der Gourmetbezirke. *Tgl. bis 24 Uhr | Seefeldstr. 120 | Tel. 04 43 83 70 77 | Tram 2, 4, 33: Höschgasse | €€–€€€*

■ ASIATISCHE KÜCHE ■

BLUE MONKEY [113 D3]

Thairestaurant in einem alten Zunfthaus, bestehend aus einer trendigen Bar, einem Bistro und dem edlen Restaurant *Thai Heaven* im 1. Stock. Jeden Mo „No Monkey Business"-Thaibüfett *(all you can eat)*. *Tgl. | Stüssihofstatt 3 | Tel. 04 42 61 76 18 | Tram 4, 15: Rathaus | €€–€€€*

KHAN'S [113 D4]

Stilvolles Restaurant mit authentischer indischer Küche. Besonders empfehlenswert sind die köstlichen Tandoori-Spezialitäten aus den beiden echten Tandoori-Öfen. *Tgl., nur abends | Marktgasse 17 | Tel. 04 42 61 21 82 | Tram: Rathaus | €€–€€€*

> **www.marcopolo.de/zuerich**

NOOBA [120 C4]
Es darf geschlürft werden! Trendige Nudelbar mit Terrasse. In der Pan Asian Cuisine werden Nudeln in unzähligen Variationen zubereitet. *Tgl. | Kreuzplatz 5 | Tel. 0432436006 | Tram 11, 15, 31: Kreuzplatz* | €

SALA OF TOKYO ★ [115 E5]
Hier wird japanische Kochkunst auf höchstem Niveau geboten, mit traditionellen Spezialitäten wie z.B. Kaiseki-Ryori-Kost. Sushibar, Gartenrestaurant. *So/Mo geschl. | Limmatstr. 29 | Tel. 0442715290 | Tram 4, 13: Sihlquai* | €€€

YOOJI'S [113 E6]
Exquisites Sushi, Sashimi, Udon Noodle Soup und Salate in elegantem Lokal, auch zum Mitnehmen. *Tgl., So nur abends | St. Urbangasse 8 | Tel. 0442081555 | Tram: Bellevue* | €€

FRANZÖSISCHE KÜCHE

BRASSERIE LIPP [113 D3]
Nuancenreiche Auswahl an französischen Köstlichkeiten, von Bouillabaisse (Fischsuppe) bis Choucroute (Sauerkraut). Echtes Pariser Brasserie-Ambiente im Belle-Époque-Stil. Zum Apéro nimmt man den Lift zur *Jules-Verne-Bar* – mit einer herrlichen Aussicht über die Stadt. *Tgl., Juli/Aug. So geschl. | Uraniastr. 9 | Tel. 0438886666 | Tram 6, 7, 11, 13: Rennweg* | €€

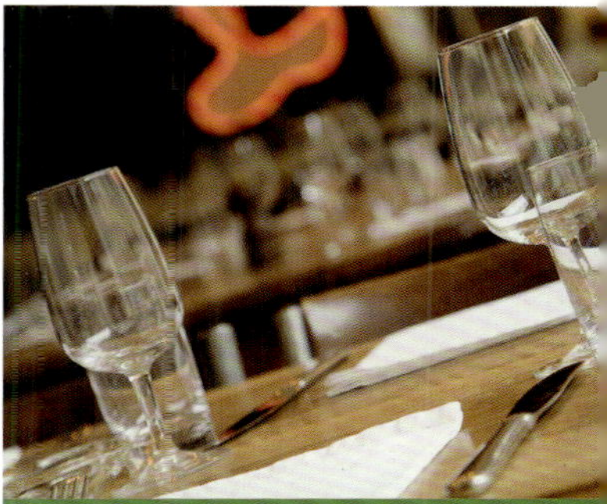
Die Gäste können kommen ...

MÈRE CATHERINE [113 D4]
Für ein diskretes Tête-à-tête mit sieben Gängen bietet sich die schicke Galerie an. *Tgl. | Nägelihof 3 | Tel. 0442505940 | Tram 4, 15: Rathaus* | €€€

MARCO POLO HIGHLIGHTS

★ Sala of Tokyo
Kochkunst aus dem Land der aufgehenden Sonne (Seite 61)

★ Bierhalle Kropf
Traditionelle Schweizer Spezialitäten im Jugendstildekor (Seite 63)

★ Kronenhalle
Zürcher Institution, mit Kunst an der Wand (Seite 64)

★ El Parador
Spanische Köstlichkeiten mitten im Trubel (Seite 65)

★ Rüsterei
Hervorragende Küche in außergewöhnlichem Raum (Seite 67)

★ Hiltl
Europas ältestes vegetarisches Restaurant in modernem Look (Seite 67)

■ ITALIENISCHE KÜCHE ■

GANDRIA [121 D5]

Gemütliches Lokal mit sehr guter italienischer Küche; die lange Familientradition macht sich bemerkbar; tolle Pasta. *Sa/So geschl. | Rudolfstr. 6 | Tel. 04 44 22 72 42 | Tram 2, 4, 33: Höschgasse | €€–€€€*

ITALIA ▶▶ [119 E1]

Kultiger Italiener mit lauschigem Garten (unbedingt reservieren!). *Sa/So nur abends | Zeughausstr. 61 | Tel. 04 42 41 43 39 | Tram 8, 32/Bus: Helvetiaplatz | €–€€*

ROSSO ▶▶ [114 C4]

Der angesagte Italiener im Zürcher Trendviertel, dem Industriequartier, bietet zu sehr guten Pizzen ein originelles Fabriklager-Ambiente. Unbedingt reservieren. *Mittags und Sa geschl. | Geroldstr. 31 | Tel. 04 38 18 22 54 | Bus/S-Bahn: Hardbrücke |*

■ LIBANESISCHE KÜCHE ■

PALME DE BEIRUT [118 C2] *Insider Tipp*

Die ehemalige Quartierbeiz ist die ruhigere Alternative zum häufig überfüllten *Cèdre (Badener Str. 78)* in Aussersihl. Die Atmosphäre ist angenehm und entspannt, und die Kartoffeln mit Koriander und Knoblauch sind einfach Weltklasse. *Mo geschl., Sa/So nur abends | Bertastr. 76 | Tel. 04 44 62 64 73 | Tram 2, 3: Lochergut, Bus: Bertastrasse | €€*

> GOURMETTEMPEL

Kulinarische Höhenflüge, perfekte Bedienung

GOETHESTÜBLI
KAISER'S REBLAUBE [113 D4]

Im Herzen Zürichs kocht Peter Brunner eigenwillig, innovativ und superb! Die À-la-minute-Gerichte sind ein Genuss. Das 7-Gänge-Menü kann auf drei Gänge reduziert werden. Auf der Weinkarte hervorragende Schweizer Gewächse. *Hauptgerichte 19–32 Euro | Mo-Abend, Sa-Mittag und So geschl. | Glockengasse 7 | Tel. 04 42 21 21 20 | Tram 4, 15: Rathaus*

MESA [116 B5]

Marcus Lindner ist mit 17 Gault-Millau-Hauben einer der höchstdekorierten Chefs der Stadt. In seinem schlicht möblierten Lokal werden mittags ein Vier-Gänge-Menü und ein Business Lunch, abends die „Symphonie der Sinne" aufgetischt, die aus Lebenssinn, Frohsinn, Wahnsinn, Feinsinn, Eigensinn (Hauptgericht) und Leichtsinn (Nachspeise) besteht – durchweg ungewohnte, aber gut durchdachte Kombinationen! *Hauptgericht mittags 20 Euro, Menü abends 65–93 Euro | So/Mo geschl., Sa nur abends | Weinbergstr. 75 | Tel. 043 3217575 | Tram 7, 15: Sonneggstrasse*

PETERMANN'S KUNSTSTUBEN [122 B-C4]

Horst Petermann, Gault-Millau-Koch des Jahres 1998, kreiert in seiner Küche Meisterwerke französischer Kochkunst. Vollkommene Gaumenfreuden, hervorragende Weine, perfekter Service und edles Dekor rechtfertigen die hohen Preise. Unbedingt reservieren! *Hauptgerichte 50–90 Euro | So/Mo geschl. | Seestr. 160 | Küsnacht | Tel. 04 49 10 07 15 | S7 bis Küsnacht*

ESSEN & TRINKEN

◼ MEXIKANISCHE KÜCHE ◼

TRES KILOS   [120 C6]

Die älteste und beste Adresse für mexikanische Spezialitäten in Zürich, mit hauseigenen Tortillas und Chips. *Sa/So nur abends | Dufourstr. 175 | Tel. 04 44 22 02 33 | Tram 2, 4, 33: Fröhlichstrasse | €€*

BAUERNSCHÄNKE   [113 E4]

Zur beschaulichen Quartierbeiz zurückverwandelt, überrascht das Lokal mit einer modernen, vielfältigen Karte, die für jeden Gusto und Geldbeutel etwas bietet. *Tgl. | Rindermarkt 24 | Tel. 04 42 62 41 30 | Tram 3, 31/Bus: Neumarkt | €*

Schweizerische Hausmannskost bietet das Bahnhofsbüfett Brasserie Federal

◼ SCHWEIZER KÜCHE ◼

ALPENROSE ▶▶   [115 E4]

Für Zürich ungewohnt hohes Lokal vom Beginn des 20. Jhs. mit schöner Inneneinrichtung aus Holz, dekoriert mit alten Werbeplakaten. Es gibt Schweizer Leckerbissen und vegetarische Menüs. *Sa/So nur abends, Mo geschl. | Fabrikstr. 12 | Tel. 04 42 71 39 19 | www.restaurant-alpenrose.ch | Tram 4, 13: Quellenstrasse | €–€€*

BIERHALLE KROPF ★   [113 D4]

Handfeste Schweizer Küche in Jugendstildekor unter einer Decke, für deren Betrachtung es einiger Biere bedarf. Terrasse in der Altstadt. *So geschl. | In Gassen 16 | Tel. 044221 1805 | Tram: Paradeplatz | €–€€*

BRASSERIE FEDERAL   [115 F6]

Was passt besser in dieses unvergleichliche Jugendstil-Bahnhofsbüfett als währschafte Hausmannskost und ein Schweizer Bier? Über 100 stehen zur Wahl! *Tgl. | Hauptbahnhof (Nordtrakt) | Tel. 044 217 15 15 | Tram: Hauptbahnhof |* €

DÉZALEY CAVE VAUDOISE [113 E5]

Hier können Sie im Winter das beste Fondue und im Sommer Waadtländer Wurstwaren im Hinterhofgarten genießen. *So geschl. | Römergasse 7 | Tel. 044 251 61 29 | Tram 4, 15: Helmhaus |* €€

KRONENHALLE ⭐ [113 E6]

War Promitreff mit unspektakulärer Speisekarte bei spektakulären Preisen. Heute ist das Publikum gemischter.

>LOW BUDGET

> Geld sparen und trotzdem nicht nur von Fast Food leben: Die Mensen der beiden Hochschulen stehen auch auswärtigen Gästen offen und bieten günstige Mahlzeiten (z.B. Suppe CHF 2, Menü mit Salat 8.50). Außerdem sind sie nur einen Steinwurf weit entfernt von der Innenstadt: Die größte ETH-Mensa befindet sich auf der Polyterrasse [113 C4-E2], die Uni-Mensa an der Künstlergasse oberhalb der Haltestelle Neumarkt [113 F3]. *Am Wochenende geschl.*

> Das Restaurant Bahnhof Wiedikon hat noch das Interieur wie vor 40 Jahren – und ist fast ebenso günstig wie damals. Die Tagesmenüs kosten 15-22 CHF. Es kommen nur einfache Schweizer Küche sowie Spaghetti & Co. auf den Tisch, diese jedoch sind hervorragend. Warme Küche tgl. 11–23 Uhr. *Seebahnstr. 33* [119 D2] | *Tram: Bahnhof Wiedikon*

Die Qualität hängt auch an den Wänden in Form von Originalen großer Künstler wie Chagall, Kandinsky, Miró. Eine Zürcher Institution mit Atmosphäre und Geschichte, die man besucht haben muss. *Tgl. | Rämistr. 4 | Tram: Bellevue | Tel. 044 251 66 69 | www.kronenhalle.com |* €€€

OEPFELCHAMMER [113 E4]

Einst das Stammlokal Gottfried Kellers, heute Treff der Aupairs und Studenten. An alten, mit eingeritzten Namen übersäten Tischen wird Wein getrunken, auf der Karte Zürcher Gerichte. *So/Mo geschl. | Rindermarkt 12 | Tel. 044 251 23 36 | Tram 3 | 31/Bus: Neumarkt |* €€

ROSALY'S [113 E6]

Moderne Schweizer Küche ohne „Schnipo" (Schnitzel mit Pommes), dafür mit vegetarischen Gerichten und einem gewissen fancy Touch. Über 100 Schweizer Weine. *Sa/So nur abends | Freieckgasse 7 | Tel. 044 261 44 30 | Tram: Bellevue |* €€

WALLISER KELLER [113 D2]

Das Raclette wird hier von November bis Februar in Originalmanier vom halbierten Käselaib abgestrichen. Das dürfen Sie sich nicht entgehen lassen! *Sa/So geschl. | Zähringerstr. 21 | Tel. 044 69 44 88 | Tram/Bus: Central |* €

ZUM WEISSEN KREUZ [113 E5] Insider Tip

Abenteuerlich dekorierte Kneipe. Kalbsleberli und andere *währschafte* Speisen werden mit viel Charme an den Tisch gebracht. *Sa/So geschl. | Rössligasse 3 | Tel. 044 252 51 65 | Tram 4, 15: Rathaus |* €

ZEUGHAUSKELLER [113 D4]

Schweizer Küche im Großformat: Würste, Rösti u. a. Das Traditionslokal wird von Einheimischen wie von Touristen besucht. *Tgl. | In Gassen 17 | Tel. 04 42 11 26 90 | Tram: Paradeplatz | www.zeughauskeller.ch | €€*

ZUR ZIMMERLEUTEN [113 D4]

Bewährte Zürcher Spezialitäten, sogar Gerichte aus früheren Jahrhunderten stehen auf der in altem Zürichdeutsch (und anderen Sprachen) abgefassten Speisekarte. *So geschl. | Limmatquai 40 | Tel. 04 42 52 08 34 | Tram 4, 15: Rathaus | €€*

■ SPANISCHE KÜCHE ■

BODEGA ESPAÑOLA [113 E4]

Das über 100 Jahre alte Lokal ist aus Zürich nicht wegzudenken. Bauarbeiter gönnen sich hier genauso ihren Rioja wie Millionäre ihre Tapas. Leckere Paella. *Tgl. | Münstergasse 15 | Tel. 04 42 51 23 10 | Tram 4, 15: Helmhaus | €–€€*

EL PARADOR ★ [115 D4]

Die Nachfolger im legendären Familienrestaurant der Familie Ribos haben ganze Arbeit geleistet und setzen im alten Lokal neue Maßstäbe. Die Küche besticht vor allem mit Fisch und tollen Desserts; gute Weinkarte. *So geschl., Sa nur abends | Luisenstr. 43 | Tel. 04 33 66 88 85 | Tram 4, 13, 32/Bus: Limmatplatz | €€–€€€*

URANIA [113 D3]

Schicke Tapasbar, verbreitet mitten in der Limmatstadt mediterranes Lebensgefühl. *So geschl. | Uraniastr. 7 | Tel. 04 42 10 28 08 | Tram 4, 15: Rudolf-Brun-Brücke | €€*

Zum Weissen Kreuz

■ SZENETREFFS ■

BLAUE ENTE [121 D6]

Gehobener In-Place mit viel Publikum aus der Werbeszene. Weiß gedeckte Tische, rotes Parkett, alte Sandsteinmauern und viel Aluminium schaffen eine edle Atmosphäre. Guter Service, experimentierfreudige Küche. *Tgl. | Seefeldstr. 233 | Mühle Tiefenbrunnen | Tel. 04 43 88 68 40 | Tram/S-Bahn: Bahnhof Tiefenbrunnen | €€€*

CADUFF'S WINELOFT [119 D1]

In der ehemaligen Blumenhalle treffen sich Weinfans: Beat Caduffs Angebot ist hervorragend. Dazu gibt's Deftiges wie Hackbraten. *So geschl., Sa nur abends, | Kanzleistr. 126 | Tel. 0442402255 | Bus: Kernstrasse | €€€*

SZENETREFFS

GIESSEREI OERLIKON [0]
Hoher, mit Kerzen beleuchteter Raum in einer alten Werkhalle; gute Küche. *So nur abends, Fr abends und Sa nur geschl. Gesellschaften | Tel. 04 32 05 10 10 | Birchstr. 108 | Tram 11: Regensbergbrücke | €€–€€€*

IDABURG [118 C2]
Kleines Lokal mit lauschigem Gärtchen in stillem Wohnviertel. Kleine, mediterrane Karte mit vegetarischen Varianten. *Sa nur abends, So/Mo geschl. | Gertrudstr. 44 | Tel. 04 44 51 18 42 | Tram 2, 3: Lochergut, Bus: Bertastrasse | €€*

KAUFLEUTEN [112 C4]
Sehen und gesehen werden. Die Küche ist gut, nach 24 Uhr die beste der Stadt. Nebenan Bar und Club. *Di–Do bis 2, Fr/Sa bis 4, So/Mo bis 24 Uhr | Pelikanstr. 18 | Tel. 04 42 25 33 33 | Bus: Sihlporte | €€–€€€*

> SPEZIALITÄTEN
Genießen Sie die typisch Zürcher Küche!

Bürgermeister-Gotlett – Große Schweinekoteletts werden mit einer Mischung aus Semmeln, Äpfeln und Apfeldicksaft gefüllt und gebraten.
Fondue – Es gibt milde und kräftige Käsemischungen, die mit Weißwein, Kirsch und Gewürzen flüssig gemacht werden. Dann steckt man Brot auf eine Gabel und dreht sie im flüssigen Käse.

Mandelsuppe – Kräftige Fleischbouillon, mit aufgeweichtem Toastbrot und Mandeln gemischt und mit Muskat gewürzt; mit Salat eine komplette Mahlzeit.
Raclette – Von einem angeschnittenen, über dem Feuer heiß gemachten Käselaib wird flüssiger Käse abgestrichen und mit Pellkartoffeln, Gurken und Zwiebeln serviert. Dazu trinkt man Weißwein, z.B. einen Fendant aus dem Wallis.
Zürcher Chachelimüs – eine leichte, günstige Mahlzeit aus Eiern, Greyerzer-Käse, Rahm und Sauerrahm. Alle Zutaten miteinander vermischt und im Ofen goldgelb gebacken, geben zusammen mit einem Salat eine leichte Mahlzeit.
Züri Gschnätzlets – Die Zürcher Spezialität wird aus erstklassigem in Stücke geschnittenem Kalbfleisch und einer Sauce aus Weißwein und Rahm hergestellt. Dazu isst man Rösti (gebratene Kartoffelspäne zu einem Fladen gepresst), auch Nudeln oder Reis. (Foto)
Zürcher Zouftschriibertopf – altes Fleischtopf-Rezept aus Zunftzeiten. Zu Karotten, Erbsen und Kartoffeln werden Rinder-, Schweine- und Kalbsfilets gebraten und mit Innereien (Kalbsnieren und -leber) sowie Speck serviert. Dazu trinkt man einen Zürcher Landwein.
Züri Tirggel – alte Gebäckspezialität aus Honig, Mehl, Ingwer, Zimt und ein paar weiteren Zutaten.

ESSEN & TRINKEN

LATINO [120 C4]

Schönes In-Lokal mit Publikum aus der Medienszene. Der sizilianische Koch sorgt für gutes Futter. *Sa/So nur abends | Seegartenstr. 14 | Tel. 0443 883777 | Tram 2, 4: Kreuzstrasse | €€*

LES HALLES [114 C4]

Restaurant, Bar, Biomarkt und Take away. Interieur und Küche originell.

TERRASSE ☀ [113 E5]

In-Place beim Bellevue mit Restaurant. Café, Bar, schönem Blick. *Tgl. | Limmatquai 2 | Tel. 04 42 51 10 74 | Tram: Bellevue | €€– €€€*

TESSINERKELLER [115 D5]

Insider Tipp

Lukullischer Trip ins Tessin und ans Mittelmeer; Garten. *So geschl. | Neufrankengasse 18 | Tel. 04 42 41 22 28 |*

Unkompliziert, praktisch, gut: Les Halles

So geschl. | Pfingstweidstr. 6 | Tel. 044 2731125 | Tram: Escher-Wyss-Platz | €

RÜSTEREI ⭐ [119 D5]

Das Restaurant in der ehemaligen Papierfabrik bietet einen gelungenen Mix aus gestyltem Interieur, Industrieatmosphäre und moderner Schweizer Küche. *Kalanderplatz 6 | Tel. 04 43 17 19 19 | www.ruesterei.ch | Tram: Sihlcity/Utobrücke | €€– €€€*

www.levante.ch | Bus: Militär-Langstrasse | €€

▬ VEGETARISCHE KÜCHE ▬

HILTL ⭐ [112 C3]

Seit über 100 Jahren führendes und seit dem Umbau 2007 das trendigste vegetarische Restaurant weit und breit, nachts Club mit Top-DJs. *Tgl. | Sihlstr. 28 | Tel. 04 42 27 70 00 | www.hiltl.ch | Tram: Rennweg | €– €€*

> SHOPPING MIT STIL

Eine der berühmtesten Einkaufsstraßen der Welt und eine
Vielzahl weiterer Einkaufsmöglichkeiten auf engem Raum

> **Es soll ja Leute geben, die nur nach Zürich fahren, um ihrer Shoppinglust zu frönen, zu „lädelen", wie man hier sagt. In der Tat eignet sich kaum eine Stadt in Europa für dieses Vergnügen so wie die größte Schweizer Stadt, weist sie doch bezüglich Angebot und Qualität großstädtische Züge auf.**

Exklusive Boutiquen, ausgesuchte Spezialgeschäfte, noble Kaufhäuser, Secondhandshops und Buchhandlungen in großer Zahl sind auf einem

Quadratkilometer vereint, sodass alles zu Fuß bequem abgeklappert werden kann. Beginnen Sie mit der ⭐ *Bahnhofstrasse*, der wohl berühmtesten dieses Namens auf der ganzen Welt. Was sich da links und rechts dieses 22 m breiten und 1 km langen, von Linden gesäumten Asphaltstreifens zwischen Hauptbahnhof und Zürichsee alles an illustren, berühmten und normalen Geschäften niedergelassen hat, stellt alle anderen

Bild: Kaufhaus Jelmoli

EIN KAUFEN

Einkaufsstraßen in den Schatten. Dass sie praktisch nur von der Straßenbahn befahren wird, erhöht noch das Einkaufsvergnügen. Zur Bahnhofstrasse gehören natürlich auch ihre diversen Seitengassen wie *Schweizergasse, Rennweg, Augustinergasse* und *In Gassen*, die mit Topdesignern die Attraktivität der gesamten Gegend erhöhen, sowie das exklusive Viertel um die *Storchengasse:* Im Kern der Altstadt reihen sich die feinsten Ge-

schäfte für Mode, Schmuck und Pelze aneinander.

Parallel zur Bahnhofstrasse verläuft die *Löwenstrasse*, die sich in der letzten Jahren redlich bemüht, als Einkaufsboulevard zu glänzen. Die Bahnhof- und die Löwenstrasse enden beim *Hauptbahnhof*, der seit dem Bau des unterirdischen S-Bahnhofs die *Rail City*, ein riesiges Einkaufszentrum, beherbergt: In den Passagen im Untergrund liegen eine Un-

Modernes Buchkaufhaus: Orell Füssli

Originelle Läden mit viel Ausgefallenem und diverse Outlet-Geschäfte mit Designermode sind rund um die *Josefstrasse (S. 47)* zu finden sowie in den Straßen rund um den *Helvetiaplatz* im Kreis 4 und im angrenzenden Kreis 3 gegen den *Bahnhof Wiedikon* hin – da allerdings sind die Trouvaillen teilweise gut versteckt in den Seitenstraßen und liegen auch mal einige Gehminuten auseinander.

Als Souvenir aus Zürich bieten sich ein Armeetaschenmesser oder eine Kuhglocke an, noch besser ein Gürtel mit Kuh- und Edelweißsujets aus Messing – wunderschön, nützlich und ziemlich in. Oder Sie entscheiden sich für den Ohrring mit einer kleinen Kelle, ein Schmuckstück, das von den Älplern schon getragen wurde, als andernorts noch kein Mann sich das Ohr zu durchlöchern wagte. In den Filialen des *Schweizer Heimatwerks* bekommen Sie das alles auch, vor allem aber kunstgewerblich hoch stehende Produkte. Typisch für Zürich sind natürlich auch Uhren, die Auswahl – vor allem im oberen Preissegment – ist enorm.

Für essbare Andenken hält man sich am besten an Schokolade. Kurz vor der Abfahrt können Sie noch Schweizer Käse mitnehmen. Wer auf den Geschmack gekommen ist, importiert ein Käsefondueset. Züritypisch ist der so genannte *Tirggel*, ein flaches Gebäck aus Weißmehl und Honig.

Die Geschäfte haben meist montags bis freitags von 9 bis 20 und samstags von 8 bis 16 Uhr geöffnet. Kleinere Läden schließen werktags häufig schon um 18.30 Uhr.

menge Geschäfte, die werktags bis 21 und sonntags bis 20 Uhr geöffnet sind.

An Sonnentagen eignet sich für den Einkaufsbummel das *Limmatquai* mit vielen „jungen" Boutiquen und Geschäften und seinen zahlreichen, der Sonne ausgesetzten Straßencafés. Wer mehr dem beschaulichen Einkauf in historischer Umgebung zugetan ist, begibt sich ins *Niederdorf* und ins anschließende *Oberdorf* und trifft dort auf eine Vielzahl kleinerer Boutiquen, auf Buchhandlungen und Antiquitätengeschäfte.

> *www.marcopolo.de/zuerich*

■ ANTIQUARIATE & BÜCHER ■

ORELL FÜSSLI [112 C3]

In der größten Buchhandlung der Stadt kann man auf mehreren Etagen in den Regalen wühlen und auf roten Ledersofas in den Büchern schmökern. Für Stärkung sorgt ein ladeneigenes Café mit Snacks. *Füsslistr. 4 | Tram 6, 7, 11, 13: Rennweg*

PARANOIA CITY [119 E2]

Insider Tipp

1975 als anarchistischer Buchladen eröffnet, überzeugt das inzwischen mehrmals umgezogene und umstrukturierte Geschäft auch heute noch durch ein überraschendes und höchst aktuelles Sortiment. Eine wahre Schatztruhe für witzige und intelligente Geschenke für Freunde und sich selbst. *Bäckerstr. 9 | Tram: Stauffacher*

■ ANTIQUITÄTEN ■

Dutzende von Händlern haben in Zürich ihre Geschäfte. Von Mai bis Oktober wird ein Großteil des Flohmarktes auf dem *Bürkliplatz* von ihnen beherrscht. Ansonsten sind Raritäten um *Nieder-* und *Oberdorf* und rund um die *St. Peterhofstatt* zu finden. Lohnende Entdeckungen können durchaus auch in den *Brockenhäusern* (s. Secondhand), wie man die Trödelläden hier nennt, gemacht werden.

■ EROTIK ■

CONDOMERIA [113 E4]

„Verhüterli" in allen Farben, Formen, Geschmacksrichtungen und Ausführungen. Es gibt sogar Kondome, die in Schokolade eingegossen sind. *Münstergasse 27 | Tram 4, 15: Rathaus*

■ GESCHENKE & SOUVENIRS ■

AHA PHÄNOMENE [103 E4]

Würfel, Spiralen, Kreisel, Interessantes zum Lernen und Spielen sowie Kunstvolles für Groß und Klein. *Spiegelgasse 14 | Tram 3, 31/Bus: Neumarkt*

MARCO POLO HIGHLIGHTS

⭐ **Bahnhofstrasse**
Elegante Einkaufsstraße mit Weltformat (Seite 68)

⭐ **Schweizer Heimatwerk**
Schöne traditionelle Souvenirs, hochwertiges Kunsthandwerk (Seite 72)

⭐ **Globus**
Warenhaus mit Stil und hervorragender Lebensmittelabteilung (Seite 72)

⭐ **Schwarzenbach Kolonialwaren**
Der schönste Laden in der ganzen Stadt (Seite 73)

⭐ **Sprüngli**
Köstlichkeiten aus der berühmten Schweizer Schokolade (Seite 73)

⭐ **Einzigart**
Nützliches und Witziges in bestem Design (Seite 73)

⭐ **Flohmärkte**
Nicht nur der Waren, auch der Leute wegen (Seite 73)

⭐ **Fabric Frontline**
Freche Seidenstoffe in modischem Ambiente (Seite 74)

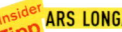 **ARS LONGA** [115 F6]

Kitsch für Kenner: Fotorahmen, Pfeffermühlen, Aschenbecher, Drachensanduhren und vieles mehr. Ein unwiderstehlicher Mix aus Klimbim, Kunst, Design und originellen Kleinigkeiten. Selbst wer nichts kaufen will wird fündig. *Bahnhofplatz 3 | Tram: Hauptbahnhof*

SAUS & BRAUS [119 D2]

Schmuck, unverwechselbare Pullis oder Fischlampen. Fünf Frauen verkaufen selbst Kreiertes und Ausgewähltes anderer Designer. *Ankerstr. 14 | Tram 2, 3: Bezirksgebäude*

SCHWEIZER HEIMATWERK

Traditionelles – von der Kuhglocke bis zum *Sennechutteli*, der Sennerkutte –, aber auch modernes Kunsthandwerk auf hohem Niveau aus der ganzen Schweiz: Seide, Keramik, Holzarbeiten und Schmuck. *Bahnhofstr. 2 | Tram 3, 8, 9, 11: Börsenstrasse | [113 D5]; Rudolf-Brun-Brücke | Tram 4, 15: Rudolf-Brun-Brücke | [113 D2]*. Diese Filiale führt junges Schweizer Design: *Rennweg 14 | Tram 6, 7, 11, 13: Rennweg | [113 D4] | www.heimatwerk.ch*

■ KAUFHÄUSER

GLOBUS ⭐ [112 C4]

Schickes Warenhaus, besonders die Delikatessenabteilung im Untergeschoss lässt dem Gourmet das Wasser im Munde zusammenlaufen. *Löwenplatz/Pestalozzianlage | Tram 6, 7, 11, 13: Bahnhofstrasse*

JELMOLI [112 C4]

„The House of Brands" bietet mit über 1000 Marken die größte Auswahl an Markenartikeln. *Seidengasse 1 | Tram 6, 7, 11, 13: Rennweg*

■ KULINARISCHES

HONOLD [112 C3]

Die Butterbrezeln muss man probiert haben, die Brötchen mit gehacktem Ei sind deliziös und die Schokoladen-

Beim Schweizer Heimatwerk gibt's patriotische Souvenirs

spezialitäten erstklassig. Der Confiseur der Gutsituierten. *Rennweg 53 | Tram 6, 7, 11, 13: Rennweg*

SCHWARZENBACH
KOLONIALWAREN [113 E4]

Ein wunderbares Lebensmittelgeschäft: Die seltsamsten Dörrfrüchte liegen neben den schönsten Süßigkeiten, Kaffeesorten aus der eigenen Rösterei lagern in durchsichtigen Behältern neben alten Teedosen mit diversen Teesorten. Café nebenan. *Münstergasse 15 | Tram 4, 15: Rathaus*

SPRÜNGLI

Truffes du jour – sie müssen am gleichen Tag verkauft werden – und *Luxemburgerli* sind nur zwei der zahlreichen süßen Köstlichkeiten, deren Ruf um die ganze Welt gegangen ist. Filialen gibt es am *Hauptbahnhof* [113 D2], in der *Löwenstrasse* [112 C2], am *Bahnhof Stadelhofen* [113 F6] und in der *Bahnhofstr. 21* [112 C5] | *www.spruengli.ch*

■ KUNST & DESIGN

BISCHOFBERGER   [120 B4]

Galerie mit Werken von Künstlern wie Miguel Barcelo, Francesco Clemente, Andy Warhol, Jean Tinguely. Sehr gute Publikationen. *Utoquai 29 | Tram 2, 4: Opernhaus*

EINZIGART   [115 E5]

Die besten Stücke junger Designer: Vom edlen Büchergestell bis zum gestylten Eierköpfer gibt's hier für jeden Zweck und jedes Budget Ausgefallenes zu erstehen. *Josefstr. 36 | www.einzigart.ch | Tram 4, 13: Museum für Gestaltung*

LÖWENBRÄU-AREAL   [115 D3]

Unter dem gleichen Dach wie das Museum für Gegenwartskunst und die Kunsthalle Zürich befinden sich

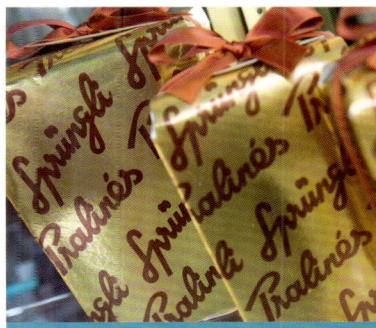
Edel verpackte Pralinés von Sprüngli

auch vier private Galerien und eine Kunstbuchhandlung. *Limmatstr. 270 | Tram 4, 13: Dammweg*

■ MÄRKTE

FLOHMÄRKTE

Das hiesige Preisniveau schlägt allzu gerne auch auf die Flohmärktler durch. Man wähnt sich deshalb gelegentlich eher auf einer Antiquitätenmesse. Dafür findet man aber auch sehr schöne Stücke. *Bürkliplatz* [113 D6], *Mai–Okt. Sa 7–16 Uhr;* Kanzleiareal [119 E1], *ganzjährig Sa 7–16 Uhr | Kanzleistr. 56 Tram 8, 32/ Bus: Helvetiaplatz*

Insider Tipp

GEMÜSE- UND LEBENSMITTELMÄRKTE

Frisches und Eingemachtes aus biologischem Anbau, Fleisch und Fisch und immer mehr Delikatessen gibt es hier: *Bürkliplatz* [113 D6] *Helvetiaplatz* [119 E1] *Di und Fr 6–11 Uhr; Limmatplatz* [115 E5] *Sa 6–11 Uhr*

MODE

ROSENHOFMARKT [113 D4]

Kuriositätenmarkt, der sich von Ständen mit Selbstgemachtem zur Verkaufsshow alternativen Kunsthandwerks gemausert hat. Produktvielfalt und Andrang sind groß. *März–Weihnachten Do 10–20, Sa 10–16 Uhr | im Rosenhof (hinter Limmatquai 72)*

soires mit sehr speziellem Design. *Strehlgasse 26 | Tram 6, 7, 11, 13: Rennweg*

FABRIC FRONTLINE ⭐

Alles aus Seide mit frechem Design: Schals, Krawatten, Bettwäsche, Geschenkartikel. *Ankerstr. 118* [119 E1]

Puristische Präsentation: Schuhe bei Könix

◼ MODE

CHRISTA DE CAROUGE [121 D6]

Die weltberühmte Modemacherin mit ihren Lieblingsfarben, Schwarz, Schwarz und nochmals Schwarz. Extravagantes Loft in der *Mühle Tiefenbrunnen. Seefeldstr. 231 | Tram: Tiefenbrunnen*

Insider Tipp ### EN SOIE [113 D4]

Ein ganzes Geschäft voller glänzender Seidenstoffe, Kleider und Acces-

und Bahnhofstr. 25 [112 C5] | *www.fabricfrontline.ch | Tram 8, 32: Helvetiaplatz*

FIDELIO [112 C4]

Hier versorgt sich die junge Zürcher Szene mit Designerklamotten. *Münzplatz 1 | Tram 6, 7, 11, 13: Rennweg*

HANNES B. [113 D4]

Anspruchsvolle Männermode und Accessoires des Zürcher Designers

> **www.marcopolo.de/zuerich**

Hannes Bühler. Das *Zunfthaus zur Meisen* bildet den passenden Rahmen. *Wühre 2 | Tram 4, 15: Helmhaus*

KÖNIX [112 C3]

Das ist der wahre Schuh-Purismus: Edelturnschuhe in einem kleinen, spartanischen Laden. Ein Muss für Sneaker-Fans. *Steinmühleplatz 1 | Tram 6, 7, 11, 13: Rennweg*

RUNDUM IDA GUT [119 E1]

Ungewöhnliche Schnitte, extravagante Stoffe und schnörkellose Formen sind Ida Guts Markenzeichen. Das edle Geschäft lädt ein zu einer Entdeckungsreise zu neuen modischen Horizonten. *Brauerstr. 33 | Tram 8, 32: Helvetiaplatz*

■ SECONDHAND ■

CARITAS CHLEIDERLADE [109 E2]

Das Geschäft eines Hilfswerks bekommt stets besonders modische Kleider gespendet, um diese zu verkaufen. Der Erlös geht an die Sozialhilfe. *Birmensdorferstr. 52 | Tram 9, 14: Werd*

RAZZO [113 E4]

Modisches, auch neue Stücke, aus illustren Kollektionen. *Rindermarkt 23 | Tram 3, 31/Bus: Neumarkt*

ZÜRCHER BROCKENHAUS [115 E5]

Auf drei Etagen präsentiert sich dieses Brockenhaus fast wie ein normales Warenhaus. *Neugasse 11 | Tram 4, 13: Museum für Gestaltung*

■ SPIELZEUG ■

PASTORINI [113 D4]

Holziges und anderes Spielzeug, nicht nur für Kinder: Puppenstuben,

Fahrzeuge, Plüsch- und Schaukeltiere, Musikinstrumente etc. *Weinplatz 3 | Tram 4, 15: Rathaus*

■ UHREN & SCHMUCK ■

BEYER CHRONOMETRIE [112 C4]

Dieses Geschäft hat ein *Museum der Zeitmessung* aufgebaut, repariert alte Zeitmesser und verkauft Uhren aller Luxusmarken. *Bahnhofstr. 31 | www.beyer-chronometrie.ch | Tram: Paradeplatz*

BUCHERER [112 C4]

Klassischer bis gewagter Schmuck, hauseigene Markenuhren. *Bahnhofstr. 50 | Tram: Paradeplatz*

TÜRLER [113 D5]

Das traditionsreiche Haus wartet mit einer Sehenswürdigkeit auf: Eine *astronomische Uhr* zeigt von der Sekunde über die Planetenbahnen alles, was mit Zeit zu tun hat. *Bahnhofstr. 28 | Tram: Paradeplatz*

Insider Tipp

>LOW BUDGET

> Wer Schweizer Schokolade liebt, sollte sich Zeit für einen Ausflug nach Kilchberg nehmen: Im Fabrikladen von *Lindt & Sprüngli* [122 B4] ist die beste Schokolade der Welt fast um die Hälfte billiger als anderswo. Der Bus 165 ab Bürkliplatz hält direkt vor der Fabrik.

> Im *Restseller* in der Bahnhofsunterführung beim Landesmuseum (Rail City) [113 D2] werden Bücher aus Restbeständen sowie Bestseller mindestens 30 Prozent günstiger angeboten – darunter sind auch gute Bücher über Zürich und die Schweiz.

> ZÜRICHS NÄCHTE SIND LANG

Jazz oder Klassik, Theater oder Oper, Kino oder Karaoke?
Oder doch lieber abtanzen? In Zürich alles kein Problem

> Die Limmatstadt als trendige Kulturmetropole mit unzähligen Bars und Clubs, einer Oper von Weltruf und hochklassigem Theater: In den letzten Jahren ist das städtische Kultur- und Nachtleben rasant gewachsen. Dazu beigetragen haben ein liberalisiertes Gastronomiegesetz, die Abschaffung des so genannten Tanzverbots an hohen Feiertagen und eine inspirierte Schar Kulturschaffender, die in allen Bereichen wertvolle Impulse gegeben haben. Zürich hat für Kulturhungrige und Nachtschwärmer heute unzählige Bars, ein ständig wachsendes Club- und Partyangebot, diverse Theater, eine weltberühmte Oper, 24 Kinos mit 62 Sälen und über 1300 Restaurants zu bieten. Wer sich einen Überblick über das Vergnügungsangebot verschaffen will, besorgt sich das Magazin „friday" der Gratiszeitung „20 Minuten" oder den „Züritipp" im „Tages-Anzeiger", der am Donnerstag erscheint.

Bild: Loungebar Acqua

AM ABEND

Ausgehmeilen sind das *Niederdorf* (am Central beginnend) und das Industriequartier *Kreis 5* zwischen Limmatplatz und Escher-Wyss-Platz mit dem Kulturzentrum *Schiffbau* und einem wachsenden Clubangebot.

■ BARS & LOUNGES ■

ACAPULCO ▶▶ [115 D5]

Sozusagen das zweite Wohnzimmer der Zürcher In-People. Kult: Die Sonntagnächte mit Karaoke. *So–Do 15–2, Fr/Sa bis 3 Uhr | Neugasse 56 | Bus 32: Röntgenstrasse, Tram 4, 13: Limmatplatz*

ACQUA ☀ [119 F5]

Eines der wenigen Lokale direkt am See, ideal zum Draußensitzen. Bar und Outdoor Lounge im 1. Stock bieten eine tolle Aussicht auf die Skyline von Zürich. *Tgl. ab 9.30 Uhr | Mythenquai 61 | Tram 5, 161, 165/Bus: Rentenanstalt, Schiff: Enge*

BARS & LOUNGES

ÄLPLI BAR [113 E4]

Hudigääggeler (Schweizer Liedgut mit Ziehharmonika) wird ebenso gepflegt wie Schunkeln – und das bei zunehmendem Alkoholpegel. Echt traditionell. *Mi/Do, So 17–24, Fr/Sa 17–1 Uhr | Ankengasse 5 | Tram 4, 15: Rathaus*

tolle Aussicht auf Züri-West. *Di–Do 18–2, Fr/Sa 18–4 Uhr | Heinrichstr. 269 | Tram: Escher-Wyss-Platz*

HELVETIA-BAR ▶▶ [112 B3]

Mit über 100-jähriger Geschichte eine von Zürichs ältesten Stehbars am Übergang zum Arbeiterviertel Aus-

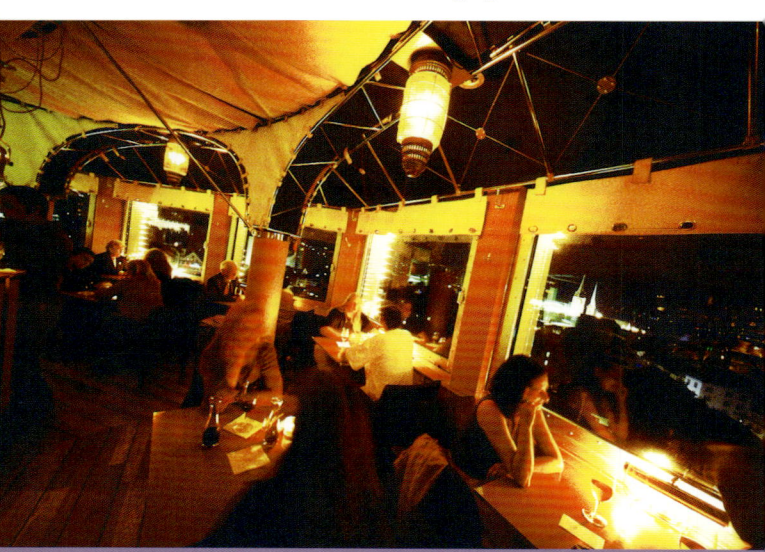

Von der Jules-Verne-Bar hat man einen tollen Blick auf die Stadt

Insider Tipp

BOHEMIA [120 C4]

Wer interessante Kaffeevariationen, Zigarren und Rum liebt und sich vom Krach nicht stören lässt, fühlt sich im kubanischen Ambiente wohl. *Tgl. | Klosbachstr. 2 | Tram 11, 15, 31/ Bus: Kreuzplatz*

HARD ONE ✿ [114 C3]

In der exklusiven Night Lounge auf dem Dach des Cinemax genießen Gäste bei Champagner und Zigarren die

sersihl. Mit Terrasse zum Fluss hinaus. *Mo–Do 11.30–2, Fr bis 4, Sa 13–4, So 17–2 Uhr | Stauffacherquai 1 | Tram: Stauffacher*

JOHANNITER [113 E3]

Hier gibt's nach Mitternacht das billigste Bier. Vom Bankbeamten bis zum Saufbruder sind alle Sorten illustrer Gäste zu beobachten. *Tgl. 10–4, Küche bis 3 Uhr | Niederdorfstr. 70 | Tram/Bus: Central*

> **www.marcopolo.de/zuerich**

JULES-VERNE-BAR ⭐ 🔆 [113 D3]

Hoch über den Dächern der Altstadt, im runden Turm unter der Kuppel der Sternwarte beim Drink die Rundsicht genießen. *Mo–Do 11–24, Fr/Sa bis 1, So 15–23 Uhr | Uraniastr. 9 | Lifteingang in Brasserie Lipp | Tram 6, 7, 11, 13: Rennweg*

KANZLEITURNHALLE ▶▶ [119 E1]

Die umgebaute Turnhalle ist immer noch eine beliebte Ausgehlocation. *Tgl. ab 22 Uhr | Helvetiaplatz | Tram 8, 32/Bus: Helvetiaplatz*

KRONENHALLE BAR ⭐ [113 E6]

Früher die Bar der Bohemienszene, heute ein ruhiger Platz. Der Barkeeper gelangte zu Weltmeisterehren. Gediegen, auch bei den Preisen. *Tgl. 12–24 Uhr | Rämistr. 4 | beim Bellevue | Tram: Bellevue*

LIQUID [119 E1]

Im Stil der 1970er-Jahre. DJs legen hier manchmal auf, entsprechend hoch der Lärmpegel. *Tgl. 17–24.30 Uhr | Zwinglistr. 12 | Bus: Militärstrasse*

LONGSTREET ▶▶ [115 D6] *Insider Tipp*

Mitten im Rotlichtviertel hat ein stadtbekannter Partykönig diesen Szenetreff eröffnet und den Namen sowie das Mobiliar vom einstigen Striplokal übernommen. *Di–Fr ab 17, Sa/So ab 19 Uhr, Mo geschl. | Langstr. 92 | Tram 8, 32: Helvetiaplatz*

NACHTFLUG [113 D4]

Schnörkellose Bar mit Café und Lounge in einem über 700-jährigen Haus. Breites Bier- und Weinangebot, klassische Cocktails, kein RedBull! *Tgl. ab 11 Uhr | Stüssihofstatt 4 | Tram: Rathausbrücke*

NIETTURM 🔆 ▶▶ [114 C3]

Sympathisch-coole Bar mit ebensolcher Bedienung, seit 2003 im Glaskubus über dem Theater- und Kulturzentrum Schiffbau. *Mi–Sa ab 18 Uhr, Sommerpause | Schiffbaustr. 4 | Tram: Escher-Wyss-Platz*

MARCO POLO HIGHLIGHTS

⭐ **Jules-Verne-Bar**
Überwältigende Sicht über Zürichs Dächer (Seite 79)

⭐ **Kronenhalle Bar**
Der Barkeeper ist Weltmeister seines Fachs (Seite 79)

⭐ **Odéon**
Der Barklassiker, den schon Lenin schätzte (Seite 80)

⭐ **Widderbar**
Edle Bar mit tollem Jazz (Seite 81)

⭐ **Filmpodium**
Cineasten-Mekka (Seite 81)

⭐ **Opernhaus**
Stars und Koryphäen sorgen für hohes Niveau (Seite 81)

⭐ **Kaufleuten**
In-Restaurant, Bar für Voyeure, Disko (Seite 82)

⭐ **Theaterhaus Gessnerallee**
Feste Spielstätte für freie Theatergruppen (Seite 83)

Odéon: gepflegte Getränke in Jugendstilambiente

gehört es zu den Klassikern unter den Bars. Hier haben sich schon die Dadaisten, Trotzki, Lenin und Literaten einen hinter die Binde gekippt. Schönes Jugendstildekor, ebensolche Leute, einfach hip. Auch Plätze draußen. *Mo–Do 7–2, Fr/Sa bis 4, So 8.30–2 Uhr | Limmatquai 2 | Tram: Bellevue*

SAFARI BAR [113 E3]
Der Tresen ist sehenswert, das Interieur ebenfalls, und junges Volk findet man in Massen. *Tgl. ab 12 Uhr | Zähringerstr. 29 | Tram/Bus: Central*

SPHÈRES [114 C3] Insider Tip
Große Schriftsteller waren oft auch große Säufer. An diese Tradition knüpft die Buchbar *Sphères* an: Zum Trinken darf geblättert werden und umgekehrt. *Mo–Sa 9–24 Uhr | Hardturmstr. 66 | Tram 4: Förrlibuckstrasse*

2. AKT [119 F3]
Die auf Jugendstil gestylte, am Rand der Ausgehzone gelegene Bar zieht die hippe Partyszene an. Vielfältiges Event-Programm. *So geschl. | Selnaustr. 2 | Tram 8, S-Bahn: Selnau*

■ JAZZ

CASA BAR [113 E4]
Jazz der traditionellen Sorte gibt's in dieser Bar fast seit Menschengedenken. *Tgl. 19–2 Uhr | Münstergasse 30 | Tram 4, 15: Rathaus*

0815 [115 F6]
Kleiner Treffpunkt nahe dem Hauptbahnhof. Gestylte, trotzdem lockere Atmosphäre. Mit etwas Glück findet man einen Platz. *Mo–Fr 7–24, Sa 9–24 Uhr | Linthescherstr. 23 | Tram: Hauptbahnhof*

ODÉON ⭐ [113 E5]
Zwar ist das Odéon nicht mehr das, was es einmal war, als noch keine Apotheke die Hälfte des herrlichen Raumes in Beschlag nahm. Dennoch

JAZZCLUB MOODS [114 C3]
Der Club in Zürich für modernen Jazz und World Music, mit einem hohen Qualitätsanspruch, ganz gleich, ob es sich um unbekannte Größen oder

internationale Stars handelt. *Tgl.* |
*Schiffbaustr. 4 | Tram: Escher-Wyss-
Platz*

WIDDERBAR ⭐ [113 D4]

Die kleine Bar in einem historischen
Altbau bietet jeden Dienstag den
ebenso reiz vollen wie intimen Rahmen
für Konzerte bekannter Jazzgrößen.
Bei 45 CHF Eintritt allerdings kein
besonders preiswertes Vergnügen.
*Tgl. | Rennweg 7 | Tram 6, 7, 11,
13: Rennweg*

■ KINOS

FILMPODIUM ⭐ [112 C4]

Subventioniertes Mekka der Cineas-
ten, das ein äußerst anregendes, meist
durch ein Thema bestimmtes Pro-
gramm bietet. *Nüschelerstr. 11 | Tel.
04 42 11 66 66 | Tram 2, 9, 66:
Sihlstrasse*

XENIX [119 E2]

Das originellste Kino der Stadt ist in
einer umgebauten Baracke untergebracht. Eine eingeschworene Fang-
emeinde hält den Laden am Laufen.
Das Programm wartet mit vielen
Streifen auf, die in den kommerzie-
len Kinos kaum gezeigt werden.
Kleine, lange geöffnete Bar. *Kanz-
leistr. 56 | Programmauskunft:
04 42 42 04 11 | www.xenix.ch | Tram
8, Bus 32: Helvetiaplatz*

■ KLASSIK, OPER & BALLETT

OPERNHAUS ⭐ [113 E6]

Genießt dank großartiger Aufführun-
gen und internationaler Starbesetzun-
gen für Oper und Ballett Weltruf.
*Theaterplatz | Tel. 04 42 68 66 66 |
Tram 2, 4: Opernhaus, 11, 15:
Bahnhof Stadelhofen*

TONHALLE [112 C6]

Das erstklassige Tonhalle-Orchester
und Gastorchester konzertieren in
dem 1895 eingeweihten, prunkvollen
Saal meist unter ebenso erstklassigen
Dirigenten. Der reich geschmückte
Saal verfügt über eine mächtige Or-
gel. *Claridenstr. 7 | Tel. 04 42 06 34 34
| www.tonhalle-orchester.ch | Tram:
Bürkliplatz*

■ TANZEN

AEART CLUB [109 D5]

Hier wird in trendiger Atmosphäre
ein rockiges Musikprogramm gebo-
ten. *Do 21–2, Fr/Sa 22 Uhr-open end
| Manessestr. 170 | Bus: Utobrücke,
S-Bahn: Bahnhof Giesshübel*

Jazzfreunde kommen in Zürich auf ihre
Kosten – die Szene ist vielfältig

TANZEN

ALPENROCK HOUSE [0]
Origineller Club mit Restaurant, in dem bei Rock und Pop die Post abgeht. *Mi–Sa ab 19, So 10–15 und 19 bis 24 Uhr | S-Bahn Zürich-Airport*

AMBER [113 D2]
Club mit edlem Dekor für Leute ab 25 beim Hauptbahnhof. Mo–Do Bar und Lounge mit Speisekarte ab 17 Uhr; Fr/Sa Parties. *Bahnhofquai 15 | Tram 4, 13, 14: Hauptbhf./Bahnhofquai*

HÄRTEREI [114 B4]
Großer Club in einer ehemaligen Fabrikationshalle im Trendquartier Zürich-West mit breiter Palette verschiedenster Partys. *Fr/Sa 23–4 Uhr | Hardstr. 219 | www.haerterei-club.ch | Bus/Bahn: Bahnhof Hardbrücke*

HEY CLUB [113 E6]
Jede Nacht hat ihren Stil. So Ragga/Dancehall, Mo Dancing Buddhas, Di Afro Night, Mi Reggae, Do Live Jazz

& Blues, Fr Hip-Hop, R'n'B, Ragga, Dancehall, Sa Culture Mix. *Rämistr. 6 | Tram: Bellevue*

INDOCHINE ▶▶ [115 D3]
Teure Club-Bar & Cuisine. Der Türsteher achtet auf gehobenes Outfit! *Do–Sa ab 22 Uhr | Limmatstr. 275 | Tram: Escher-Wyss-Platz*

KAUFLEUTEN ⭐ ▶▶ [112 C4]
Im ehrwürdigen Kaufleuten-Saal findet man nebst Restaurant und Bar einen Mix aus schicker Disko und heißen Raves. *Di–So ab 19 Uhr | Pelikanstr. 18 | Tram 2, 9, 66: Sihlstrasse*

MASCOTTE 🔊 [113 E6]
Zürichs ältester Nachtclub, mit breit gefächertem Programm, Livekonzerte, Gruftipartys. *Di–Fr ab 17, Sa ab 23 Uhr | Theaterstr. 10 | Tram: Bellevue*

OXA [0]
Beliebte Dancehall mit zwei Floors, Restaurant, Palmengarten. Fr Trance, Techno, Hardstyle und Specials, Sa Partys 12 Std. nonstop. So die Nr. 1 für After Hours. *Fr/Sa ab 23, So 5–11 Uhr | Andreasstr. 70 | Tram 10, 11, 14: Bahnhof Oerlikon/Eisfeldstrasse*

SAINT GERMAIN [112 C3]
Nobelclub des Jetsetters Carl Hirschmann im Dachgeschoss des Bally-Hauses, wo häufig auch berühmte Showgrößen abfeiern. *Fr/Sa 23–4 Uhr | Bahnhofstr. 66 | Tram: Rennweg*

SUPERMARKET [114 C4]
Club im Industriestil. House, Deep House, Breaks und mehr. *Fr/Sa ab 23 Uhr | Geroldstr. 17 | Bus: Pfingstweidstrasseoder S-Bahn: Hardbrücke*

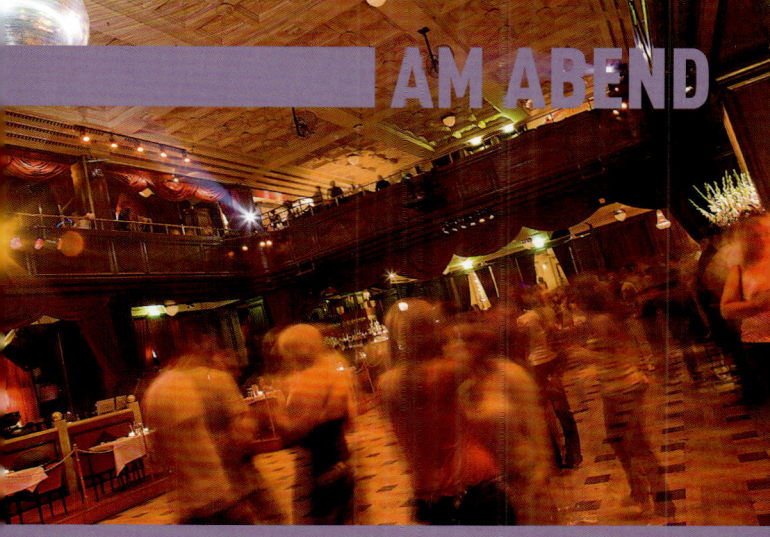

Angesagt: Disko im Kaufleuten-Saal

X-TRA [115 E5]

In verschiedenen Sälen gehen heiße Partys und Konzerte über die Bühne. Einen Besuch wert sind auch Bar und Restaurant. *Mo–Fr 11.30–14, Mo bis Do 17–2, Fr/Sa bis 4 Uhr | Limmatstr. 118 | Tram 4, 13, 32: Limmatplatz*

■ THEATER ■

MILLER'S STUDIO [121 D6]

Veranstaltungslokal in einer ehemaligen Mühle, das ein vielfältiges Kleinkunstprogramm bietet: Kabarett, Tanzveranstaltungen, Jazzkonzerte. *Seefeldstr. 225 | Mühle Tiefenbrunnen | Tel. 04 43 87 99 79 | Tram/S-Bahn: Bahnhof Tiefenbrunnen*

SCHAUSPIELHAUS [113 F5]

Diese Bühne war während des Zweiten Weltkriegs die einzige Sprechbühne deutscher Sprache, auf der ein freies Wort gesprochen werden durfte. Seit 2001 besitzt das Schauspielhaus mit dem *Schiffbau (s. Sehenswertes)* eine attraktive Zweitbühne *(Schiffbaustrasse | Tram: Escher-Wyss-Platz). Heimplatz | Tel. 04 42 58 70 70 | www.schauspielhaus.ch | Tram: Kunsthaus*

THEATER AM HECHTPLATZ [113 E5]

Kabarett, Chansons, Lesungen oder Märchen. *Hechtplatz 7 | Tel. 04 42 52 32 34 | Tram: Bellevue*

THEATER AM NEUMARKT [113 E4]

Mutiges Haus, das sich auch an Umstrittenes wagt. *Neumarkt 5 | Tel. 04 42 67 64 64 | Tram 3, 31/Bus: Neumarkt*

THEATERHAUS GESSNERALLEE ⭐ [112 C3]

Platz für Experimente in ehemaligen Stallgebäuden der Armee. Dem einstigen Provisorium sicherte eine Volksabstimmung die Existenz als Spielort für freie Gruppen. Gibt's mal kein Theater, lohnt das *Restaurant Reithalle* das Kommen. *Gessnerallee 8 | Vorverkauf: 044225 81 10 | Tram 3, 14, 31/Bus: Kaserne*

> KOMFORTABEL GEBETTET

Die Schweizer Hotellerie genießt einen hervorragenden Ruf, auch günstige Etablissements pflegen einen gehobenen Standard

> In Zürich hat das Hotelgewerbe eine lange Tradition, in über 160 Häusern stehen mehr als 18 000 Betten zur Verfügung, pro Jahr werden rund 2 Mio. Übernachtungen gezählt. Das Savoy am Paradeplatz war das erste echte Hotel; der Boom gegen Ende des 19. Jhs. brachte ein paar prächtige Hotelpaläste hervor.

Die Etablissements neueren Datums sehen entweder aus wie das *Hotel Swissôtel Zürich* in Oerlikon oder das *Zürich Marriott Hotel* hinter dem Bahnhof: geradlinig in den Himmel gebaut, dafür mit grandioser Aussicht. Oder aber in funktionaler Blockbauweise wie das *Inter-Continental* oder das *Park Hyatt.*

Viel Geld in Hotels loszuwerden ist in Zürich kein Problem. Die Wirtschafts- und Finanzmetropole Zürich hält für ihre betuchten Gäste diverse Luxusherbergen bereit, allen voran das weltbekannte Grandhotel *Dolder* in herrlicher Lage über der Stadt, in

Bild: Hotel Eden au Lac

ÜBER
NACHTEN

dessen Präsidialsuite die Staatsgäste absteigen. Auch die Mittelklassehäuser werden auf hohem Standard geführt, der Service ist ausgesprochen gut. Zum Standard gehören Bad oder Dusche und eigenes WC, Radio- und TV-Geräte und oft ein eigenes Telefon. Die meisten Hotels im unteren Preissegment sind ebenfalls moderne Betriebe, ruhig und angenehm.

Wer seine Unterkunft nicht schon von zu Hause gebucht hat, dem steht im Hauptbahnhof und auf dem Flughafen gratis ein Hoteltelefon zur Verfügung, mit dem man sich informieren und ein Zimmer reservieren kann. Oder aber man bezieht beim Verkehrsbüro ein Hotelverzeichnis. Wer mit dem Auto nach Zürich reist, sollte sich vorher bei den Hotels in der Innenstadt nach Stellplätzen erkundigen. In den zentralen Innenstadtbereichen gibt es wenig und daher nur teuren Parkraum.

HOTELS €€€

CENTRAL PLAZA ❄ [113 E2]

Dank seiner stattlichen Größe beherrscht das renovierte Hotel den Central-Platz. Die Lage ist exzellent, mit Blick – zumindest von den oberen Zimmern – auf beinahe die gesamte Altstadt und die Limmat. *100 Zi. | Central 1 | Tel. 04 42 56 56 56 | Fax*

04 42 61 44 70 | *Fax 04 42 61 46 11 | www.romantikhotels.com/zuerich | Tram/Bus: Kunsthaus*

GREULICH [114 C6] Insir Tir

Etwas außerhalb des Zentrums gelegen, bietet das Greulich gutes Design und hervorragenden Komfort zu angemessenem Preis. Beliebte Bar, trendi-

Ein Zimmer als Wohnlandschaft: Bett im Central Plaza

04 42 56 56 57 | *www.central.ch | Tram/Bus: Central*

FLORHOF ★ [113 F4]

In einem alten Patrizierhaus, in dem Zürichs erster Millionär, ein Seidenfabrikant, gewohnt hat, verbirgt sich zwischen Konservatorium und Gericht der ruhige, charmante Florhof mit Gartenterrasse und Gourmetrestaurant. *35 Zi. | Florhofgasse 4 | Tel.*

ges Restaurant. *18 Zi. | Hermann-Greulich-Str. 56 | Tel. 04 32 43 42 43 | Fax 04 32 43 42 00 | www.greulich.ch | Tram 8, 31: Bäckeranlage*

HELVETIA 📶 [112 B4] Insir Tir

Zentral gelegenes Boutiquehotel mit Kunst aus dem benachbarten Haus Konstruktiv über der Kultbar *Helvti*. *14 Zi., 2 App. | Stauffacherquai 1 | Tel. 04 42 97 99 99 | Fax 04 42 97 99 90 |*

> www.marcopolo.de/zuerich

www.hotel-helvetia.ch | Tram: Stauf-facher

SCHEUBLE 🔊 [113 E3]

Die Zimmer des Dreisterne-Hauses sind von der Innenarchitektin Pia Schmid gestaltet, das Restaurant *Tagliatelle* bietet beste Pasta, und das Hotel liegt mitten im Zentrum. Bei Online-Buchung gibt's Rabatt. *Mühlegasse 1 | Tel. 04 42 68 48 00 | Fax 04 42 68 48 01 | www.scheuble.ch | Tram 4, 15: Rudolf-Brun-Brücke*

SCHWEIZERHOF 🔊 [113 D2]

Hotel der Spitzenklasse, perfekt schallisoliert, bietet gleich eingangs der Bahnhofstrasse einen exquisiten Service. *115 Zi. | Bahnhofplatz 7 | Tel. 04 42 18 88 88 | Fax 04 42 18 81 81 | www.hotelschweizerhof.com | Tram 3, 10, 14, 31: Bahnhofplatz*

SEEGARTEN 🔊 ⭐ [120 C4]

Unweit vom Opernhaus und der See-promenade bietet das geschmackvoll eingerichtete, von einem jungen Team geführte Hotel sehr schöne Zimmer. Tipp: ==Zimmer A==, eine Suite ^Insider Tipp^ mit Küche und eigener Terrasse. Im Erdgeschoss das *Latino*, ein In-Restaurant mit mediterraner Küche. *28 Zi. | Seegartenstr. 14 | Tel. 04 43 88 37 37 | Fax 04 43 83 37 38 | www.hotel-seegarten.ch | Tram 2, 4: Kreuzstrasse*

SONNE ⭐ [113 D4]

Wer den See in vollen Zügen genießen will, logiert in der *Sonne* in Küsnacht: Traditionshaus mit prächtigen Sälen, Gourmetrestaurant, modernen Zimmern und Kursschiff nach Zürich vorm Haus. Tipp: Maisonettezimmer im Dachgeschoss. *37 Zi. | Seestr. 120 | Küsnacht | Tel. 04 49 14 18 18 | Fax 044 91 41 80 | www.sonne.ch | S-Bahn: Küsnacht*

SWISSÔTEL ZÜRICH 🔊 [0]

Elegantes Viersterne-Haus in Oerlikon. Vom ❈ Schwimmbad im Spa

MARCO POLO HIGHLIGHTS

⭐ **Florhof**
Stilvolle Oase der Ruhe und des Genusses inmitten der Stadt (Seite 86)

⭐ **Seegarten**
Elegant, erschwinglich, mit In-Restaurant „Latino" (Seite 87)

⭐ **Sonne**
Wohnen und genießen am See, mit Schiffsanleger vor dem Haus (Seite 87)

⭐ **Zürichberg**
Elegante Wohnkultur und die Alpen im Blick (Seite 88)

⭐ **Zum Storchen**
Gediegenes Haus an der Limmat mit Altstadtsicht (Seite 88)

⭐ **Rössli**
Synthese aus Alt und Neu – trendiges Haus, tolle Dachsuite (Seite 89)

⭐ **Justinusheim**
Billiges Bett mit bester Aussicht vom Zürichberg (Seite 90)

⭐ **Zic Zac Rock-Hotel**
Günstig, im Zentrum des Zürcher Nachtlebens (Seite 91)

HOTELS €€

auf der 32. Etage hat man einen tollen Blick über die Stadt und auf die Alpen. *344 Zi. | Am Marktplatz | Tel. 04 43 17 31 11 | Fax 04 43 12 44 68 | www.swissotel.com | Tram 10, 11, 14: Bahnhof Oerlikon*

ZÜRICHBERG ⭐ 🌿 🛜 [117 E5]
Hotel mit architektonisch interessantem Neubau in bester Lage oben über der Stadt am Waldrand mit Sicht auf die Alpen. Schlicht, aber warm eingerichtete Zimmer. Gute, kreative Küche. Terrasse, Garten. Zoo zu Fuß erreichbar. *67 Zi. | behindertengerecht Orellistr. 21 | Tel. 04 42 68 35 35 | Fax 04 42 68 35 45 | www.zuerichberg.ch | Tram 6, 39: Zoo*

ZUM STORCHEN ⭐ 🛜 [113 D4]
Als einziges Hotel der Stadt liegt das *Storchen* direkt an der Limmat. Man sitzt im ersten Stock auf der Terrasse direkt am Wasser. Das traditionsreiche Haus (seit 650 Jahren an dieser Stelle!) sorgt mit gediegenem Interieur für Gemütlichkeit; der Service ist erstklassig. Auch das Restaurant genießt einen hervorragenden Ruf. *73 Zi. | Weinplatz 2 | Tel. 04 42 27 27 27 | Fax 04 42 27 27 00 | www.storchen.ch | Tram 4, 15: Rathaus*

◼ HOTELS €€

ALTSTADT [113 E5]
Mischung aus Eleganz und familiärer Atmosphäre in einem Haus aus dem 14. Jh.; im Parterre schöne Bar. *23 Zi. | Kirchgasse 4 | Tel. 04 42 50 53 53 | Fax 04 42 50 53 54 | www.hotel-altstadt.ch | Tram 4, 15: Helmhaus*

COMFORT INN ROYAL [116 B6]
Mit Zimmern verschiedener Preisklassen; ganz toll die Panoramasuite und die <mark>Juniorsuite mit Dampfbad</mark> im Dachgeschoss. *70 Zi. | Leonhardstr. 6 | Tel. 04 42 66 59 59 | Fax 04 42 66 59 60 | www.comfortinn.ch | Tram 6, 7, 10, 15: Haldenegg*

Insider Tip

LIMMATBLICK [113 D3]
Schönes, modern gestyltes Haus in zentraler Lage. *14 Zi. | Limmatquai 136 | Tel. 04 42 54 60 00 | Fax 04 42 54 60 10 | www.limmatblick.ch | Tram: Central*

NOVOTEL ZÜRICH-WEST [114 C3]
Günstiger Viersterne-Komfort in Zürichs Trendquartier, dem Industrieviertel, in Gehweite zu diversen Szenelokalen, Puls 5 und dem Schiffbau. Mit Schwimmbad, Fitnessstudio und Tiefgarage. *142 Zi. | Schiffbaustr. 13 | Tel. 04 42 76 22 22 | Fax 04 42 76 23 23 | www.novotel.com | Bus/S-Bahn: Hardbrücke*

RÖSSLI ⭐ [113 E5]

In einer kleinen Oberdorfgasse hat sich dieses architektonisch interessante Haus versteckt: Bei der Renovierung wurden gekonnt moderne Elemente mit uralter Bausubstanz kombiniert. Alle Zimmer haben einen individuellen Touch. *27 Zi. | Rössligasse 7 | Tel. 04 42 56 70 50 | Fax 04 42 56 70 51 | www.hotelroessli.ch | Tram: Helmhaus*

STATTHOTEL [113 D4]

insider ipp

Kein durchgehend besetzter Empfang und kein Restaurant, dafür Nespressomaschine und (auf Wunsch gefüllter) Kühlschrank in jedem der modernen Zimmer im 500-jährigen Haus in toller Lage. *12 Zi., 1 App. mit Terrasse | Schneggengasse 8 | Tel. 043 2 68 59 30 | Fax 04 33 43 98 78 | www.statthotel.ch | Tram 4, 15: Rathaus*

WALHALLA 🔊 [112 C1]

Näher am Hauptbahnhof geht nicht: Nur ein paar Schritte sind es zum gepflegten Dreisternehaus, eine Tramstation liegt davor. Und im *Walhalla Guesthouse* im Nebengebäude sind Zimmer mit Dusche und W-Lan sogar für unter 100 Euro zu haben. *48 Zi. | Limmatstr. 5 | Tel. 04 44 46 54 00 | Fax 04 44 46 54 54 | www.walhalla-hotel.ch | Tram 4, 13: Sihlquai*

▪ HOTELS €

CITY BACKPACKER HOTEL BIBER [113 E3]

Zentral gelegenes Hotel für junge Leute und Familien; Duschen auf dem Gang. Mehrbettzimmer 35 CHF pro Nacht, auch Einzel- und Doppelzimmer. *16 Zi. | Niederdorfstr. 5 | Tel. 04 42 51 90 15 | Fax 04 42 51 90 24 | www.city-backpacker.ch | Tram/Bus: Rudolf-Brun-Brücke*

Alt und Neu überzeugend kombiniert: Zimmer im Rössli

HOTELS €

ETAP [114 C3]

Mitten im trendigen Stadtteil Zürich-West gelegen, ist dieses Haus die ideale Adresse für preisbewusste Besucher, die gerne zu Fuß nach Hause gehen. *160 Zi. | Technoparkstr. 2 | Tel. 04 42 76 20 20 | Fax 04 42 76 20 01 | www.etaphotel.com | Tram: Escher-Wyss-Platz*

IBIS [114 C3]

In der Nähe des Schiffbaus, also zentral in Zürich-West, am Wochen-ende fast so günstig wie das zur selben Gruppe gehörende *Etap. 155 Zi. | Schiffbaustr. 11 | Tel. 04 42 76 21 00 | Fax 04 42 76 21 01 | www.ibishotel. com | S-Bahn: Hardbrücke*

JUSTINUSHEIM ★ ☆ [116 C4]

Oben auf dem Zürichberg, mit Sicht auf Stadt und See, hält das Studentenwohnheim immer 15 Zimmer für Touristen frei. In den Semesterferien werden weitere Zimmer vergeben; mit Kochgelegenheit. *Ab 5 Zi. |*

> LUXUSHOTELS
Exquisites Wohnen und Übernachten

BAUR AU LAC ☆ ᯤ [113 D6]

150-jähriges Traditionshaus mit wunderschönem Garten bis fast zum See. Im Sommer wird dort von befracktem Personal das Frühstück serviert, und in der Marmorhalle des Biedermeierbaus trifft sich eine illustre Gästeschar aus aller Welt. *Ab 550 Euro/DZ. 125 Zi. | Talstr. 1 | Tel. 04 42 20 50 20 | Fax 04 42 20 50 44 | www.bauraulac.ch*

THE DOLDER GRAND ☆ ᯤ [121 F2-C4]

Exklusiver geht's nicht. Im majestätischen Jugendstilbau pflegen die Staatschefs und VIPs der oberen Klasse abzusteigen. Einmalige Lage hoch über der Stadt. Das Hotel ist im Frühling 2008 als City Resort mit zwei Neubauten und Spa wiedereröffnet worden. *173 Zi. | Kurhausstr. 65 | Tel. 04 44 56 60 00 | Fax 04 44 56 60 01 | www.thedoldergrand.ch*

EDEN AU LAC ☆ ᯤ [120 B4-C4]

Prunkvoll die Fassade, und innen geht's im gleichen Stil weiter. Die ☆ seeseitigen Zimmer bieten eine einmalige Sicht auf See und Stadt. Ab 431 Euro/DZ. *56 Zi. | Utoquai 45 | Tel. 044266 2525 | Fax 04 42 66 25 00 | www.eden aulac.ch*

SAVOY BAUR EN VILLE ᯤ [112 C5]

1975 wurde das Hotel abgerissen und 1978 mit den alten Fassaden neu aufgebaut. Das Savoy verfügt wohl über die exklusivste Lage, beherrscht seine Fassade doch stolz die gesamte Ostseite des renommierten Paradeplatzes. *Ab 520 Euro/DZ. 112 Zi. | Am Paradeplatz | Tel. 04 42 15 25 25 | Fax 04 42 25 25 00 | www.savoy-baurenville.ch*

WIDDER ᯤ [113 D4]

Nahe der Bahnhofstrasse in acht historischen Altstadthäusern untergebracht; mit allem Komfort. Alle Zimmer haben ihr eigenes Flair. In der hoteleigenen Bar jeweils dienstags Konzerte mit bekannten Jazzgrößen. *Ab 480 Euro/DZ. 49 Zi. | Rennweg 7 | Tel. 04 42 24 25 26 | Fax 04 42 24 24 24 | www.widder hotel.ch*

Freudenbergstr. 146 | Tel. 044361 3806 | Fax 04 43 62 29 82 | Seilbahn Rigiblick: Endstation

MARTAHAUS [113 E3]

Nahe beim Hauptbahnhof bietet dieses schlichte Hotel 1-, 2- und 3-Bett-Zimmer und Schlafkojen in 6-Bett-Zimmern zu 40 CHF; Etagenbad. Ein Pluspunkt ist die ☀ Dachterrasse. *95 Betten | Zähringerstr. 36 | Tel. 044 2514550 | Fax 04 42 51 45 40 | www. martahaus.ch | Tram/Bus: Central*

OASE [120 C2]

Das nikotin- und alkoholfreie evangelische Jugendwohnhaus bietet günstige Gästezimmer mit ein und zwei Betten. *5–15 Zi. | Freiestr. 38 | Tel. 04 42 67 35 35 | Fax 04 42 52 30 15 | www.oase-zh.ch | Tram 3, 8: Hottingerplatz*

OTTER [113 E5]

Ein Hotel für Junge und Junggebliebene in der Altstadt; große Zimmer. Etagenbad und *Wüste-Bar. 16 Zi. | Oberdorfstr. 7/Weite Gasse 10 | Tel. 04 42 51 22 07 | Fax 04 42 51 22 75 | www.wueste.ch | Tram: Bellevue*

ZIC ZAC ROCK-HOTEL ⭐ [113 D4]

Zentral, günstig, bequem und gut – das modern eingerichtete Haus mitten im Niederdorf lässt beim jungen Publikum kaum Wünsche offen: Neben Einzel- und Doppelzimmern gibt's günstige Drei-, Vier- und Fünfbettzimmer mit oder ohne eigenes Bad, aber auch eine Juniorsuite. Zum Haus gehören das indische Restaurant *Khan's* und das *Zic Zac Dörfli* mit Rockmusik, Snacks und Frühstück bis 17 Uhr. *42 Zi. | Marktgasse 17 |*

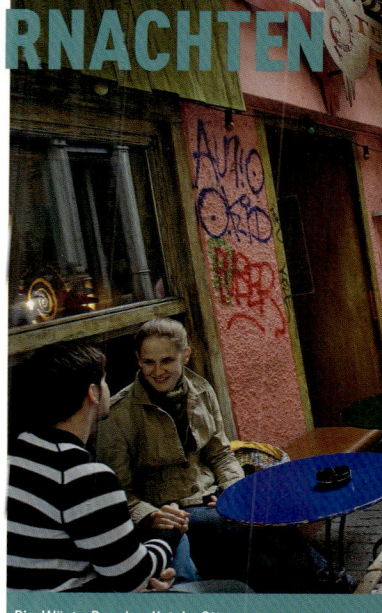

Die Wüste-Bar des Hotels Otter

Tel. 04 42 61 21 81 | Fax 044271 2175 | www.ziczac.ch | Tram 4, 15: Rathaus

■ JUGENDHERBERGE ■

Im 2-Bett-Zimmer mit eigener Dusche/WC kostet die Nacht mit Mitgliedskarte 61 CHF pro Person, im 5-Bett-Zimmer 39,50 CHF. *302 Plätze | Mutschellenstr. 114* [119 E6] *| Tel. 04 33 99 78 00 | www.youthhostel.ch | Tram 7: Morgenthal, Bus: Jugendherberge*

■ COUCHSURFING ■

Auch in Zürich gibt es neuerdings immer mehr Anhänger des sogenannten **Couchsurfings:** Viele mehrheitlich junge Zürcher bieten ihr Sofa im Internet gratis zum Übernachten an. Fotos, Beschreibungen und Referenzen im Netz sorgen für Vertrauenswürdigkeit. *www.pabs.ch*

Insider Tipp

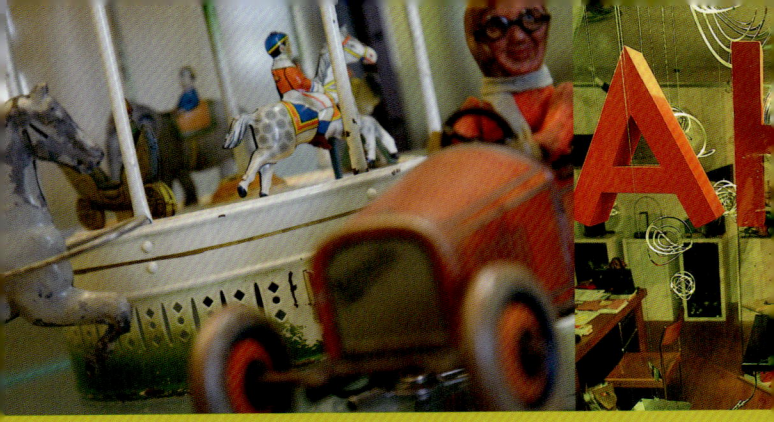

SCHIFFE, TIERE, INDIANER
Zürich hat Kindern viel zu bieten

> Zürich ist kinderfreundlich: Die Restaurants und Hotels bieten Kindermenüs und oft Gratissirup, die großen Museen Kinder- und Familienführungen an. In den Parks können sich die Kids auf großen Spielplätzen austoben. Nur ganztägige Kinderbetreuung gibt's für Touristenkinder noch nicht. Nachfolgend ein paar besonders kindergerechte Verkehrsmittel, Museen und Läden.

AHA [113 E4]
Der kleine Laden in der Altstadt ist ein Paradies für all jene, die sich von physikalischen Phänomenen und Spielereien begeistern lassen. An Hunderten von Objekten gibt's verschiedenste optische Täuschungen, Tricks und Gaukeleien auszuprobieren und die eigenen Fähigkeiten zu testen. Ein Aha-Erlebnis jagt dabei das andere. *Fr 13–18.30, Sa 10–16 Uhr | Spiegelgasse 14 | Tram 3: Neumarkt*

KINDERMUSIKLADEN [113 E5]
Das Musikgeschäft Hug hat am Limmatquai betreibt einen auf Kinderhände

ausgerichteten Instrumentenladen, in dem sich die verschiedenen Klangkörper ausprobieren lassen – von der Blockflöte über den afrikanischen Djembe bis zur klingenden Kugelbahn. *Mo–Fr 9–18.30, Do bis 19, Sa 9–17 Uhr | Laternengasse 5 | Tel. 442 69 41 44 | Tram: Rathaus*

LIMMATSCHIFFE ⭐ [113 D1]
Zürichs Brücken von unten zu sehen ist mit den Limmatschiffen möglich. Die niedrigen Flussschiffe pendeln von April bis Oktober zwischen Landesmuseum und dem Seebecken und bieten eine bei Kindern besonders beliebte andere Perspektive auf die Stadt. *Abfahrt alle 30 Min. | Infos: 04 44 87 13 33 | www.zsg.ch*

NORDAMERIKA NATIVE MUSEUM NONAM [0] Insi Tir
Das Indianermuseum im Seefeldquartier ist ein Muss für Familien mit Jungs. Die Sammlung zeigt über 2000 Gegenstände der Indianer und Inuit Nordamerikas wie

>MIT KINDERN UNTERWEGS

Kleider, Decken, Schmuck, Masken oder Kultgegenstände sowie kolorierte Stiche des berühmten Kunstmalers Karl Bodmer. *Di, Do, Fr 13–17, Mi 13–20, Sa/So 10–17 Uhr | Eintritt CHF 8, Kinder 3, Familien 20 | Seefeldstr. 317 | www.indianermu seum.ch | Tram 2, 3, Bus 33: Tiefenbrunnen*

RADDAMPFER [113 D6]
Vom Bürkliplatz aus bietet die Zürichsee-Schiffahrtsgesellschaft 90-minütige und halbtägige Rundfahrten an. Abends laufen die Schiffe zu verschiedenen Partys als BBQ-, Oldies- oder Fondueschiff aus. Ein besonderes Erlebnis sind die beiden historischen Raddampfer „Stadt Zürich" und „Stadt Rapperswil", die bei schönem Wetter im Einsatz sind. *Info (tgl. ab 7.30 Uhr): Tel. 04 44 87 13 21*

ZOOLINO/NATURWERKSTATT [117 F5]
Im Zoo liegt vor der Masoalahalle das große Areal des Zoolino und der Naturwerkstatt. Es besteht aus einem Streichelzoo sowie einer Werkstatt, in der es

um Bauernhoftiere und Wildtiere im Siedlungsraum geht. Die Fledermausausstellung zeigt die Aktivität der Tiere in der Abenddämmerung, ein Naturlabyrinth aus Holzstapeln sowie ein großer Spielplatz mit natürlichem Mobiliar ergänzen das Angebot. *Jeden 1. Mi im Monat 14–16 Uhr Werk- und Bastelkurs | Treffpunkt Zooeingang | Anmeldung nicht eforderlich Tram 5: Zoo*

ZÜRCHER SPIELZEUGMUSEUM [113 D3]
Nur fürs Auge, aber dafür umso üppiger ist die Sammlung Franz Carl Weber im Dachgeschoss eines Altstadthauses: Mehrstöckige Puppenhäuser, Eisenbahnanlagen, Baukästen, Puppen – alles, wovon Kinder vor dem Einzug des Kunststoffs ins Kinderzimmer träumten und was sie manchmal wohl auch bekamen. Der Museumshop verkauft Holzspiele, das nahe Geschäft von F.C. Weber *(Kidstown)* alles, was Kinder sich sonst so wünschen. *Mo–Fr 14–17, Sa 13–16 Uhr | Eintritt frei | Fortunagasse 15 | Tram 6,7,11,13: Rennweg*

> NEUE EINBLICKE UND BEWÄHRTE PFADE

Durch die Bahnhofstrasse und auf den Zürichberg

Die Spaziergänge sind auf dem hinteren Umschlag und im Cityatlas grün markiert

1 FRAUEN AUF DER BAHNHOFSTRASSE

Zürichs Luxusmeile einmal anders gesehen: ein zweistündiger Spaziergang mit frauengeschichtlichem Hintergrund.

Der Hauptbahnhof ist nicht nur der Ausgangspunkt für einen Spaziergang durch die Bahnhofstrasse (S. 34), sondern war auch der Ankunftsort mancher berühmter Frauen. Nadesch-da Krupskaia und Lenin kamen 1916 hier an, die Exilantinnen Else Lasker-Schüler, Erika Mann, Therese Giehse, Jo Mihaly taten es ihnen in den folgenden Jahren gleich. Heute steigen vor allem Pendler und Touristen im Hauptbahnhof aus, biegen in der Bahnhofshalle rechts ab und gelangen auf Zürichs berühmteste Straße.

Interessanterweise birgt die Bahnhofstrasse allerlei Geschichten – dieses Mal über Frauen –, die nicht auf

Bild: Schaufenster von Beyer Chronometrie in der Bahnhofstrasse

STADT
SPAZIERGÄNGE

den ersten Blick ersichtlich sind. Wer unter den prächtigen Linden seewärts flaniert, wird sich kaum vorstellen können, dass dies um 1830 die „mindere Stadt" war – eine von mittelalterlichen Häusern und Plätzen geprägte Kleinstadt mit stinkenden Abwassergräben, die die gesamten Abfälle und Fäkalien des Quartiers in die Limmat führten, wo flussaufwärts wiederum die Waschweiber ihrer Arbeit nachgingen.

Heute bestimmt ein anderes Frauenbild die Gegend: bestgekleidete Geschäftsfrauen, Gattinnen viel verdienender Bankiers, aber auch zahlreiche andere Frauen, die sich's einfach leisten können, tun sich dort gütlich: traumhafter Antikschmuck des Juweliers **Hofmann**, schöne Kleider bei **Feldpausch**, dessen moderne Fassade die gleichnamige Bauherrin durchgesetzt hat, Artikel für den stilvoll gehobenen Haushalt bei **Rosen-**

thal, edle Schuhe bei **Bally**. Im unteren Teil der Straße, wo sich neuerdings diverse Billigkleiderläden niedergelassen haben, werden heute auch Mädchen und junge Frauen schnell fündig.

Die Gegend lädt aber nicht nur zum Shopping ein, sondern schreibt auch Zürcher Frauengeschichte der selbstbewussten Art. Auf den Spuren weiblicher Anwesenheit im öffentlichen Raum könnte der Spaziergang hier kurz unterbrochen werden: Vor dem renovierten Bally links abbiegend erreicht man den Rennweg. Dort ist das Schuhgeschäft **Dosenbach** ansässig. Dieses wurde 1880 – die Bahnhofstrasse war noch längst nicht fertig gestellt und der Sprung ins soeben entstehende Geschäfts- und Verwaltungsviertel noch äußerst gewagt – von Franziska Dosenbach eröffnet und von ihrer Tochter Johanna geleitet. Nach dem frühen Tod ihres Mannes war sie gezwungen, allein für sich und ihre 13 Kinder zu sorgen. Sie entwickelte sich zu einer äußerst erfolgreichen Geschäftsfrau, die bis ins hohe Alter die Fäden des weit verzweigten Geschäfts fest in ihren Händen hielt.

Insider Tipp Auf dem Hügel oberhalb des Rennwegs liegt der *Lindenhof*, auf dem Zürichs Frauen 1291 als Männer verkleidet das österreichische Heer in die Flucht schlugen. Zurück auf der Bahnhofstrasse, ist es heute kaum mehr vorstellbar, dass an diesem properen Ort Frauen und Männer einst ihre Notdurft im Freien verrichteten. 1850 wurde solches Handeln unter Strafe gestellt. Aus „ästhetischen und aus sitten- und gesundheitspolizeilichen Gründen" wurde 1893 auf dem heutigen **Bürkliplatz** *(S. 36)* die erste öffentliche Bedürfnisanstalt für Frauen errichtet. Für Frauen des Bürgertums, die sich damals und heute in der **Confiserie Sprüngli** *(S. 73)* am Paradeplatz treffen, war diese Einrichtung allerdings nicht gedacht, obwohl sie die Einzigen gewesen wären, die sich die hohe Benutzungsgebühr hätten leisten können. Es mussten noch einige Jahre vergehen, bis sich der Stadtrat dazu entschloss, in den öffentlichen Bedürfnisanstalten je eine WC-Schüssel unentgeltlich zur Verfügung zu stellen. Heute ist dieser selbstverständliche Service zum Ärger vieler Frauen allerdings vielerorts wieder kostenpflichtig.

Dies und vieles mehr an Frauengeschichte(n) hat die Stadt zu bieten. Der *Verein Frauenstadtrundgang* führt regelmäßig frauengeschichtliche Stadtrundgänge durch und ruft damit die verdrängte Geschichte des weiblichen Geschlechts wieder ins Gedächtnis. *www.femmetour.ch | Vorverkauf: Buchhandlung Klio | Zähringerstr. 41 | Tel. 04 42 51 42 12 | Preis 20 CHF*

2 UMWEG ZUM ZOO

Der mit guten Verpflegungsmöglichkeiten gespickte und aussichtsreiche Spaziergang für einen Nach- oder Vormittag kann gut mit einem Besuch im Zoo kombiniert bzw. abgeschlossen werden.

Die **Standseilbahn Rigiblick** *(S. 56)* bringt Sie vom Rigiplatz den steilen **Zürichberg** hinauf zur Endstation – vorbei an Villen und Gärten, mit Einblicken in Küchen und Stuben.

STADTSPAZIERGÄNGE

Oben angekommen, ist vielleicht schon Kaffee und Kuchen angesagt, was auf der großzügigen Terrasse des ☀ **Restaurants Rigiblick** – 100 m links der Bergstation – mit Blick über die ganze Stadt vorzüglich mundet. Als Verdauungsspaziergang gestaltet sich in der Folge die kleine Wanderung, für die Sie erst der Susenbergstrasse,

leibliche Wohl besorgt sind. Dank seines spiralförmigen Neubaus bietet das Hotel auch etwas für Architekturinteressierte. Nach weiteren 10 Minuten erreichen Sie den **Zoo** *(S. 57)*, der auf jeden Fall einen Besuch wert ist. Kurz vorher trifft der Weg auf die Endstation der Tramlinien 6 und 5, die Sie schnell wieder in die Stadt

Die Ganymed-Skulptur am Bürkliplatz schuf Hermann Hubacher 1952

dann links dem Spyristieg folgen, um dann den Waldrand entlangzupilgern, hoch über Zürich und mit entsprechender Aussicht ins industrialisierte Limmattal, gen Westen über diverse Hügelketten und bei klarem Wetter auf die verschneiten Berner und Zentralschweizer Alpen.

Nach ca. 30 Minuten taucht rechts das **Hotel** *Zürichberg (S. 88)* auf, dessen Terrasse und Küche um das

Insider Tipp

zurückbringen. Zuvor sollten Sie aber auf der Dreiwiesenstrasse ein Stück weit geradeaus gehen. Nach wenigen Schritten ist dort linker Hand der monumentale **Hauptsitz der FIFA**, des Weltfußballverbands, zu sehen. Der 2007 eingeweihte, stolze 160 Mio. teure gläserne Prunkbau der Architektin Tilla Theus wird in Anlehnung an den FIFA-Präsidenten Sepp Blatter auch „Palazzo Blatter" genannt.

EIN TAG IN ZÜRICH

Action pur und einmalige Erlebnisse.
Gehen Sie auf Tour mit unserem Szene-Scout

WAKE UP

8:00

Los geht der Tag im *El Greco*. In dem angesagten Café treffen sich Professor, Punk, Künstler und Student auf einen Plausch am Morgen. Am besten einen Kaffee und ein Sandwich bestellen und die Leute, die hier ein- und ausgehen, beobachten. Tipp: Wenn die Sonne scheint, unbedingt einen Freiluftplatz ergattern. Das italienische Flair des Platzes ist berühmt. **WO?** *Limmatplatz 7 | Tel. 04 42 72 34 11 | So. geschl.*

9:00

AUF DER SPUR

Die Gehirnzellen laufen heiß, denn bei der Schnitzeljagd quer durch die City ist Köpfchen gefragt. An verschiedenen Stationen gilt es, knifflige Aufgaben zu erfüllen, denn nur deren Lösung verrät, wo es als nächstes hingeht. Jetzt heißt es flink sein und vor den anderen das Ziel erreichen. **WO?** *Treffpunkt Hauptbahnhof | Kosten: ab 29 CHF | Tel. 04 13 29 80 00 | Anmeldung unter: www.foxtrail.ch*

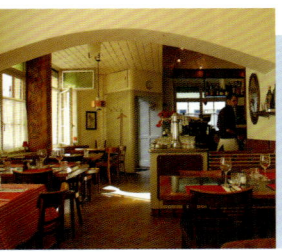

SCHLEMMER-LUNCH

12:00

Lust auf Safranrisotto mit Rosmarinbutter und knusprigem Speck? Dann ab ins *Eichhörnli* im angesagten Kreis 4. Das Restaurant im Stil der 50er-Jahre ist der Hotspot der Trendsetter. Auf die Teller kommt ein Mix aus italienischer und Schweizer Küche. **WO?** *Nietengasse 16 | Tel. 04 42 41 11 28 | www.restaurant-eichhoernli.ch | So/Mo geschl.*

14:00

ACTION PUR

Der ultimative Kick wartet! Fliegen im 200 Stundenkilometer schnellen Luftstrom. Von einem Riesenpropeller wird die Luft vertikal nach oben geblasen. Während man einige Meter hoch in der Luft schwebt, jagt Adrenalin durch die Adern. **WO?** *Airodium, Oberglatterstr. 35 | Rümlang | Kosten: ab 72 CHF | Anmeldung unter 04 48 17 02 09 | www.bodyflying.ch*

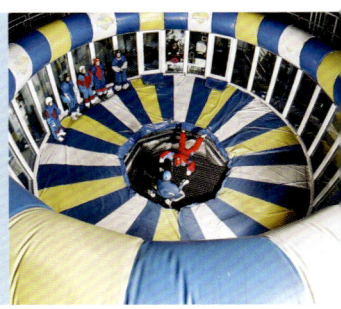

DEGUSTATION PER KNOPFDRUCK

16:00

Im *Ristorante Italia* steht eine Weinverkostungsmaschine – eine Rarität, die man sicher selten zu Gesicht bekommt. Feinschmecker können sich hier ihre Lieblingsweine aussuchen, die dann per Knopfdruck ins Glas fließen. Abgerechnet wird per Chipkarte! **WO?** *Zeughausstr. 61 | Kosten: ca. 20 Euro | Tel. 04 32 33 88 44 | www.ristorante-italia.ch*

18:00

RAN ANS GLAS

Glas-Fusing steht auf dem Programm. Mit einer Portion Kreativität gestaltet man unter Anleitung z.B. eine Glasschale. Und so geht's: Auf einer Platte werden bunte Streifen aus Glas übereinandergelegt und bei 800 Grad miteinander verschmolzen. Nach zwei bis drei Brennvorgängen sind die selbst gefertigten Designerstücke abholbereit. **WO?** *Glasofan, Grünhaldenstr. 54 | Kosten: ab 100 CHF | Di und Do | Anmeldung unter Tel. 043/300 12 92 | www.glasofan.ch*

PRIVATE DINNER

21:30

Hoch auf einem Balkon des *Club Adagio* befindet sich das kleinste Restaurant der Welt. Es besteht aus nur einem Tisch, bietet aber exklusiven Service und ein Menü, das für jeden speziell nach den eigenen Wünschen zubereitet wird. Während des Essens kann man einen Blick auf die anderen Gäste im Club werfen oder die Vorhänge schließen, um ungestört zu dinieren. Candlelightdinner de Luxe! **WO?** *Gotthardstr. 5 | Anmeldung unter Tel. 04 42 06 36 66 | http://zh.adagio.ch*

24:00

STYLE-TEMPEL

Der *Club Diagonal* zählt zu den besten Partylocations der Schweiz. Im Retroambiente der 1970er feiert man zum Sound der angesagtesten DJs. Die gemütlichen und stylishen Lounges können nur von Mitgliedern reserviert werden. Also schnell zwei Empfehlungen von Stammgästen holen, denn so kommt man supereinfach an die Member-Card. **WO?** *Gärnischstr. 10 | Tel. 04 42 01 24 10 | www.club-diagonal.ch*

> ANS WASSER UND IN DIE ALPEN

Entdecken Sie von Zürich aus die Naturschönheiten des Schweizer Mittellandes

1 DIE RIGI, DIE KÖNIGIN DER VORALPEN

Diese kleine Reise führt u.a. mit der ältesten Zahnradbahn Europas auf die Rigi, einen tollen Aussichtsberg, ist gespickt mit Möglichkeiten zur Einkehr, gut in einem Tag zu machen und nur mit einem Problem behaftet: Es liegen derart viele Sehenswürdigkeiten am Weg, dass Entscheidungsfreudigkeit gefordert ist.

Bild: Luzern: Kapellbrücke über die Reuss

Sie fahren mit den Schweizerischen Bundesbahnen in die Kapitale der Innerschweiz, **Luzern**. Der Bahnhof wurde unverkennbar von dem bekannten spanischen Architekten Santiago Calatrava entworfen. Gegenüber steht das neue Kultur- und Kongresszentrum des französischen Stararchitekten Jean Nouvel. Mit dem Schiff gelangen Sie in knapp einer Stunde zu dem Ort **Vitznau**, der auf der Sonnenseite des Vierwaldstättersees

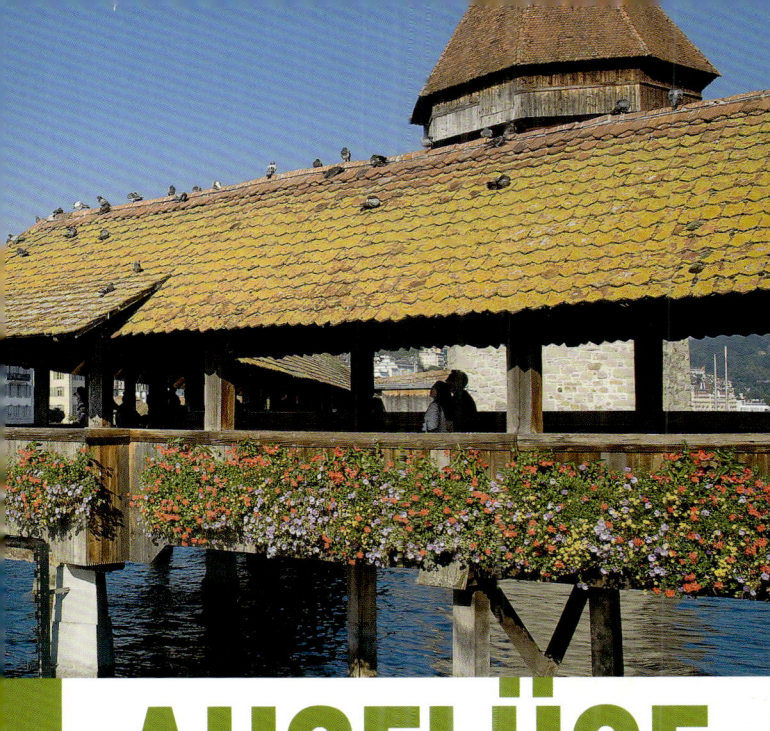

AUSFLÜGE & TOUREN

am Fuße der Rigi in einer malerischen Bucht liegt.

Nur einen kurzen Spaziergang von der Schiffsstation entfernt thront das weiße Gebäude des *Park Hotels Vitznau* über dem See, ein wahres Märchenschloss im Belle-Époque-Stil. Das Hotel lockt von Juni bis September jeweils sonntags mit einem phänomenalen Gourmet-Brunchbüfett, das zwar nicht ganz billig (51 Euro/Person), aber in seiner Vielfalt und Qualität nicht zu übertreffen ist. Auf der Terrasse genießt man einen Rundblick über See und Berge *(Kantonsstrasse | Tel. 041 39 96 06 0 | Fax 04 13 99 60 70 | www.parkhotel-vitznau.ch | €€€)*.

Wer etwas später dran ist, steigt direkt in die ☀ **Vitznau-Rigi-Bahn** um, die in einer Viertelstunde gut 1000 Höhenmeter überwindet und wunderbare Aussichten bietet. Die Bahn wurde 1871 in Betrieb genommen und war die erste Zahnradbahn Europas. Sogar die Königin von England unternahm 1868 einen Ausflug nach **Rigi-Kaltbad**, wo – der Name sagt's – seit dem 17. Jh. Pilger ihre Leiden zu heilen suchten. Auf Rigi-Klösterli entstand eine Kapelle, und bald entspann sich ein Wallfahrtstourismus, im Zuge dessen Gasthäuser und Hotels aus dem Boden schossen. Heute ist die Rigi ein beliebtes und ruhiges, weil autofreies Ferienziel. Einen exzellenten Ruf genießt die Rigi nicht nur wegen ihrer einzigartigen Lage unmittelbar vor dem Alpenhauptkamm, sondern auch dank ihrer sonnigen, schnell erreichbaren Terrassen, die besonders im Herbst, wenn meist das gesamte Schweizer Mittelland unter einer dicken Hochnebeldecke begraben liegt, attraktiv sind.

Rigi-Kaltbad kann man übrigens auch von **Weggis** aus mit einer Seilbahn erreichen. Ein längerer, aber geruhsamer Spaziergang führt von Kaltbad nach Rigi-Scheidegg, wohin bis 1931 ebenfalls eine Bahn fuhr. Jetzt spaziert man auf der alten Trasse nach **Rigi-First**, wählt dort am besten den zwar leicht exponierten, dafür aber eine grandiose Aussicht auf den Vierwaldstättersee bietenden ☀ *Felsenweg*, um bei Unterstetten nicht nur wieder auf die Trasse zu stoßen, sondern auch auf ein Restaurant. Weiter geht's die leicht ansteigende Trasse entlang auf der anderen Seite des Bergkammes mit Blick gegen Norden und sogar durch einen alten Tunnel. Mit der **Scheidegg** erreichen Hungrige und Durstige weitere Restaurants und die kleine Seilbahn, die in wenigen Minuten die 1000 m tiefer gelegene Bahnstation **Kräbel** erreicht, wo es auf die Zahnradbahn umzusteigen gilt. Diese bringt Sie zum altehrwürdigen eisernen Brückenbahnhof der Arth-Rigi-Bahn gleich über den Gleisen der SBB. In 40 Minuten erreichen Sie den Zürcher Hauptbahnhof.

SBB Zürich-Luzern (jede halbe Stunde | Fahrzeit ca. 50 Min.) | Schiff Luzern-Bahnhofquai-Vitznau (Fahrzeit knapp 1 Std.) | Vitznau-Rigi-Bahn (je nach Variante 18–30 Min.) | Rigi-Arth-Goldau (je nach Variante 6–30 Min.) | SBB Arth-Goldau-Zürich (Fahrzeit: 40–50 Min.)

SBB-Rundreisebillette sind am Bahnschalter erhältlich. Detailinfos unter *www.sbb.ch* und *www.rigi.ch*.

Die Rigi-Bahn war die erste Zahnradbahn Europas

AUSFLÜGE & TOUREN

2 ZUR TIEFSTGELEGENEN ALP DER SCHWEIZ

Eine kleine Rundreise auf der schönen Sonnenseite des Zürichsees, verbunden mit einem etwas ausgedehnteren Spaziergang zu einem typischen Landrestaurant echt Schweizer Prägung.

Mit der Forchbahn fahren Sie bis zur Station Forch, dem Ausgangspunkt des Spaziergangs. Folgen Sie den gelben Schildern, die nach Erlenbach, dem Ziel des Ausflugs, weisen. Schon nach einer Viertelstunde tut sich eine Variante auf: Im Weiler Wangen beginnt das Küsnachter Tobel (Tobel, schluchtartiges Tal mit einem Bach), das sich gut 6 km bis nach Küsnacht am See hinunterzieht und mit einem lauschigen Weg erschlossen ist.

Der Weg findet auf einem Straßenstück seine Fortsetzung und biegt nach einer Brücke über ein Rinnsal ab. Links am Weiler Limberg vorbei, leicht Haken schlagend durch einen lichten Wald zur Straße, wo zwei Schilder den Weg nach Erlenbach weisen. Sie halten sich an die Variante links, die ein Stück die Straße entlang und gemäß einer fast in den Baum eingewachsenen Tafel zur Kittenmühle führt. Den Anfang des Erlenbacher Tobels durchqueren Sie vorerst und gelangen über eine Alpwiese zu einer uralten Eiche, an deren Fuß  Bänke dazu einladen, den herrlichen Blick über den See auf die voralpine Hügellandschaft zu genießen.

In wenigen Minuten erreichen Sie die Blüemlisalp: eine Alp mit zugehöriger Genossenschaft und einem Restaurant urschweizerischen Zu-

schnitts, das Landspezialitäten serviert *(Do–Sa und Mo 9–0.30, So 10 bis 22 Uhr | €€€)*. Im Sommer stehen auf dem Vorplatz Tische und Bänke zum Essen und Mosttrinken.

Frisch gestärkt, machen Sie sich wieder auf Richtung Erlenbach. Durch das schon erwähnte Erlenbacher Tobel gelangen Sie vorbei an kleinen Wasserfällen und skurrilen Steininformationen, über Stege und Brücken langsam zur Goldküstengemeinde Erlenbach, einem bevorzugten Wohnort für Leute mit besser gepolstertem Geldbeutel. Von dort bringt Sie die S 6 bzw. S 16 in 15 Min. nach Zürich, oder Sie wählen (im Sommer) die attraktivere Variante mit dem Schiff. Unmittelbar neben dem stilvollen Anlegeplatz lädt die auf den See hinausragende, verglaste Terrasse des *Seerestaurants Schönau (tgl. 8–24 Uhr | €€)* zum „Zvieri" (kleiner Nachmittagsimbiss) ein. Die Fahrt mit dem Schiff zurück an den Bürkliplatz in Zürich versetzt einen dann gänzlich in andere, südliche Gefilde: Der Blick auf die überbaute Goldküste – das rechte, sonnenbeschienene und eben eher teure Pflaster – sowie die stattlichen Bürohäuser und schönen Hotelpaläste eingangs Zürich weckt schon fast Erinnerungen an mediterrane Ferienerlebnisse

Bahnhof Stadelhofen, mit der Forchbahn (S 18) bis Forch (mittags alle 15 Min., Fahrzeit 21 Min.) | Spaziergang (je nach Schrittlänge und Pausen: 1,5–3 Std.) | Schiff Erlenbach–Zürich (Fahrzeit ca. 30 Min.). Am günstigsten für diesen Ausflug ist eine ZVV-Tageskarte für vier Zonen. Sie kostet 16 CHF.

> VON ANREISE BIS ZOLL

Urlaub von Anfang bis Ende: die wichtigsten Adressen und Informationen für Ihre Zürich-Reise

▓ ANREISE ▓

AUTO

Zürich ist aus allen Richtungen und – mit Ausnahme der Morgen- und Abendstunden – meist ohne Stau über diverse Autobahnen gut zu erreichen.

BAHN

Zürich ist auf der Schiene von ganz Europa aus sehr gut erreichbar. Der Hauptbahnhof liegt mitten im Zentrum, und dank der perfekten öffentlichen Verkehrsmittel ist ein zügiges Weiterkommen garantiert. Auch Taxis stehen immer genügend zur Verfügung. Rail Service: *Tel. 09 00 30 03 00 | www.sbb.ch*

FLUGZEUG

Der Flughafen Zürich-Kloten wird von Lufthansa, Austrian Airlines, Air Berlin, Niki und vielen weiteren Fluggesellschaften angeflogen. Unter dem Check-In 3 (Zugang über Terminal 2 und 1) liegt der Flughafenbahnhof, von dem Züge im 10-Minuten-Takt nach Zürich verkehren. Die einfache Strecke kostet 6,20 CHF. Für eine Fahrt mit dem Taxi in die Innenstadt müssen Sie mit 40–50 CHF rechnen.

▓ APOTHEKEN ▓

BELLEVUE-APOTHEKE [113 E6]
24 Stunden geöffnet | Theaterstr. 14 | Tel. 04 42 66 62 22

PRAKTISCHE
HINWEISE

APOTHEKE HAUPTBAHNHOF [113 D2]
Großes Drogerie- und Parfümerie-
angebot. *Tgl. 7–24 Uhr | im Haupt-
bahnhof | Tel. 04 42 25 42 42*

■ AUSKUNFT
SCHWEIZ TOURISMUS
Kostenloses Servicetel. für Informationen und Hotelbuchungen.*Tgl. 8–21
Uhr | Tel. 080010020030 | Fax 0800
10020031 | www.myswitzerland.com*

ZÜRICH TOURISMUS [113 D2]
*Im Hauptbahnhof | Mai–Okt. Mo bis
Sa 8–20.30, So 8.30–18.30, Nov. bis
April Mo–Sa 8.30–19, So 8.30 bis
18.30 Uhr | Tel. 04 42 15 40 00 | Fax
04 42 15 40 80 | www.zuerich.com*

HOTELRESERVATION
*Tel. 04 42 15 40 40 | Fax 044215
4080 | hotel@zuerich.com*

■ AUTO
Die Höchstgeschwindigkeit beträgt in
der Schweiz innerorts 50 km/h, auf
Landstraßen 80 km/h, auf Autobahnen 120 km/h. Das Überschreiten der
Tempolimits wird mit hohen Geld-
bußen geahndet. Die Promillegrenze
liegt bei 0,5. Eine Autobahngebühr
muss in Form einer Vignette für 40
CHF (gültig ein Kalenderjahr) ent-
richtet werden, und zwar auch für
Anhänger. Sie ist an der Grenze, bei
Postämtern und bei allen Autoclubs
erhältlich und muss sichtbar an der
Frontscheibe befestigt sein.

Die Pannenhilfe erreichen Sie unter *Tel. 140*; Infos zum Straßenzu-
stand gibt es unter *Tel. 163*.

In der Innenstadt von Zürich empfiehlt es sich, die sehr guten öffentlichen Verkehrsmittel zu benutzen.
Parkplätze sind rar und alle gebühren-
pflichtig. Zürich hat ein Parkleitsys-

WÄHRUNGSRECHNER

€	CHF	CHF	€
1	1,52	1	0,66
2	3,04	2	1,32
3	4,56	3	1,98
4	6,04	4	2,64
5	7,60	5	3,30
7	10,64	7	4,62
8	12,16	8	5,28
9	13,68	9	5,94
10	15,20	10	6,60

tem, das die jeweils freien Plätze in
den Parkhäusern anzeigt.

■ BAHNEN
Die Schweizerischen Bundesbahnen
(SBB) unterhalten das nach Japan
zweitdichteste Bahnnetz der Welt.
Es gibt diverse Sondertarife: *Halb-
tax-Abonnement:* einen Monat alle
Fahrten zum halben Preis für 99
CHF. *Swiss Pass:* freie Fahrt auf allen
Bahn-, Bus- und Schiffslinien, Stra-
ßenbahnen in 35 Städten (auch Zü-
rich). Wahlweise für 4, 8, 15, 22 Tage
oder 1 Monat, 260 bis 576 CHF.
Auskunft: *Rail-Service | tgl. 24 Stun-
den | Tel. 09 00 30 03 00*

■ BANKEN & GELD ■

Die meisten Banken sind Mo–Fr von 8.15–16.30 Uhr, der Geldwechsel im Hauptbahnhof tgl. von 6.15–22.45 Uhr geöffnet. An allen Bank- und Postgeldautomaten kann man mit EC/Maestro-Karte, Kreditkarte oder Postcard Bargeld beziehen, zum Teil auch wahlweise in Euro. In vielen Geschäften wird der Euro als Zahlungsmittel akzeptiert, das Rückgeld bekommen Sie dann aber in CHF.

■ EINREISE ■

Die Schweiz ist Teil des Schengenraums. Für Bürger der EU genügt zur Einreise in die Schweiz ein gültiger Personalausweis.

■ FUNDBÜRO ■

STÄDTISCHES FUNDBÜRO [113 D3]
Werdmühlestr. 10 | Mo–Fr 7.30 bis 18.30 Uhr | Tel. 04 44 12 25 50 | Tram 3, 10, 14, Bus 31: Bahnhofplatz

FUNDBÜRO DER BAHN [113 D2]
Im Hauptbahnhof | Mo–So 8–19.45 Uhr | Tel. 09 00 30 03 00

■ GEPÄCK ■

Als Flugreisender können Sie Ihr Gepäck bis zum Hauptbahnhof spedieren lassen und es bei der Abreise auch dort wieder aufgeben (20 CHF pro Gepäckstück). Sie können 24 Stunden vor Abflug einchecken. *Gepäckaufgabe und Fly-Gepäck: Tel. 05 12 22 29 04 | tgl. 7–19.45, So ab 8 Uhr. Gepäckausgabe: Tel. 0512 222903 | tgl. 9–19.45 Uhr*

■ INTERNET ■

Flächendeckendes öffentliches W-Lan ist in Zürich erst projektiert, höchst umstritten und auf wenige Plätze beschränkt. Eine aktuelle Liste aller so genannten Hotspots gibt's unter *www.swiss-hotspots.ch*.

Eine gute Übersicht für Besucher bietet die Internetseite des Tourismus-Büros: *www.zuerich.com*. Die Stadt präsentiert sich auf *www.stadt-zuerich.ch* mit vielen Infos zu Sport und Kultur. Die Adresse für den Abend ist *www.zueritipp.ch* – von Restaurants bis zu Kinos und Theatern sind alle Adressen und Veran-

> KICKEN, RENNEN, REITEN

Das Herz der Zürcher schlägt für den Fußball

Die beiden Fußballclubs, die Grasshoppers und der FCZ (Fussballclub Zürich) im neu erbauten Letzistadion, sind zwar nicht so berühmt wie die von Manchester oder Mailand. Doch wenn die beiden Stadtrivalen gegeneinander antreten, ist das Stadion bis auf den letzten Platz besetzt. Für die anderen Spiele, auch die internationalen, gibt's meist an der Stadionkasse noch Tickets. Infos: *www.gcz.ch | www.fcz.ch*. Tickets auch im *Kaufhaus Jelmoli*, im *Billettservice an der Löwenstr. 35* und im *Ticketcorner an der Bahnhofstr. 9 (www.ticketcorner.ch)*. Ebenfalls im Letzigrund-Stadion findet jeweils im August die Leichtathletik-Veranstaltung *Weltklasse Zürich* statt *(www.weltklassezuerich.ch)*. Im Hallenstadion messen sich im Januar beim *CSI (Concours de Saut International)* die weltbesten Springreiter *(www.mercedes-csi.ch)*.

PRAKTISCHE HINWEISE

staltungen hier zu finden. Infos zur „Partystadt" findet man auf *www.clubselection.ch* und *www.tilllate.ch*; dort werden u.a. Fotos von Partybesuchern veröffentlicht – ein Stück nette, voyeuristische Unterhaltung.

Gastronomie, Unterhaltung:
www.zuri.net; *www.guide.local.com*; *www.20min.ch*; *www.usgang.ch*

Veranstaltungen:
www.starticket.ch; *www.ticketcorner.ch*; *www.tictec.ch*; *www.zueritipp.ch*

Unterkunft:
www.bnb.ch (Bed-and-breakfast); *www.hotels4you.com*

Wetter: *www.wetter.ch*

■ INTERNETCAFÉS

Die Hochblüte der Webcafés ist definitv vorüber. Inzwischen haben selbst einfache Hotels eine Internetecke oder WLan, damit die Gäste schnell mal ihre Mails abrufen oder im Web surfen können. In der Passage des Hauptbahnhofs stehen diverse Internetkonsolen, wo man sich für etwas Kleingeld einloggen kann. Mit den großen Plätzen, dem Bahnhof-, Parade- und Bürkliplatz sowie dem Bellevue und bislang 40 umliegenden Etablissements ist zudem quasi die ganze Innenstadt mit WLan ausgerüstet. Die aktuelle Liste aller Hotspots: *www.swisshotspots.ch*.

E-CAFÉ URANIA [112 C3]

Hier stehen 20 PCs mit der üblichen Software für 0,25 CHF pro Minute (mindestens 10 Min.) zur Verfügung.
Mo–Fr 7–23, Sa 8–22, So 10–23 Uhr | Uraniastr. 3 | Tel. 04 42 10 33 11 | www.cafe.ch | Tram 6, 7, 11, 13: Bahnhofstrasse

■ NOTRUF

Polizei: 117
Feuerwehr: 118
Sanitäter: 144
Erste Hilfe: 04 43 60 44 44
Ärztezentrale: 04 42 69 69 69
Notruf für vergewaltigte Frauen: 04 42 91 46 45
Tierärztlicher Notdienst: 04 46 35 81 14

> WAS KOSTET WIE VIEL?

> KAFFEE	2,40–2,70 EURO Café crème
> BIER/WEIN	2,20–5 EURO für ein Glas Bier/Wein
> PRALINEN	4,50 EURO für 40g VIP, Nr. 1 von Sprüngli
> ESSEN	12–17 EURO für ein Mittagessen
> PARKEN	2,40 EURO pro Stunde
> TRAMFAHRT	1,45 EURO für eine Kurzstrecke

■ ÖFFENTLICHE VERKEHRSMITTEL

Eine einzelne Kurzstreckenfahrt mit Tram und Bus kostet 2,50 CHF, eine über 5 Stationen 4 CHF. Eine Tageskarte (24. Std. gültig) kostet 8 CHF. Viel günstiger ist die *ZürichCard* für 19 CHF: Sie berechtigt zu Fahrten auf Bahn, Bus, Tram, Schiff, Seilbahn oder Standseilbahn im ganzen Verkehrsverbund in und außerhalb der Stadt während 24 Stunden, inkl. der Fahrt zum Flughafen, freier Eintritt in

40 Museen und ein Welcome Drink in diversen Restaurants. 38 CHF kostet die *ZürichCard* für 72 Stunden.

POST

Briefe und Postkarten in Europa mit Priority: 1,30 CHF mit Economy (etwas langsamer): 1,20 CHF, übriges Ausland: 1,80/1,40 CHF

SIHLPOST (HAUPTPOST)   [112 C2]
Mo–Fr 6.30–23.30, Sa 6.30–20, So 11–22.30 Uhr | Kasernenstr. 95/97 (beim Hauptbahnhof) | Tel. 0848/ 84 84 42

PREISE & WÄHRUNG

Schweizer Franken (CHF) gibt es in Münzen zu 1, 2 und 5 Franken sowie zu 5, 10, 20 und 50 Rappen (1 Franken = 100 Rappen). Banknoten existieren in Werten zu 10, 20, 50, 100, 200 und 1000 Franken. Zürich gehört zu den teuersten Städten Europas. Eine Stange Bier gibt es für 3,50 bis 4,50 CHF, ähnlich teuer ist ein Mineralwasser. Die Preise schwanken je nach Lage und Art des Lokals erheblich. Mietwagen gibt es ab 30 CHF/Tag (exklusive Kilometer). Ein Kinobesuch kostet 13–18 CHF (am Mo 13 CHF in allen Kategorien), die teuerste Opernkarte kostet 320 CHF, bei kleineren Konzerten kommt man für rund 20 CHF rein. Ein Päckchen Zigaretten schlägt mit 6,90 CHF zu Buche.

SPORT

Unter „Sport & Fun" informiert Zürich-Tourismus über alle Sport- und Trainingsmöglichkeiten in und um Zürich. *Im Hauptbahnhof | Tel. 04 42 15 40 00 | www.zuerich.com*

STROM

Die Stromspannung in der Schweiz ist dieselbe wie in den Nachbarländern, die Stecker unterscheiden sich

WETTER IN ZÜRICH

Jan.	Feb.	März	April	Mai	Juni	Juli	Aug.	Sept.	Okt.	Nov.	Dez.
2	5	10	15	19	23	25	24	20	14	7	3
Tagestemperaturen in °C											
-3	-2	1	4	8	12	14	13	11	6	2	-1
Nachttemperaturen in °C											
2	3	5	6	7	7	7	7	6	3	2	2
Sonnenschein Std./Tag											
11	10	9	11	12	13	13	13	10	10	10	10
Niederschlag Tage/Monat											
4	4	4	8	13	17	21	21	19	14	10	7
Wassertemperaturen in °C											

PRAKTISCHE HINWEISE

aber von denen in Deutschland. Adapter sind in den größeren Hotels und Elektrogeschäften erhältlich.

TAXI

Taxifahren ist teuer; der Grundpreis beträgt 6 CHF, jeder Kilometer kostet 3,20 CHF, die Wartestunde 60 CHF. *Alpha Taxi: Tel: 04 47 77 77 77 | Taxi Jung: Tel: 04 42 71 11 88 | Taxi 444: Tel: 04 44 44 44 44 | 7x2AG: Tel: 04 42 22 22 22 | Behindertentransport: Tel: 04 44 44 22 11*

TELEFON & HANDY

In der ganzen Schweiz muss auch bei Ortsgesprächen die Vorwahl mitgewählt werden, für Zürich also 044 oder 043. Wer aus dem Ausland anruft, lässt nach der Länderkennung die Null weg.

Öffentliche Telefone funktionieren mit Kreditkarten oder Taxcards, die es für 5, 10 und 20 CHF an Postschaltern und Kiosken gibt. Vorwahl in die Schweiz: 0041, nach Deutschland: 0049, nach Österreich: 0043.
Auskunft national und international: 18 11
Automatische Auskunft per Sprachsteuerung: 18 12

Die größten Anbieter im Mobilfunk sind in der Schweiz *Orange*, *Sunrise* und *Swisscom*, wobei Letzterer zurzeit die größte Abdeckung bietet. Auskunft über SIM-Karten, Preise etc.: *Tel. 08 00 55 64 64*

TICKETS

BILLETTZENTRALE (BIZZ)   [112 C3]
Tickets für Opernaufführungen, Theater, Konzerte. *Mo–Fr 10–18.30, Sa 10–14 Uhr | Bahnhofstr. 9 | Tel. 04 42 21 22 83*

ZEITUNGEN

An Bahnhöfen und Haltestellen liegt gratis die Pendlerzeitung „20 Minuten" aus. Die größte Tageszeitung der Stadt, der „Tages-Anzeiger", bringt donnerstags die Veranstaltungsbeilage „züritipp". Die „Neue Zürcher Zeitung" berichtet auch ausführlich über Zürich und die Region. Sonntags

Mit der Polybahn auf die Polyterrasse

erscheinen die „NZZ am Sonntag", die „Sonntags Zeitung" und der „Sonntags Blick".

ZOLL

Zollfrei sind bei der Einreise Geschenke im Wert von 100 CHF, 2 l alkoholische Getränke unter 15% Alkoholgehalt und 1 l über 15%, 200 Zigaretten oder 250 g Tabak oder 50 Zigarren. Zollfrei bei der Rückkehr in EU-Länder: 200 Zigaretten oder 250 g Tabak oder 100 Zigarillos oder 50 Zigarren. 1 l Spirituosen mit mehr als 22% oder 2 l unter 22% oder 2 l Schaumweine.

Münsterbrücke

> UNTERWEGS IN ZÜRICH

Die Seiteneinteilung für den Reiseatlas finden Sie auf
dem hinteren Umschlag dieses Reiseführers

CITY
ATLAS

111

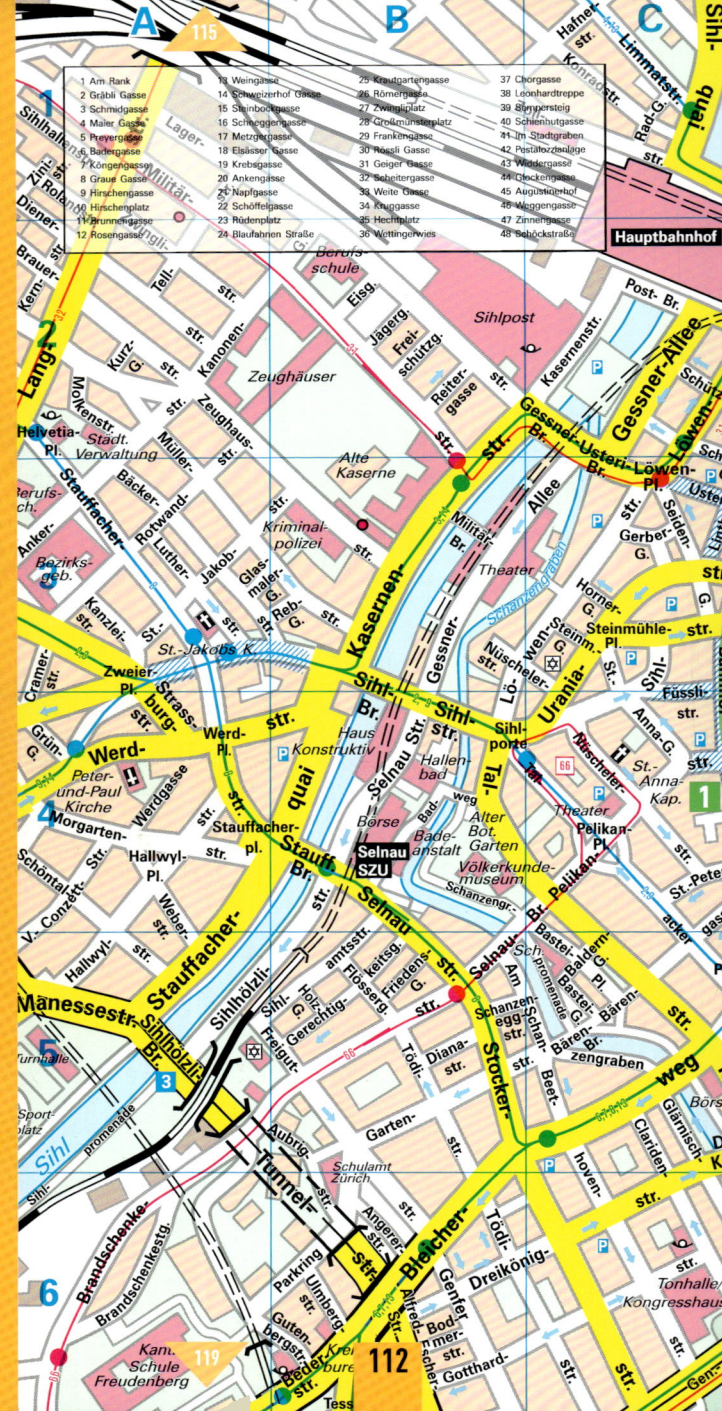

1 Am Rank
2 Gräbli Gasse
3 Schmidgasse
4 Maler Gasse
5 Preyergasse
6 Badergasse
7 Köngengasse
8 Graue Gasse
9 Hirschengasse
10 Hirschplatz
11 Brunnengasse
12 Rosengasse

13 Weingasse
14 Schweizerhof Gasse
15 Steinbockgasse
16 Schneggengasse
17 Metzgergasse
18 Elsässer Gasse
19 Krebsgasse
20 Ankengasse
21 Napfgasse
22 Schöfligasse
23 Rüdenplatz
24 Blaufahnen Straße

25 Krautgartengasse
26 Römergasse
27 Zwingliplatz
28 Großmünsterplatz
29 Frankengasse
30 Rössli Gasse
31 Geiger Gasse
32 Scheitergasse
33 Weite Gasse
34 Kruggasse
35 Hechtplatz
36 Wettingerwies

37 Chorgasse
38 Leonhardtreppe
39 Römersteig
40 Schienhutgasse
41 Im Stadtgraben
42 Postablagezanlage
43 Widdergasse
44 Glockengasse
45 Augustinerhof
46 Weggengasse
47 Zinnengasse
48 Schöckstraße

Hauptbahnhof

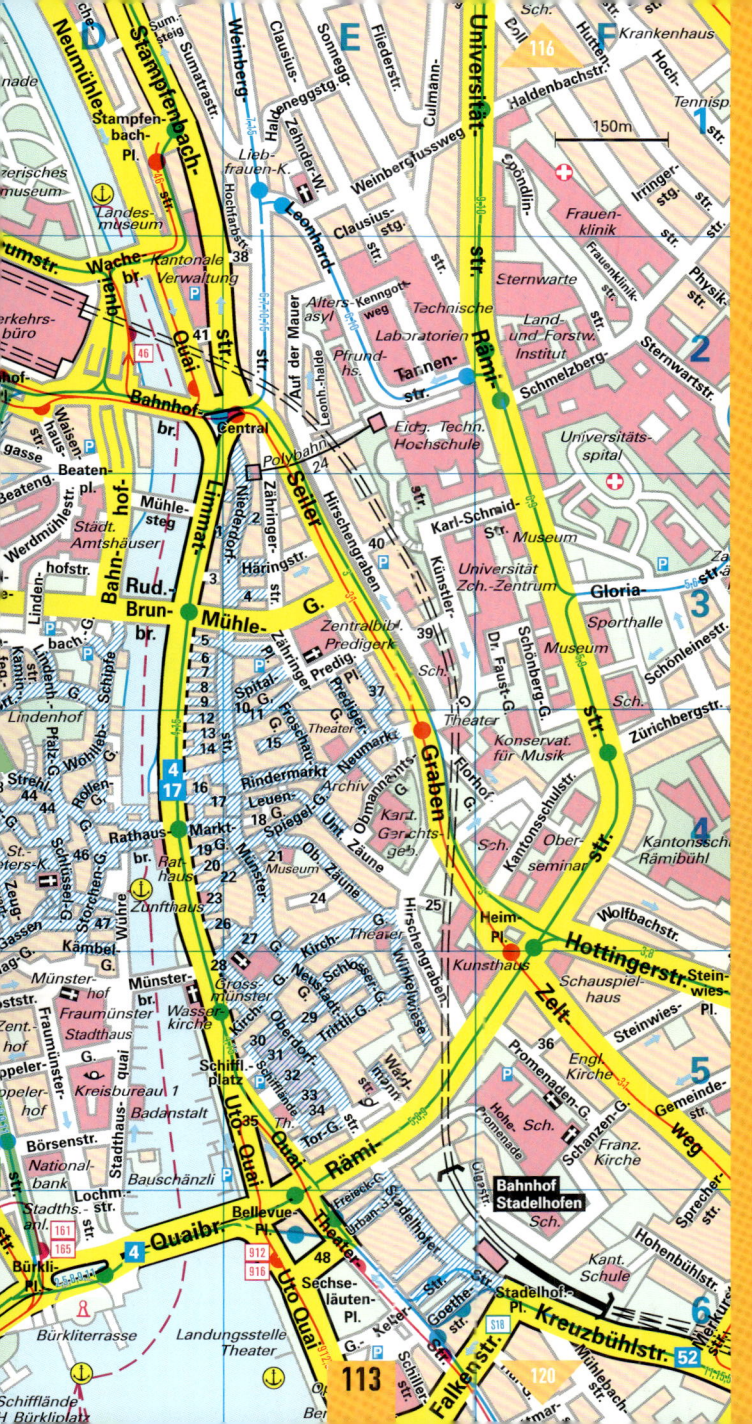

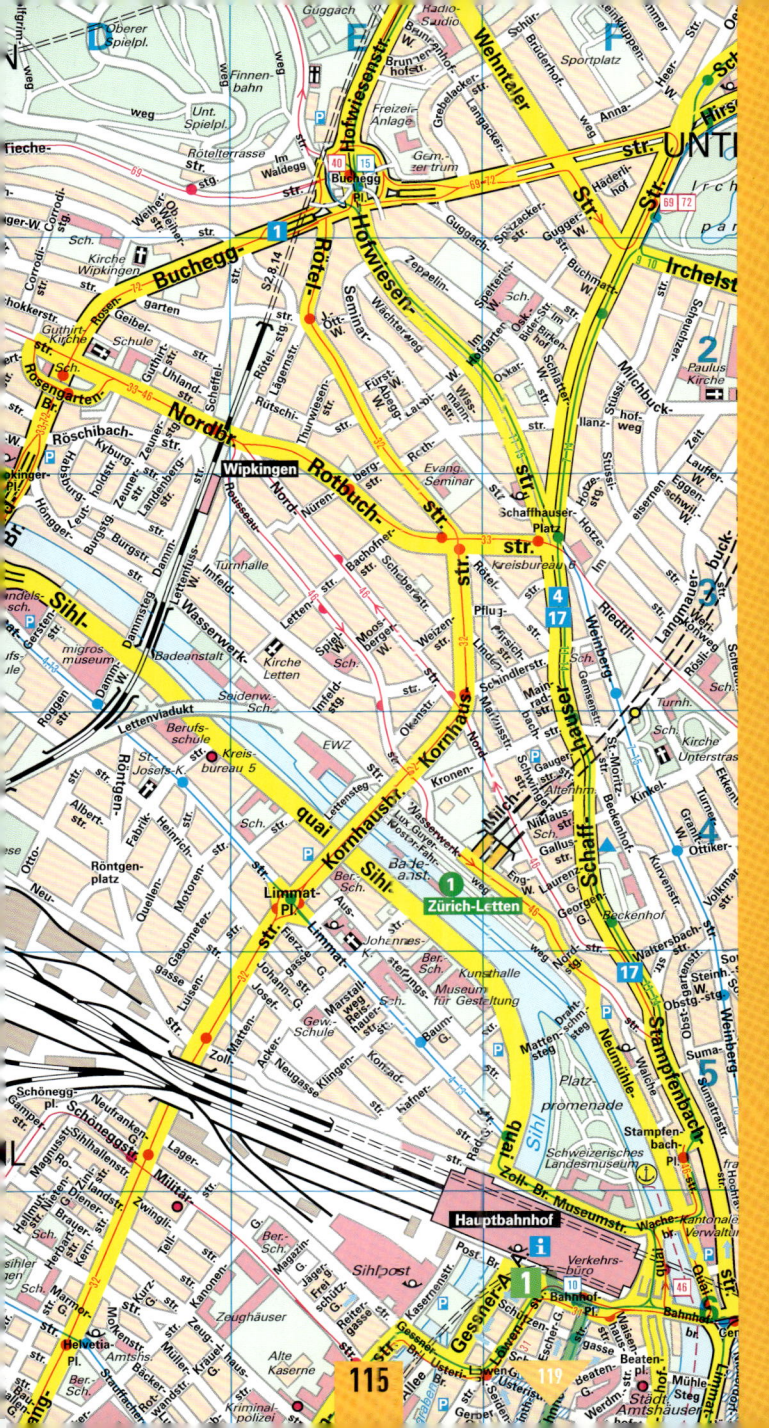

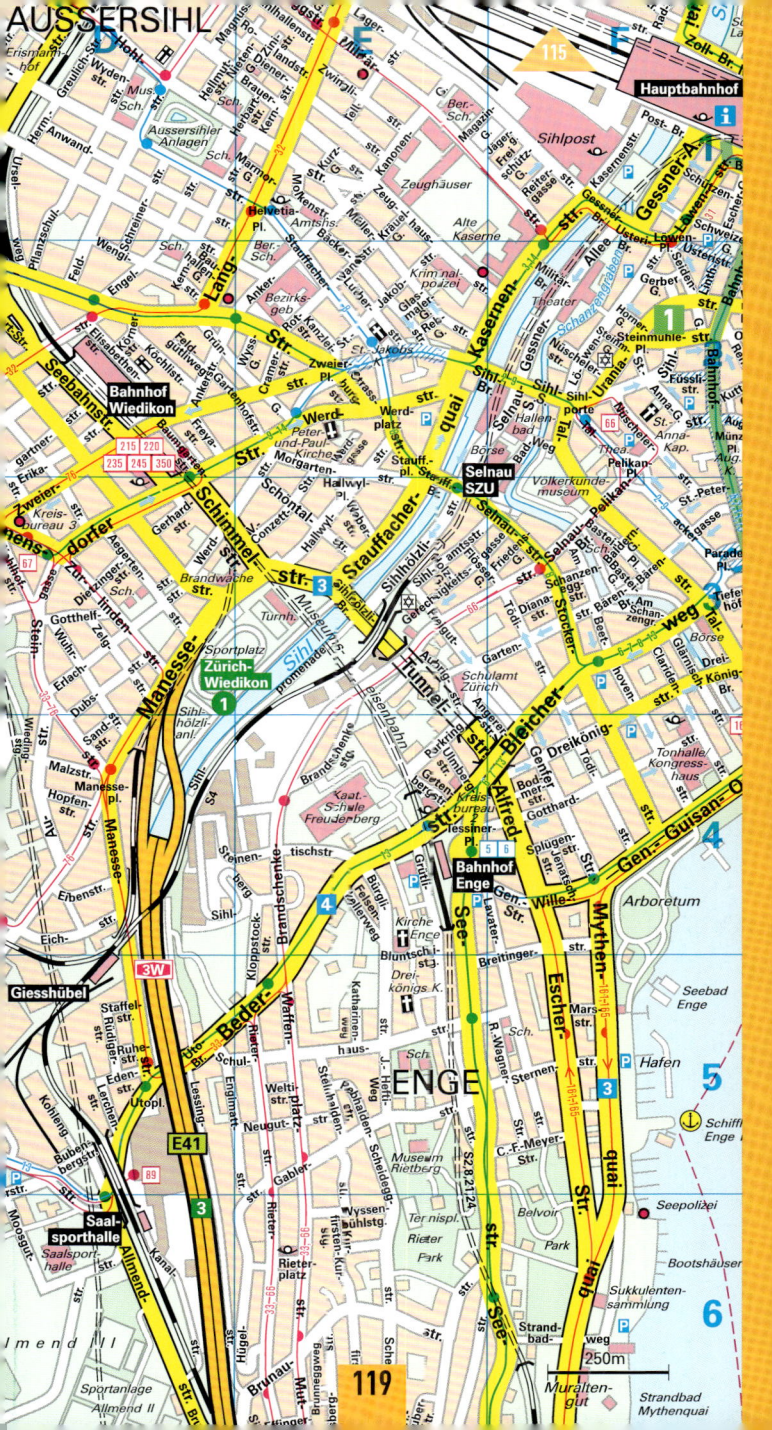

Das Register enthält eine Auswahl der im Cityatlas dargestellten Straßen und Plätze

KARTENLEGENDE

Autobahn / Motorway		Autoroute / Autosnelweg
Vierspurige Straße / Road with four lanes		Route à quatre voies / Weg met vier rijstroken
Durchgangsstraße / Thoroughfare		Route de transit / Weg voor doorgaand verkeer
Hauptstraße / Main road		Route principale / Hoofdweg
Sonstige Straßen / Other roads		Autres routes / Overige wegen
Einbahnstraße / One-way street		Rue à sens unique / Straat met eenrichtingsverkeer
Fußgängerzone / Pedestrian zone		Zone piétonne / Voetgangerszone
Information / Information		Information / Informatie
Parkplatz - Park+Ride-Platz / Parking place - Park and Ride car park		Parking - Parcotrain / Parkeerplaats - Parkeer+reis-plaats
Hauptbahn mit Bahnhof / Main railway with station		Chemin de fer principal avec gare / Belangrijke spoorweg met station
Sonstige Bahn / Other railway		Autre ligne / Overige spoorweg
Straßenbahn - Buslinie / Tramway - Bus-route		Tramway - Ligne d'autobus / Tram - Buslijn
Anlegestelle - Fährlinie / Landing place - Ferry line		Embarcadère - Ligne de bac / Aanlegplaats - Veerdienst
Kirche - Sehenswerte Kirche / Church - Church of interest		Église - Église remarquable / Kerk - Bezienswaardige kerk
Polizeistation - Postamt / Police station - Post office		Poste de police - Bureau de poste / Politiebureau - Postkantoor
Krankenhaus - Denkmal / Hospital - Monument		Hôpital - Monument / Ziekenhuis - Monument
Jugendherberge - Campingplatz / Youth hostel - Camping site		Auberge de jeunesse - Terrain de camping / Jeugdherberg - Kampeerterrein
Bebaute Fläche, öffentliches Gebäude / Built-up area, public building		Zone bâtie, bâtiment public / Bebouwing, openbaar gebouw
Industriegelände / Industrial area		Zone industrielle / Industrieterrein
Park, Wald - Weinberg / Park, forest - Vineyard		Parc, bois - Vignoble / Park, bos - Wijnberg
Stadtgrenze / Municipal boundary		Limite municipale / Stadsgrens
Stadtspaziergänge / City walks		Promenades en ville / Wandelingen in stad

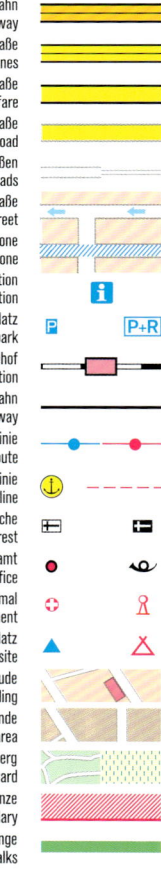

REGISTER

In diesem Register sind alle im Reiseführer erwähnten Sehenswürdigkeiten und Ausflugsziele sowie einige wichtige Straßen und Plätze aufgeführt. Halbfette Seitenzahlen verweisen auf den Haupteintrag.

> *www.marcopolo.de/zuerich*

> SCHREIBEN SIE UNS

Liebe Leserin, lieber Leser,

wir setzen alles daran, Ihnen möglichst aktuelle Informationen mit auf die Reise zu geben. Dennoch schleichen sich manchmal Fehler ein – trotz gründlicher Recherche unserer Autoren/innen. Sie haben sicherlich Verständnis, dass der Verlag dafür keine Haftung übernehmen kann.

Wir freuen uns aber, wenn Sie uns schreiben.

Senden Sie Ihre Post an die MARCO POLO Redaktion, MAIRDUMONT, Postfach 3151, 73751 Ostfildern, info@marcopolo.de

IMPRESSUM

Titelbild: Limmat mit Münsterbrücke (Laif: Heeb)
Fotos: AIRODIUM AG (98 u.r.); G. Attinger (131); Aura: Ammon (20); O. Baumli (3 l.); Berta Bar & Café: Gianluca Monteleone (13 o.); Bodyworks Naturheilpraxis (15 M.r.); Club Diagonal: Keith Bingmann/Roger Schmid (99 u.r.); W. Dieterich (Klappe Mitte, Klappe rechts, 2 l., 11, 16/17, 20/21, 26, 30, 31, 32, 34, 36, 40/41, 46, 49, 52, 55, 57, 60, 61, 63, 66, 67, 68/69, 73, 76/77, 83, 91, 92, 94/95, 100/101, 109); Florian Dullinger (12 o.); Fahrradbau Stolz: Christian Wittwer (14 u.); ©fotolia.com: Torsten Schon (99 o.l.); R. Freyer (Klappe links, 2 r., 3 M., 3 r., 4 l. 5 8/9, 18, 21, 22/23, 29, 38, 42, 44/45, 50, 58/59, 65, 70, 72, 74, 78, 80, 81, 84/85, 86, 89, 92/93, 93, 97, 110/111); R. Gerth (4 r., 102); Hauser & Wirth: A. Burger (14 o.); Huber: Eigstler (6/7); ©iStockphoto.com: Ceneri (98 o.l.), ShyMan (99 M.l.); Jugendkulturhaus Dynamo: Ruedi Staub (15 o.r.); Laif: Heeb (1); Morrows GmbH: Manuel Baumgartner (15 u.l.); OOKI: josschmid.com (13 u.); Restaurant Eichhörnli: Pascal Erb (98 M.l.); Swisscovery GmbH: F. Wiederkehr (98 M.r.); vibrio: reactable (12 u.)

9., aktualisierte Auflage 2010

© MAIRDUMONT GmbH & Co. KG, Ostfildern
Chefredaktion: Michaela Lienemann, Marion Zorn
Autoren: Christof Hegi, Gabrielle Attinger; Redaktion: Jochen Schürmann
Programmbetreuung: Silwen Randebrock; Bildredaktion: Gabriele Forst
Szene/24h: wunder media, München; Kartografie Reiseatlas: © MAIRDUMONT, D-73751 Ostfildern
Innengestaltung: Zum goldenen Hirschen, Hamburg; Titel/S. 1–5: Factor Product, München
Das Werk einschließlich aller seiner Teile ist urheberrechtlich geschützt. Jede urheberrechtsrelevante Verwertung ist ohne Zustimmung des Verlages unzulässig und strafbar. Das gilt insbesondere für Vervielfältigungen, Übersetzungen, Nachahmungen, Mikroverfilmungen und die Einspeicherung und Verarbeitung in elektronischen Systemen.
Printed in Germany. Gedruckt auf 100% chlorfrei gebleichtem Papier

Gabrielle Attinger arbeitete als Reiseleiterin und Reiseredakteurin. Sie lebt als freie Journalistin und Autorin vor den Toren Zürichs am See.

Seit wann leben sie in Zürich?

Ich habe schon als Kind am Zürichsee gewohnt, bin in Zürich zur Schule gegangen und habe hier studiert (Germanistik und Philosophie). Nach ein paar Jahren am Genfersee und auf Kreuzfahrtschiffen in der Karibik, Alaska und Südamerika kam ich zurück nach Zürich, in die Medienhauptstadt der Schweiz, um hier eine Stelle als Journalistin zu finden. Seither lässt mich die Stadt nicht mehr los.

Was reizt Sie an Zürich?

Zürich erfindet sich immer wieder neu. Als ich von Christof Hegi, dem Autor dieses Buchs, erstmals den Auftrag übernahm, den Zürich-Band zu aktualisieren, lernte ich meine Heimatstadt ganz neu kennen. Seither erlebe ich die Stadt viel intensiver – und entdecke auch an Orten, an denen ich täglich vorbeikomme, immer wieder Neues.

Und was mögen Sie an Zürich nicht so?

Die Gehsteige und die Perrons des Hauptbahnhofs sind zu Stoßzeiten viel zu eng und die Hektik enorm. Und mit dem Auto durch Zürich zu fahren kostet Nerven. Die Ampeln wechseln vielerorts schon nach drei Wagen wieder auf Rot. Zum Glück gibt's den See und das Seeufer, da herrscht Weite und Luft.

Wo und wie leben Sie genau?

Ich wohne mit meiner Tochter in einer modernen Siedlung am See in Thalwil, einem Vorort von Zürich. Wir haben einen privaten Zugang zum See, von wo wir auf die Stadt sehen, und während der Streetparade z.B. wummert der Sound übers Wasser bis zu uns und ist selbst in Thalwil noch im Zwerchfell zu fühlen.

Was machen Sie beruflich?

Ich führe ein Doppelleben. Ich habe zwei Jobs, einen so genannten Brotjob an der ETH, wo ich die Campus-Zeitung betreue, und ich arbeite als freie Journalistin für verschiedene große Zeitungen, was Spaß macht, aber wenig Geld einbringt. In meiner Freizeit gehe ich gern ins Kino, und ich reise öfters in der Schweiz umher, besuche Freunde oder reise neuen Attraktionen nach.

Was prädestiniert Sie als Marco Polo-Autorin?

Ich bin als Reiseredakteurin über zehn Jahre in der Welt umhergereist und habe viele Länder und Städte gesehen. Das ermöglicht mir, Zürich mit anderen Orten zu vergleichen und so die Vorzüge und Einzigartigkeit der Stadt besser wahrzunehmen und zu vermitteln.

10 € GUTSCHEIN
für Ihr persönliches Fotobuch*!

Gilt aus rechtlichen Gründen nur bei Kauf des Reiseführers in Deutschland und der Schweiz

SO GEHT'S: Einfach auf www.marcopolo.de/fotoservice/gutschein gehen, Wunsch-Fotobuch mit den eigenen Bildern gestalten, Bestellung abschicken und dabei Ihren Gutschein mit persönlichem Code einlösen.

Ihr persönlicher Gutschein-Code: mpwℲgxca4m

Zum Beispiel: das MARCO POLO
FUN A5 Fotobuch für 7,49 €.

www.marcopolo.de/fotoservice/gutschein

> BLOSS NICHT!

Ein paar Tipps, wie Sie es vermeiden können,
sich in Zürich unbeliebt oder lächerlich zu machen

Abfall achtlos wegwerfen

Zürich gibt sich Mühe, eine saubere Stadt zu sein – als Gast sollten Sie das respektieren. Es stehen überall Abfallbehälter herum, und auf einen Aschenbecher müssen Sie auch nicht lange warten, wenn mal vor Ihrer Nase gerade keiner steht. Im Übrigen werden Abfälle getrennt entsorgt und recycelt.

Rücksichtslos Fahrrad fahren

Zürich ist den Fahrradfahrern gegenüber sehr tolerant – manche meinen sogar zu tolerant. Auf den schmalen Straßen zockeln lange Autokolonnen und manchmal sogar die allmächtige, durchweg vorfahrtsberechtigte Straßenbahn (Tram) im Schritttempo hinter einem Velofahrer her. Doch in den Fußgängerzonen sind die Städter unerbittlich. Wer es hier wagt, mit dem Fahrrad an Passanten vorbeizuflitzen, riskiert böse Blicke und Worte – und wenn's dumm kommt, eine saftige Buße von der Polizeipatrouille.

In die Aargauerfalle tappen

Die Zürcher Trams haben im hinteren Kabinenende eine laute Klingel, die sich mit dem Fuß betätigen lässt. Sie dient den Trämlern als Signal beim Rangieren. „Aargauerfalle" nennen die Zürcher diese Klingel nach den Bewohnern des angrenzenden Kantons, den sie gerne als Provinz verspotten. Wer den am Boden angebrachten Knopf nicht kennt, tritt oftmals unbeabsichtigt darauf und macht damit nicht nur die ganze Tram, sondern auch den Verkehr rundherum auf sich – und seine provinzielle Herkunft – aufmerksam.

Schwyzerdütsch imitieren

Geben Sie sich keine Mühe, den schweizerdeutschen Dialekt zu sprechen oder – noch schlimmer – mithilfe des häufig eingesetzten Diminutivs nachzuäffen. Schweizerdeutsch ist eine schwierige Sprache, und man blamiert sich nur. Die Schweiz ist überdies ein viersprachiges Land, die Schweizer sprechen nicht nur Hochdeutsch als erste Fremdsprache, sondern auch Französisch und Italienisch sowie – wer aus Graubünden stammt – auch Rätoromanisch.

Kuckucksuhren kaufen

Es gibt Leute, die halten eine Kuckucksuhr für das höchste aller Gefühle. Wenn Sie in Zürich eine Kuckucksuhr kaufen wollen, achten Sie zumindest darauf, dass Sie ein Schweizer und kein Schwarzwälder Modell erwischen, damit das Souvenir wenigstens authentisch ist.

Die Zürcher „Züricher" nennen

Eindeutig als ignoranten Touristen weisen Sie sich aus, wenn Sie von der Züricher statt von der Zürcher Bahnhofstrasse reden oder eine Züricherin Züricherin nennen. Das kleine „i" macht hier den großen Unterschied!